平井雄一郎・高田知和 編

記憶と記録のなかの渋沢栄一

記憶と記録のなかの渋沢栄一／目次

序　「渋沢栄一」という「意味」への招待

平井雄一郎

一　「渋沢栄一」とは誰か？

一九八八年に公開された映画『帝都物語』は、「明治四十五年／東京」というテロップのもと、一人の老人が供の者を従え、杖をつきながら、東京・下町の風景を広く遠く見はるかすことのできる丘へと続く道を、しっかりと踏み固めるような足どりで登ってくる場面で幕を開ける。老人は、やや小柄ながらも恰幅のよいその身体を紋付羽織袴につつみ、また無精髭をゆたかにたくわえてもいる。丘の頂きでは陰陽師の集団が待ちかまえており、彼らは老人をそこで恭しく迎えると、歓待の儀式のごとく、不可思議な響きの呪文を詠唱しはじめる。するとそれに呼応して丘の地面が割れ、そこから、妖気を漂わせた煙と光が迸りでてくる……

映画のオープニングクレジットに先立つ、このスペクタクルな〈出来事〉の叙述において老人は、陰陽師のリーダーから「渋沢翁《シブサワオウ》」と呼びかけられている。だが、その呼びかけをのぞけば、老人の正体に関連する情報は提供されない。いや、情報が「渋沢翁」だけであるのは、二時間半後、エンディングクレジットのトップに「（出演）渋

映画『帝都物語』の渋沢栄一（勝新太郎）　©キネマ旬報社

沢栄一　勝新太郎」という文字があらわれるまで、一貫してそうである。仮にもし、予備知識なしで『帝都物語』に接したとすれば、丘の上の〈出来事〉を起点として、さらなる〈出来事〉群が連鎖し構成されていく、映画の〈物語〉全体を理解することは困難であろう。もちろん、そのような条件の映画鑑賞者は現実にはまずいない。私たちは、ある映画を鑑賞するに際して、その映画についてのさまざま情報――ストーリー、キャスト、スタッフなど――を、さまざまなメディアを通じて、能動的にも受動的にもすでに得てきているのが通常である。『帝都物語』のように実在した「歴史」を参照している作品であれば、すでに鑑賞者の方で、参照された「歴史」そのものについての情報を参照している可能性があろうし（ネット社会の現在であれば鑑賞中にグーグル検索をすることも可能だ）、そもそも渋沢栄一についての知識や関心を予め有していたことが鑑賞の動機となったのかもしれない。つまり、「渋沢翁／シブサワオウ」のよびかけだけでこの〈物語〉を暗黙に理解しうるのは、参照と参照とがときにからみ合う、渋沢栄一をめぐる情報のネットワークのうちに私たちが知らず取り込まれているからである。

そうしたネットワークの中心点から発信される、私たちに最も親しみやすく、最も明快な情報とは、言うまでもなく「日本資本主義の父」、これであろう。たとえば、最新の歴史辞典で「渋沢栄一」の項目を繙くと、「明治・大正・昭和にわたる実業界の代表的指導者[1]」とある。また、ネット上のいわゆるオフィシャルサイトもない時代、劇場販売のパンフレットは、一般商業映画の公開時における随一の公的なテクストであったはずだが、『帝都物語』のそれには、「日本を代表する実業家・渋沢栄一」という文言が見える。「実業家」とは、「商工業・金融などの事業に携わる人」(『広辞苑』)である。国家の発展とその社会における営利ビジネスの発展とが相即不離の関係にあった時代のうちに切り取られた「日本」、その「日本」を代表《リプリゼント》する人物であるから、渋沢栄一はまぎれもなく「日本資本主義の父」にほかならない、ということである。

ところで、そのように定式化された情報は、アカデミズムの言説、(『帝都物語』のような)サブカルチャーの言説、さらには第三極ともいうべきジャーナリズムの言説——これについては本書所収の中村宗悦論文において詳細に論じられている——などによって枠付けられることにより、選択的に指定されてきたものと言い換えられよう。言説群の折り重なりの上に成り立つ選択的指定それ自体が歴史的なプロセスである。してみると、私たちの前には、渋沢栄一についての二つの史実が横たわっていることになる。

まず一つは、渋沢栄一という物質的存在がかつて・あった、ということ。狭義の「史実」である。そしてもう一つは、私たちが、かつて・あった渋沢栄一という物質的存在と、いま・あるさまざまな媒体——書物、映画、ネット、その他なんでもよい——の中で再・現前化《リプリゼント》されている「渋沢栄一」とのあいだに、たしかな連続性、あるいは同一性らしきものを認めてきた、ということ。これはいわば「メタ史実」である。実際の渋沢は、公的な場では和服よりも洋装を好み、常に髭を綺麗に剃りあげ(本書所収の菊池哲彦論文を参照されよ)、また、徹底した合理主義者であったがゆえにおそらく陰陽師などの神秘主義・オカルティズムは嫌悪していた——彼のそうしたふるまい《ハビトウス》の体系は「史実」として実証的にあきらかにされてきている。だが、渋沢自身にではなく、「メタ史実」としての私たちの側のふるまい《ハビトウス》の体系、すなわち、再・現前化された渋沢を受け容れた上で、それについて解釈を施してきたその様式・仕方の方へ、「実証」の眼差しを振り向ける歴史の問いの試みがなされてもよいのではないだろうか。

　前置きが少し長くなった。本書は、さまざまな媒体の中に氾濫する、さまざまな再・現前化された「渋沢栄一」――それらのうちには、「日本資本主義の父」のように常識的なものもあれば、一方で『帝都物語』の勝新のパフォーマンスのように少々グロテスクなものもあり、また本書所収の木下直之論文で紹介されている「ゆるキャラ」のように少々キッチュなものもある――、その形成を、渋沢栄一についての私たちの〈記憶〉と〈記録〉の相互作用としてとらえ、現在までのその軌跡をたどるために編まれたものである。

　本書を編む動機の一つとしては、近年の渋沢栄一ブームということがある。我田引水になってしまうが、前出中村論文では、バブル崩壊、リーマンショックを経たこの二〇年ほどの日本社会一般に、渋沢に対する情報需要＝関心が高まってきたことが客観的なデータをもってしてあきらかにされている。もちろんブームとは言っても、同時代人と比較した場合の渋沢は、少なくともビジュアル面での知名度は依然としてあまり高くはないだろう。映画・テレビドラマ・芝居などでの登場頻度、および「顕彰するために、本人に似せてつくられた彫刻」（木下論文）としての銅像のポピュラリティという点で、「西郷さん」にはおよぶべくもないし、また、ならび称されることが多い福沢諭吉、個人的にかかわりが深かった伊藤博文、といった新旧・お札の「顔」達ほどには、渋沢のそれは世間には流通していない（それゆえ『帝都物語』の異形の勝新も違和感なく受け入れられるのかもしれない）。だが、中村論文が指摘しているのは、いわゆる〝失われた二〇年〟に対する危機感、焦燥、反省などが人びとをして、「日本資本主義の父」の思想と事績を真摯に、切実に参照せんとする欲望へと駆り立てている状況であって、そこには日本近代史上の「著名人」「偉人」への通俗的な憧憬のレベルを超え出る何かがたしかにある。そしてこの、「今、渋沢栄一に学べ」というがごとき欲望は、大衆《マス》としての人びとだけではなく、歴史学を中心とする制度的な知の領域をも侵犯しつつあるのだが、本書の目指すところは、倫理道徳や人生訓と結びついた実践的関心の翼賛でないのはもちろんのこと、過去の実存そのものとしての渋沢についての科学的探求に与することでもない。後者にかんしては、尊敬すべき優れた実証的研究がすでに数多く提出され、蓄積されてきている。けれども、実存を過去から現在へと運び入れてくる権力装置、平たく言えば、「ブーム」を可能にしたものへの問いは残念ながらほとんど欠落しているように思われるのである。

そこで、そもそもなぜ今、私たちは、いかにして「偉人・渋沢栄一」を知りえているのだろうか、という冒頭の問いに立ち戻ってしまう。だからこそ本書は、「ブーム」への「同化」ではなく、その「異化」をゆるやかに目指すのである。

二　本書にとっての〈記憶〉と〈記録〉、あるいは「文化史」

本書は、市井のいわゆる「渋沢ファン」達、あるいは「渋沢栄一とその時代・周辺」に取り組む研究者達だけのために書かれ、編まれたものではない。限定された読者層、閉じられた共同体にあてて発信される顕彰的書物ではけっしてなく、過去と現在の対話一般に関心を抱く広範な層に知的刺激を与え、裨益するという公共的な企図をこめた書物である。そのことの再確認の意味もこめて、以下、本書に冠した二つのタイトル―概念について、簡単にコメントしておこう。

※ただし、〈記憶〉と〈記録〉、あるいは「文化（史）」は、学域を超えてきわめて論争的な――それゆえに刺激的な――概念でもあり続けている。以下の「コメント」―見解も、「公共的な企図」とは矛盾するが、歴史学以外の領域を知悉しているわけでもない筆者（平井）の臆断に近い認識に究極的には依拠しており、したがって、出自を異にする「知」を結

集した本書の総意からは逸脱する個所もままあることを予めお断りしておきたい。

〈記憶〉と〈記録〉についての覚え書き

ナマの渋沢栄一そのものではなく、渋沢栄一についての〈記憶〉と〈記録〉、ということ――だが、そもそも〈記憶〉と〈記録〉とは何か。またそれぞれどう違うのか。

そこでまず、議論の根源的な出発点として、〈記憶〉については、身体に内在化されている過去についての「情報」、〈記録〉については、身体の外部において文字などなんらかのメディアによって成形化されている過去についての「情報」、という定義を、筆者の責任において与えてみよう。(2) しかしこの定義には少しく注釈が必要だ。周知のとおり、〝失われた二〇年〟は奇しくも「記憶」が知の世界を席巻した時代でもあった。そして歴史学、とりわけ近現代史の領域にかんしていえば、この「記憶」への熱狂が、「民族」「国民」「国家」といった概念群のフィクション性、物語性への自覚と深くかかわっていることも周知のことであろう。ただし、この研究潮流で「記憶」に対置されてきたのは、「記録」ではなく、主に「歴史」であった。すなわち――「記憶」は身体的であるがゆえに、文字以前に留め置かれた、有機的で不安定な存在である。その不安定さは、記憶の一次的主体＝個人のうちはもちろんのこと、無数の個体が蝟集する〈共同体〉のうちにも矛盾・ゆらぎ・葛藤を惹起する機制、いわば記憶たちの抗争の可能性を常に伏在させているのであって、そのような非理性的な記憶を統御することによって、共同体の安寧をはかるという、権力的な言説として召喚され続けてきたものこそ、共同体の来歴を、科学に基礎付けられながら物語る制度、としての歴史学にほかならない。したがって歴史学は、さまざまな差別や排除の契機を内包した共同体の暴力と共犯関係にあり、またその「学」のアウトプットであるところの「歴史」は、「過去」という他者を馴致し、抑圧する理性である――そのような自省・自戒の渦の中で、「記憶」／「歴史」という問題系が立ち上げられてきたのである。(3)

だがこの問題系においては、「記録としての記憶[4]」あるいは「記憶のかたち[5]」といった表現に示されるように、「記憶」（memory, memoire）概念は少々広義に把握され、それゆえ「記録」（record）概念は「記憶」と対等であるよりも、むしろ下位範疇として取り扱われてきた一面もある。「記憶」／「歴史」をめぐる知の諸蓄積はきわめて豊かであり、それらに多くを学んでいきたい。しかし、多くを学びつつも、過去をいま・ここに伝達してくる情報群における身体性や物質性という規準に重きをおけば、非理性／理性、被抑圧／権力の境界は、「記録」／「歴史」だけでなく、〈記憶〉／〈記録〉のあいだにも設置されて然るべきだ、と筆者は考える。先の定義にしたがって、〈記憶〉と〈記録〉とを明確に腑分けし、両者を対等に向き合わせてみよう[6]。その上で、権威的な制度として君臨する「歴史[7]」へと至り着く前段階における、〈記憶〉と〈記録〉——後者のうちのあるものは史料などと呼ばれ、またあるものは銅像や写真などと呼ばれ、さらにあるものは歴史文学などと呼ばれる——、この異質なもの二つのぶつかり合い、溶け合いの中で、「渋沢栄一」が変容してきた過程を、パノラマ図のごとくトレースしていくことを本書では試みてみたい。

「文化史」についての覚え書き

本書では、「文化」については、クリフォード・ギアーツの「象徴に具現化された意味のパターンが歴史的に伝承されてきたもの[8]」という文化人類学的定義に筆者なりの再解釈を加え、簡略化することにより、「意味（するもの）の積み重なり」という定義を与えたい。したがって、過去のある対象についての「意味」の変遷を追跡してみようとした場合、そうした知の営みは「文化史」と呼ばれてよいはずだろう。先述の表現をくり返すと、「メタ史実」としての私たちの側のふるまいの体系、すなわち、再・現前化された渋沢を受け容れた上で、それについて解釈を施してきたその様式・仕方の方へ「実証」の眼差しを振り向ける歴史の問いの試み、をなそうとする本書に、「文化史」を冠するのはさほど抵抗なく受け容れられることと思う。フランス史家・二宮宏之の丹念で明晰な紹介によって、「読解《アプロプリアシオン》の歴史学」(9)が日本の歴史学界で人口に膾炙するようになっても久しいが、その方法的概念もまた、ここでの「文化史」に重なり合うものとしてよい、と個人的には考えている。

　また一方、〈記憶〉は〈記憶〉へと連繋もされる。ある〈記憶〉の主体から別の主体へと、その所在を変転させながらしたたかに生きながらえていく。すなわち、本書平井雄一郎論文で（ただし、批判的に）取り上げられている、山本七平による「渋沢栄一伝」中の「古老の話」のごとく、経験についての直接的な知覚によってではなく、なんらかの媒体を介在させた間接的な知覚を経て得られた情報が堂々たる〈記憶〉として了解され、認知されてしまう事態、いわば「純粋記憶」から「記憶の記憶」が派生・分化していくような事態もありうるのである(10)。そうなると、最終完成品として再・現前化された「渋沢」だけでは不十分だ。過去へ遡行する旅の中途で偶々出会う、不定形で混沌とした、渋沢をめぐる〈記憶〉群、それらを一つの完結した世界として、そこに現象している意味を読解することも、本書における「文化史」の作業には当然含まれるだろう。

　では、なぜ、渋沢栄一などという「偉人」——著名人にしてエリート層であることが通常は含意されているところの——なのか、についても一言しておかなければならない。というのは、日本近代史研究の文脈にかぎった場合、一九八〇年代に一大潮流をなした社会史のムーブメントは実は、それ以前において独自の領域を確立し、影響力をふるってきた民衆史の研究者達によって——当事者達の意図は別として——その核が担われ、そして一九九〇年代半ば以降、そのいわば「ネオ・民衆史」としての社会史の問題意識と方法論を受け継ぎながら発展的に分節化されてきたものこそ文化史にほかならない、という史学史の見取図があるからだ(11)。民衆史／社会史／文化史とは、「偉人」達の「事件」の「物語」で構成される「政治史」からは明瞭な距離を置き、むしろ、かならずしも著名人とはかぎらない、ノン・エリートとしてのミドル・クラス～ロワー・クラス、マイノリティ、被差別者などの「生」や「心」の「構造」に主たる焦点をあてる知の営為、ということになろう。このままでは、「文化史」の中での「偉人」は少々居心地が悪い。

もちろん、歴史学研究の一般論としては、「すべての歴史は文化史である[12]」という言明もある。しかし、ここでは、「偉人」渋沢栄一を「主語」として「事件史」的「政治史」を物語ろうとするのではけっしてないことをあらためて確認・強調しておきたい。あくまでも、「主語」ではなく「目的語としての渋沢栄一」から発現してきた〈意味〉の群れを、人びとが受け容れていく心性について、「構造」的に「読解」しようというのである。その側面において、この「歴史」研究は、民衆史／社会史の方法により親しいはずだ。民衆史／社会史にあらたな視点を付け加えることにより、それらを再活性化することへの寄与も期待できる、と信じたい[13]。

そうして、E・H・カーの有名な古典的テーゼ――「偉人とは、歴史的過程の産物であると同時に生産者であるところの、また、世界の姿と人間の思想とを変える社会的諸力の代表者であると同時に創造者であるところの卓越した個人である[14]」――を念頭に置きながら、主語としての「偉人」にも立ち戻ってみよう。たとえば、「偉人」とは、そもそもいかにして名指され、またそのようなカテゴリーはいかにして設定されるのか、というようなメタレベルの問いかけを携えながら、「渋沢栄一」という個性を「偉人」一般の中へ投げ返してみる、ということである[15]。立ち戻り、投げ返してみるその時、「渋沢栄一」をめぐる「文化史」は「全体史」的な相貌も帯びてくるだろう。

三　本書の構成と内容

では以下、本書を構成する各論考について、その内容を瞥見しておこう。

「渋沢栄一」という意味は、肉体としての渋沢栄一がこの世界から消え去ったのち、渋沢栄一その人による統御はたしかに不可能なものとなったが、一方で、「その人」の遺産という側面もある。すなわち渋沢は、自身の思想と事績を（後世の）人びとに伝えていく作法にかんして、ある堅い信念を抱いていた。そこで、本書第I部では、その信念が、生前の渋沢栄一と接触があった者達にどのように継承されたか、すなわち、渋沢栄一という実存から、渋沢栄一というイメージ・記号が離陸していく過程をたどる。

鶴見太郎論文「渋沢敬三による渋沢栄一の顕彰」は、伝記編纂事業についての栄一の思想が、事業後継者としての渋沢敬三によって見事に昇華されていった様相があきらかにされる。民俗学者でもあった敬三が自身に課した役目とは、資料を徹底的に篤実に収集・分類した上で伝記作成者達に提供することに尽きるのであり、したがって「偉人」の首尾一貫した成功譚である「翁型」伝記の自家生産は否定され、事業は「伝記」ではなく「伝記資料」の編纂へと帰着することとなる。

佐藤健二論文「近代日本における「実業」の位相」は、渋沢栄一という「偉人」のイメージを決定的に規定している「実業家」―「実業」概念の地層を掘り起こすことにより、「自己と社会とを結ぶ修養の倫理」に支えられた、栄一の、「公共性」への確固たる志向を読み取る。この思想もまた敬三に着実に相続され、現実の空間内の施設として可視化されようともした。

高田知和論文「郷里からみた渋沢栄一」は、文書資料中心の歴史学、あるいは国家の中央から語られる「偉人」物語（鶴見言うところの「翁型」伝記）への控えめな批判の視点を盛り込みながら、「郷里の目線」でとらえられた晩年の渋沢の姿を描く。地方の産業振興という、郷里に遺された栄一の精神の痕跡に、私たちは今、観光資源のような〈記憶のかたち〉で接することもできる。

過去の実存と決別を果たしたイメージ・記号の群れは、長い時の中で、大量に生産され、社会の中に流通し、大量に消費されていくこととなる。また、十全には消費されえなかった、余剰物たるイメージ・記号は再び資本として投下され、あらたな生産・流通・消費のサイクルに組み込まれていく。そのような循環過程のダイナミクスを、さまざまなメディアを横断することによって探ろうとするのが本書第II部である。

木下直之論文「二五人の渋沢栄一」は、近代日本の美術史・建築史をコンテクストとして、各地に散在する無数の渋沢栄一の銅像あるいは置物を総覧する。栄一の「魂魄を地上に留めるための新たな肉体」として意義づけられるそれらのうちの多くが、銅像の時代の終焉――「ゆるキャラ」が跋扈する――においても忘却を免れ、〈記憶のかたち〉として健在でありうるのは、「公共性」を把持する顕彰母体のたしかな支えによる。

身体を模写するメディアとして、銅像以上にモダンかつリアルで、さらに親しみ深いのは写真であろう。菊池哲彦論文「渋沢栄一、流通する肖像」は、被写体の人間的個性を描写する「ポートレイト」／指示対象を欠いた記号であるところの「エフェジー」――この二つの対照的な肖像写真・肖像画の中にあらわれた「渋沢栄一」を考察する。そこであきらかになるのは、近代日本の流通市場を作り上げた栄一が、その一方で自身、肖像が流通する市場に投げ込まれた「商品」でもあったというパラドックスである。

文字メディアに目を向けよう。平井雄一郎論文「渋沢栄一の「事実／真実」から「存在の謎」へ」は、伝記・評伝・歴史小説の主役に据えられた「渋沢栄一」を読み解いてみせる。この「偉人」のライフヒストリーは本来不条理で矛盾に満ちたものであったが、歴史家も作家もひとしなみに記録と詩を巧みに織り交ぜながら、〈物語・物語り〉という技法を駆使してテクストを再構成することにより、不条理や矛盾を透明化してきたのである。

渋沢栄一についての情報は、いわゆるマスメディアによっても大量に発信され続けてきた。それらについて、中村宗悦論文「イメージの収斂と拡散」は、一九二〇年代の新聞・雑誌などから、現代デジタル社会のネット空間にいたるまでを博捜し、その時代の経済状況とかかわらせながら丹念に分析している。「イメージ」におけるステレオタイプな不動の部分と、アクチュアリティに左右される流動的な部分とのコントラストが見事に剔抉される。

さて、〈記憶〉と〈記録〉に政治性がつきまとうのを避けることはできない。渋沢についてのそれらをめぐっても、軋轢や抗争の可能性が常に胚胎している、ということだ。だが、その軋轢や抗争も、誠実なアーカイブズという土俵の上で遂行されるならば、ルールの公正性は確保されうるであろう。渋沢栄一にかんする、できうるかぎり誠実なアーカイブズを真摯に築き上げようとしてきた人びとの努力の道筋を振り返るのが本書第Ⅲ部である。

山田仁美論文「ブリコルールへの贈り物ができるまで」は、アーカイブズの核に位置する『渋沢栄一伝記資料』

の「生成」＝編纂事業の軌跡をたどる。八〇年を超える歳月をかけ、また巨額の資金が投入された、このギネスブック級の遠大なプロジェクトは、「先行事業の成果を土台に、直前の事業を批判し、止揚する事業」という複雑な「入れ子構造」を呈しており、究極的には、「ブリコルール」としての歴史家達に向けて、能うるかぎりの材料提供を目指すという、法外な試みであった。

だが、書物としての『伝記資料』は誰でも容易にアクセスできるものになっていないのが現状である。小出いずみ論文「『渋沢栄一伝記資料』を紙から解き放つ」は、全六八巻、約四万七〇〇〇頁の情報を、ネット上での公開を前提として、すべて画像化、テキスト化、データベース化せんとする、これまた遠大なプロジェクトについての、現場からの現在進行形の報告である。渋沢栄一の〈記録〉を社会の公共財産にしようとする試みについての省察は、アーカイブズ学や情報学にたずさわる人たちにも是非一読をお奨めしたい。

渋沢栄一についての情報群の集積所であり、また集積された情報群を整頓し直して社会に向けて発信していくオフィシャルなセンターは言うまでもなく渋沢史料館である。井上潤論文「渋沢史料館というテクノロジー」は、この文化装置の沿革・機能・展望をわかりやすく解説する。史料館は渋沢敬三が夢見た「日本実業史博物館」構想に起源を有し、したがって、鶴見論文・山田論文でも強調された、〈資料をとにかくありのままに〉という敬三の強靭な哲学に支えられていたが、その哲学のDNAはもちろん祖父・栄一にまで遡行しうるのである。

なお同じく井上の筆になる「渋沢栄一、九一年の生涯」を巻末に置いた。渋沢栄一の人となり、ライフヒストリーの概略を再確認するために、参照していただければ幸いである。

「渋沢栄一」はけっして過去の存在ではない。その〈意味〉の解釈が未来にむかって永遠に開かれ続けているかぎりにおいて、現在もたしかに生きている存在である。対象ではなく、方法としての「渋沢」を立ち上げるべく、〈意味〉の数々を読み解いていく「厚い記述」（ギアーツ）を以下の章で展開していきたい。

注

（1）『明治時代史大辞典』第二巻、吉川弘文館、二〇一二年、一七一頁。

（2）責任はあくまで筆者にあるが、元々は、メディア学研究者・武邑光裕氏とのあいだで相当古い昔に行われた、私的な議論に発想の源を得ていることも記しておきたい。

（3）注といえども、紙幅の関係上、〝失われた二〇年〟における「記憶」研究群をここで網羅的に挙げることはできない。管見のかぎり、歴史学において参照されることが多い代表的文献として、国外・内からそれぞれ一つずつ、ピエール・ノラ編／谷川稔監訳『記憶の場――フランス国民意識の文化＝社会史』全三巻、岩波書店、二〇〇二―二〇〇三年（原著は一九八四―一九九二年）、阿部安成・小関隆・見市雅俊・光永雅明・森村敏己編『記憶のかたち――コメモレイションの文化史』柏書房、一九九九年をとりあえず挙げておきたい。

（4）ノラは次のように述べる。――「記憶には二種類」ある。「一つは真の記憶」で「それはこんにちでは、動作や習慣のなかに、ことばでは伝えられない技のなかに、身体の知識のなかに、刷り込まれた記憶のなかに、そして本能的な知識のなかに潜んでいる」。だが、「記憶は、内部から生きられなければ、外的な支えや触知できるしるし（記憶は、それらを通してしか存在しえない）を必要とする」ので、もう一つの「記憶」、すなわち「もっとも明確な痕跡、もっとも物質的な遺跡、もっとも具体的な記録、もっとも明白な図像にもとづ」き、「文字とともにはじまり、ハイファイと磁気テープにおいて完成した」「記録としての記憶」（傍点引用者）もある、と――。ピエール・ノラ／長井伸仁訳「序論　記憶と歴史のはざまに」ノラ編『記憶のかたち』第一巻、三八―三九頁。ノラは、有機的な身体と密着した記憶が無機的な物質的媒体に移行する契機については大きな関心を払っている。だが、「記録としての記憶」という把握に示されるように、反・身体性、物質性は、「記憶」と矛盾するものとしてはあまり強く認識されていないように見受けられる。

（5）阿部他編『記憶のかたち』で取り上げられているところの「記憶のかたち」とは、主として顕彰事業、祝祭典、モニュメントなど、美学・詩学的要素を必然的にともなう過去の再現様式のことであり、客観性を担保とする一般的な「記録」概念とは厳密には区別されるべきものであろう。だが、同書の序章である小関隆「コメモレイションの文化史のために」においては、「過去を認識しようとするあらゆる営み、そしてこの営みの結果得られた過去の認識のあり方を記憶と呼ぶことを出発点としたい。換言すれば、記憶とはほとんどあらゆる人々が過去に関して抱く知や思いのアンサンブルである。こうした記憶の営みはいずれも表象行為である。すなわち、数知れぬ過去の出来事の中から、現在の想像力に基づいて特定の出来事を選択し呼び起こす行為、表象を媒介とした再構成の行為である」(七頁)という定義が述べられている。このような構築主義的観点に鑑みれば、「記憶のかたち」には「記録」的なるものの含みも持たされていると考えてよいだろう。

(6) なお、『記録と記憶の比較文化史』(名古屋大学出版会、二〇〇五年)と題された論文集における編者・若尾祐司による序論「近代化と歴史意識」は、ルネサンス以来のヨーロッパの学問的伝統の中での歴史意識の発展と、国民形成およびその相対化とのかかわりについて、多くのことを教えてくれるきわめて優れた論考であるが、残念ながら、「記憶」と「記録」の差異についての原理的な定義は示されていない。

(7) ただし、〝失われた二〇年〟におけるもう一つの重要な知の潮流である言語論的転回によって、理性的とされてきた歴史学(↓歴史叙述)も構成性・表象性・詩学性の一面が強調され、さらには象徴性や聖性を帯びていることすら指摘されることにより、その「権威」を掘り崩されてきたこともまた周知ではあろう。

(8) ピーター・バーク/長谷川貴彦訳『増補改訂版 文化史とは何か』法政大学出版局、二〇一〇年(原著二〇〇八年)、五六頁。なお、日本(近代)史研究の立場から、バーク同様に、ギアーツの文化概念に重要な意義を認めているものとして、安丸良夫「表象の意味するもの」歴史学研究会編『現代歴史学の成果と課題 一九八〇―二〇〇〇年 I 歴史学における方法的転回』青木書店、二〇〇二年、二三〇頁を挙げておきたい。

(9) ロジェ・シャルチエの仕事を中心とした「読解の歴史学」にかんする二宮の論考は数多く遺されているが、ここでは、二宮の理解のエッセンスが濃縮された短文として「読解の歴史学、その後」『思想』八一二号、一九九二年二月を挙げておきたい。

(10) 第二次大戦の戦場やアウシュビッツなど、すでに失われた〈現場〉の証人達が〈絶滅〉に瀕している時代状況への危機感から、この「記憶の記憶」という問題系に重く、切実な意義を認め、歴史学に対して外部から積極的な(かつ多少挑発的な)発言を行ってきたのは岩崎稔である。(二一世紀初頭の〈いま〉において)「記憶を伝承すること、次の世代がその問題をいかに適切に想起可能になるのか」「現場の記憶という問題から、いまや記憶の記憶、つまりメタ記憶の問題へと、あるいは文化社会的に想起することの可能性の問題へと、問いの形が変わってきている」、と。岩崎稔「記憶から想起へ――ドイツ語圏の作品から」『現代思想』(総特集 ドキュメンタリー)二〇〇七年一〇月臨時増刊号、二一七―二一八頁。岩崎はこれに先行する論考「歴史学にとっての記憶と忘却の問題系」歴史学研究会編『現代歴史学の成果と課題』二七九頁、において、「アーカイブ」「記念碑」「映像」「書物」などによって産出されるものを総称して「文化的記憶」と呼んでいる。この時点での「文化的記憶」はあきらかに〈記録〉的なものとして把握されているが、二〇〇七年の論考では「想起」概念が梃子となって、身体的なもの＝〈記憶〉として把握される方向にシフトしてきている、と筆者は解釈した。

(11) 以上のゆるやかな見取図については、「民衆史と社会史と文化史と――「近代」を対象とした」『民衆史研究』八〇号、二〇一〇年一二月、「違和感をかざす歴史学――史学史のなかの民衆思想史研究(前期および中期)」『思想』一〇四八号、二〇一一年八月など、成田龍一の近年の一連の「戦後歴史学」レヴューを参照されたい。

(12) バーク『文化史とは何か』一一八頁。同様の「文化(史)全能論」ともいうべき見解を見かけることはけっして少なくはないが、ここでは「戦後歴史学」第二世代の泰斗二人の言葉を引用しておきたい。「歴史とは、まるごと「文化」なのであり、「文化史」とは、経済史や政治史と並ぶ、歴史の一分野なのではなく、歴史を丸ごと文化として読み解こうとする歴史学ということになろう」。二宮「読解の歴史学、その後」四頁。「人びとは、自己を含めてすべてを根底から規定する何かを、底知れぬ深淵をのぞきこむ感じで、「文化」の名によって束ねようとしているかのごとくである」。鹿野政直「化生する歴史学」『鹿野政直思想史論集　第七巻』岩波書店、二〇〇八年、二一七頁。

(13) こうした方法論的立場については、バーク『文化史とは何か』一四九―一五一頁を参照のこと。なお、同書一七八頁では、「物語的歴史」は「偉人たちの大事業を過度に強調する」のではなく、「普通の人間、そうした人間の経験や生活、世界を理解する方法への関心を増大させて回帰してきた」とも主張されている。「偉人」を主語とする(物語的)「政治史」自体も、時と場合によっては「民衆史」「社会史」、さらには「文化史」を再活性化しうる、という示唆として受けとめた。

(14) E・H・カー/清水幾太郎訳『歴史とは何か』岩波新書、一九六二年、七七頁。

(15) (本論では、理論面での参照がほとんどできなかった)日本近代史研究の分野においても、「実在」ではなく「記号」としての「偉人」を俎上に載せ、その〈意味〉を分析する試みは散見されるようになってきている(と思う)。それらの中から、本書の企画が示唆を受けた論考として有馬学「山県有朋の語られ方――〈近代日本の政治〉をめぐるメタヒストリー」伊藤隆編『山県有朋と近代日本』吉川弘文館、二〇〇八年を挙げておきたい。

第Ⅰ部　「渋沢栄一その人」から「渋沢栄一像」へ

渋沢敬三による渋沢栄一の顕彰

方法的な側面から

鶴見太郎

一　伝記のかたち

（1）伝記を書く条件

近代における事業家の伝記を考える際、ジェームス・ヒルトンの代表作のひとつ *Random Harvest*（一九四一年邦題『ランドム・ハーヴェスト』）の中に目を引く一節がある。主人公の父親は、生前、或る人物に自分の伝記作成を依頼していた。やっつけ仕事で仕上げられたその伝記には、父親が蓄財一筋に生きた事業の成功者として描かれており、それを息子である主人公が不満げな印象をもって語る。

もともと主人公の父親は紡績業で相当な財をなし、授爵してもおかしくはない地位を築いた人物だった。その一方で、ディケンズの小説を愛読したほか、その他の本についても必要なものを読みとる独特な方法を持っており、家族の眼からみても、死後数年を経て、いまだ知られざる側面を持っている人物だった。そして主人公がその資質を見込んで蔵書目録作成のために雇った青年に、ひとつ父親の伝記を新しく書き直してもらってはどうか、という提案が出される。

Random Harvest の時代設定は一九三七年であるが、帝国主義のもとでそれまでに発達した伝記をまとめる習慣は、まずもって故人の功績を前面に押し出すことに終始し、それがほとんど惰性になりつつあることがこの場面の背景にあり、主人公はそれに対していささか辟易している。恐らく父親は個人として隠れた魅力があり、それは成功した事業家としての父親とは異なる姿であったろう。

その上で主人公は、「この二つの面の間に父の伝記としての真相はかくれているんじゃないかと思うんだよ――だれか研究するだけの値打がある人物だと思って調査してみた場合にはね」[(1)]と、自分なりの展望を示すのだが、そのことを伝記の執筆者として意中の人である青年に敢えて強いることはない。あくまで助言・示唆の域にとどめ、まずは目録作成の方を優先させる。一方の青年も、公平な伝記を念頭に置きながら、そうした伝記をこの家の人たちが受け入れてくれるかどうか気にかけながら、自分の先祖について歯に衣着せぬ物言いをする主人公に対して(そこに裏返しの貴族的意識があるにせよ)、好印象を持って仕事をしている。

このくだりが重要なのは、蔵書をはじめとする故人が残した具体的な資料上の環境だけではなく、遺族が家の威光をかざして伝記の叙述にあれこれ容喙しないという、もうひとつの重要な環境をしっかりと描写している点である。優れた伝記をかえりみる時、それがいかなる人間関係、場の中から生まれたのか、その来歴を確かめることは伝記そのものに劣らない価値を秘めている。

(2) 「翁型」の伝記

生前から渋沢栄一は、『青淵先生六十年史』(一九〇〇年)をはじめとして、浩瀚な伝記が刊行されたのみならず、自身も没後に書かれるより大規模な伝記に備えて綿密な計画を立てた人物だった。この事績が示す通り、渋沢とは絶えず書かれるべき自分の伝記について強い関心を抱いた人だった。では、その渋沢を取り巻く同時代とはどの様な伝記が有るべき姿とされたのか。

近代日本において伝記とは、故人を讃えることを前提とする時、ひとつの型ともいうべきものを作った。この点について、矢作勝美は『伝記と自伝の方法』（出版ニュース社、一九七一年）の中で重要な指摘を行っている。矢作によれば、近代日本において編纂された伝記とは、ひとつの「原像」を持っている。すなわち、伝記を故人の顕彰を第一に掲げた結果、記述するにあたって、扱う人物が功成り名遂げた段階を基準にすることが、ひとつの了解事項として定着したのである。

この視点に沿って書かれた伝記は、ほとんどの場合、主語が「翁」となる。そして青年期、壮年期、晩年にいたるまであらゆる成長過程の主語が「翁」のままで統一される。完成された像から出発する以上、その人物の幼少年期もまた、あくまで完成に向けての一里塚として認識され、あらかじめ将来大事をなす器量の持ち主である、との前提で叙述が進んでいく。さらに顕彰される理由を正統化すべく、扱う対象は「翁」の家系にまで及び、その淵源を中世の武将、古代豪族、さらには皇孫神にまでたどろうとする。矢作はこの伝記形式の中に天皇制下における封建的家系意識を読み取るほか、この「原像」に沿う限り、人物はすでに実質からかけ離れた存在となっていることを指摘する。(2)

伝記に描かれる人物として見た場合、渋沢栄一もまた後の世代によって、その功績や風貌とともに、ここで云う「翁」として扱われるに足る閲歴を十分に持っていた。さらに渋沢自らが伝記編纂に関与する際、この「翁型」の伝記を受け入れる可能性も秘められていた。しかし、渋沢が生前に示した自己評価、ならびに『渋沢栄一伝記資料』編纂にあたって渋沢敬三が留意した事項は、変動に満ちた栄一の生涯について、その時期、その時期における人物像を篤実な資料によって描写しようとする点で、明らかにそれら「翁型」の系列から離れたものであった。さらに、そこで目指されているものは「伝記資料」であって、あくまで「伝記」を書く上での素材を検索上の便宜を念頭に置きながら編纂したものである。

(3) 大佛次郎の渋沢評

渋沢栄一の伝記としてひとつの指標となるのが、大佛次郎(野尻清彦)の『激流 渋沢栄一の若き日』(恒文社、一九九五年。一九五一年一〇月一日―一九五二年二月八日『日本経済新聞』連載。以下、『激流』)である。とりわけ同書の冒頭に記された大佛の回想は、それが執筆動機となっているばかりでなく、渋沢栄一伝を描く上での視点ともなっている。

青年時代、第一高等学校生徒として大佛次郎は、級友から渋沢栄一には妾がいるらしい、という噂を聞き及んで、少年らしい悪戯っ気と青くさい倫理観から、ひとつ屋敷の近くで待ち伏せして帰宅時の渋沢をからかってやろうと計画する。結局、その計画は未遂に終わったが、後に作家に転じてから渋沢に関する資料を読むにつれて、大佛は次第に自分の考えを改めはじめる。[3] そこから浮かび上がってくるのは、当初、勤皇一本だった青年が一橋家の知遇を得て幕臣となり、次第に政治的な視野を拡大して行く姿であった。やがて明治維新後、日本資本主義の基礎を築くにあたって、誠実な努力を重ね、晩年に到っても、自分に宛てられた書簡には返信を漏らさず書き、紹介状もない未知の人物とも面談することを厭わなかった。

こうした青年時代の堅実な面影を失わない人物像がしっかりするにつれて、大佛はそこに評価に値するものがあると考えるに到り、その生涯を描こうと思い立つのである。

人物像とは、当初から決してひとつの鋳型によって定められているものではない。しかも、そのことは渋沢栄一自身が最もよく知っている。さらに描く主体となる著者の感情の持ちようによって、評価もまた可変的なものである。『激流』は、幕末から明治初期に到る渋沢の変転を克明に跡付け、さらに栄一その人に対する作者自身の洞察が深まっていく過程を明確に描き込んだ点で、「翁型」の伝記に陥ることなく、等身大の栄一像を据えることに成功している。

未完に終わった大著『天皇の世紀』に向けて大佛が膨大な資料を収集したことはよく知られている。同書の基調ともいえる近代史のうねりの中で対象となる人物をめぐる主題をつかみ、その全貌を見渡そうとする大佛の方法的な営みは、それに先立って渋沢栄一を素材にすることで、すでに試みられていたといえる。そしてこの方法を支える視点は、その人の生涯を裏付ける資料であれば、断簡零墨を厭わず集めようとした『渋沢栄一伝記資料』における発想と同質のものがある。さらにその背後には、はじめのうち固定されていた自身の渋沢栄一像を、資料に即して読むにつれ、これを動的に捉えなおし、その価値を知るに到った大佛自身の軌跡があった。

(4) 資料にどう対するか

故人を偲ぶ記念事業とは、本来、亡くなった側の仕事・業績を残された者がどう評価し、理解したかを示す重要な場となる。その意味で顕彰する側・される側双方の思想像を問うひとつの試金石と考えることができる。型にはまったおざなりな顕彰事業は、終了後間もなく忘却されるばかりでなく、却って故人、さらにはその遺した仕事をおとしめることに繋がる。

渋沢敬三が渋沢栄一をどう顕彰したかを考える上で、『渋沢栄一伝記資料』の編纂・刊行、および「青淵翁記念実業博物館」の計画が二大支柱として立てられることについては、異論はないだろう。このうち伝記に関わる事柄については、渋沢栄一その人によって、基礎的な方針が生前から幾つかの試行錯誤をへてすでに定められており、それが渋沢敬三によって継承され、事業として実現の途に着いた。

小稿は特に前者に重点を置きながら、敬三の栄一に対する顕彰の在り方を検討し、その特色について考察することを目的とする。同時にそれは一連の顕彰事業を行うに当たって栄一・敬三、そして渋沢家が果たした役割、ひいては伝記編纂事業をめぐる環境がどのようなものだったのかを見ることでもある。

『渋沢栄一伝記資料』編纂事業に着目する場合、時期的にそれは構想段階もふくめて渋沢敬三の民俗学者としての方法意識が形成されていく過程にも符合していた。後でふれる『豆州内浦漁民史料』に代表されるように、渋沢の民俗学は発見されたひとまとまりの資料を複数の学者がグループで整理していく作業を重視する。あるいはアチック・ミューゼアムから刊行された数多くの漁業史資料にみるように、或る方針に向けて設定された範疇・目的に沿ってひとつの資料集を編纂することを支柱のひとつとした。ここにあるのは、資料に含まれる細かな事項を分析し、そこから仮説を引き出すという通例の研究の在り方だけで覆い尽くせるものではない。発見された資料をどう整理するか、あるいは集積する資料に対しこれをどう性格付けて編纂していくか、という手順が大切にされているのである。編纂の過程、あるいは編纂以前の資料を前にした意志決定について、多大な関心をはらっているのが渋沢民俗学の特色である。

後年、こうした渋沢民俗学の特色は梅棹忠夫によって「手続き主義」と名付けられ、膨大な資料が集積していく国立民族学博物館設立の際、ひとつの指針となるが[4]、それでは、これら渋沢民俗学の性格が形成されていく過程で、『渋沢栄一伝記資料』とはどのように位置付けられるのか。小稿はこの点にも留意したい。

二　伝記編纂の基礎——渋沢栄一による

(1)『雨夜譚』の世界

生前、渋沢栄一は自身の半世について頻繁に機会を設けて周囲の人々に語っている。その中でも、後の伝記資料編纂を考える上で逸することができないものに、一八九四年（明治二七）の「はしがき」を持つ『雨夜譚』（あまよがたり）がある。

『渋沢栄一伝記資料』別巻第五所収の「談話（一）」が掲載する「凡例」によれば、この談話記録たる原本は失われており、『青淵先生六十年史』（一九〇〇年）に収められた切り抜きを合綴し、原本と照合させて加筆記入を経たものが伝えられており、これが底本となって復刻された。[5] 内容は四七歳を迎えた栄一がこれをひとつの節目として、自身の来し方を話したものであり、栄一が伝記に対して抱いた価値意識をはかる上でひとつの指標となる。構成は六巻に分かたれているが、全編にわたって渋沢栄一が自らの閲歴を論じるにあたって、何を心掛けようとしたのかが明確にあらわれている点で、重要である。

『雨夜譚』は、まず渋沢の故郷での修学・家業への従事、江戸への遊学を経て、次第に尊攘派としての旗幟を鮮明にしていく過程から説き起こされる。次いで尾高長七郎ら同世代の知己たちとの外国人襲撃を目的とする横浜行の計画と未遂、京都への潜行、窮地の中での一橋家への仕官、パリ万博参加、明治維新へと続く。

この軌跡を描くにあたって、渋沢は決してこれらを成功譚として語っているわけではない。『雨夜譚』の中で渋沢は自分のことを指す時、その時々の境遇に合わせて「農民」「浪人」「書生」と名称を変えていることが示すように、動乱の時代に置かれた自分というものを的確に捉えようとしている。当初、尊攘派の志士として動きながら事敗れ、捕縛された同志の救出を思案して一橋家に仕官することとなり、幕臣として明治維新を迎え、やがて慶喜が駿河へ謹慎となるのに随行するにあたって、「目下羽振りのよい当路の人々に従つて新政府の役人となることを求むるのも心に恥づる所であるから、仮令当初の素志ではないにせよ、一旦に前君公の恩遇を受けた身に相違ないから、寧そ駿河にいつて一生を送ることに仕よう[6]」とするくだりは、変転する同時代の政治動向の中で否応なく直面せざるを得なかった屈折を経た言葉であるだけに、それだけ強い決意表明として映る。

ここではっきりするのは、渋沢は現在の自分が青年時代から直線的に完成されたものではない、ということを明言している点である。具体的には、幕末から明治初期の時代にあって、翻弄された自己というものをしっかりと語っているのである。人間は絶えずこうした〝揺れ〟を経て現在の自分に到る、という自覚がここにあるといえる。

『雨夜譚』における自画像とは、「翁」を主語に立てる近代日本の伝記の「原像」とは異なる展望を、栄一が身をもって示したことでもあった。

（2） 編纂の基礎

自らの伝記を編纂事業という形で構想するにあたって、渋沢栄一には参考とすべき経験があった。そのひとつが、一九〇〇年（明治三三）刊行の『青淵先生六十年史』である。阪谷芳郎を代表者に立て、萩野由之をはじめとする編纂委員が参画したこの伝記は、その後『渋沢栄一伝記資料』が編纂される際、ひとつの参考事例を提供した。同書はまず、謄写版にしたものを一部ずつ縁故者に配布し、それぞれの批評を求めた上で、それらを反映させたものを第二稿として作成し、それを活版として最終的に定本とするという慎重な手順をとって刊行した。そしてこの形式は、栄一が中心となって龍門社より刊行された『徳川慶喜公傳』（一九一八年）においても試みられた(7)。

ここにみられる通り、渋沢栄一にはこれから書かれるべき自分の伝記への強い関心があった。その対象範囲は、事実関係、記述の在り方、その記述と類縁関係にある人々からの評価、さらには編纂の作業工程全般へと及んでいた。その関心の持ち様は、その後も幾度となく試みられる自身の伝記編纂の中で、さらに視野を拡大させていったとみるべきであろう。

栄一をめぐって展開されたこれら伝記事業は、『徳川慶喜公傳』に結集した構成メンバーを中心として、新たに栄一の「御伝記」編纂計画として再スタートが切られた。東京・兜町の渋沢事務所にある「渋沢同族会編纂所」を拠点とし、作業が行われたが、一九二三年九月、関東大震災によって編纂所も甚大な被害を蒙り、多くの所蔵資料が焼失することとなった。

三　伝記編纂への指針――渋沢敬三による

（1）資料とともにある環境

それでは、渋沢敬三は祖父・栄一の伝記についてどのような展望をもっていたのだろうか。少年時代の敬三が昆虫収集をはじめとする博物学への傾倒から、やがて収集癖が嵩じて屋敷内に標本の収納場所を持つに到ったことはよく知られるが[8]、後のアチック・ミューゼアムに到る収集・陳列の事業には、その少年時代の経験の一端が底流になっていることは容易に看取されよう。この経験に伴走する形で、同じく少年時代の敬三を取り巻く環境に、さきの『徳川慶喜公傳』、あるいは祖父の伝記編纂をめぐる事業があったことは、付け加えておいてよい。『青淵先生六十年史』の刊行はまだ敬三が四歳の時のことであるが、幾度となく行われる栄一の伝記編纂事業に敬三は成長の過程においてその都度立ち会っていた。このことは、その後の事業において敬三が陣頭指揮をとるにあたって、折々的確な判断を示す下地となったと考えられる。

さらに青年期に入ってからの渋沢敬三を特徴づける事柄として、親族の誰かが特定の事項について資料を必要としている時、率先して自ら動き、それを提供している点が挙げられる。もともと敬三の伯父にあたる法学者・穂積陳重が法制史の関係から御成敗式目を収集しており、第二高等学校時代、渋沢は仙台をはじめとして、東北を旅行する際、古書店に立ち寄り、その地における地方版を入手して陳重に送った。その折、陳重から御成敗式目の地方への普及について教えられ、文化の普遍現象について強く興味を引かれることがあった[9]。この時の陳重、敬三によるやりとりがきっかけで、今度は陳重が栄一に論語の収集を勧め、自らもその収集の先頭に立った。その後、様々な版による論語が各方面から続々と寄せられ、兜町の事務所に所蔵されることとなったが、大半は一九二三年の震災によって灰燼に帰してしまった。

当時、正金銀行ロンドン支店に在任中の敬三はこの報に接するや、ロンドンの古本屋を逐次訪れ、論語の翻訳本を買い漁り、それを日本に送った。陳重は一九二六年に亡くなるが、その後も論語収集は栄一・敬三によって継続され、やがて「青淵論語文庫」へと繋がっていく。

こうして集められた論語コレクションの趣旨を敬三は「稀覯本を骨董的に集めんとするのではなく、『論語』がどのくらい多くの人々によって刊行され、研究され、翻訳され、また利用されたか、時代により地域により、どのくらいの密度と普遍性を持っているか」としている[10]。ここにはかつて御成敗式目を収集した際、穂積陳重から受けた同式目の地方浸透という問題意識の一端を垣間見ることができる。近代日本を代表する学者・芸術家を輩出してきた穂積家、尾高家を係累に持っていたことを考慮する必要があるが、資料提供に向けて敬三がみせた尽力は、平素から渋沢家をめぐる親族の間で、時に懸案となる事柄について学問上の交流が円滑に行われる環境から生まれたものといってよい。この環境下で渋沢敬三は自ら集めた資料、或いは周囲から集められていく資料を総合して、その過程で自ら問題を発見する力を養っていった。

(2) 渋沢敬三の博物館像

或る定められた主題のもとで資料を総合・配列する場という意味で、渋沢敬三が早くから関心の対象としたものに博物館がある。その眼差しにはモノを展示する上で何を選択の基準とするか、陳列の際、そこにどのような主題を設定するかが問われる点で、後年、アチック・ミューゼアムにおいて形成された渋沢敬三の民具に対する姿勢と深く関わってくる。また、栄一を顕彰する上でもうひとつの支柱となる「青淵翁記念実業博物館」への射程を含むものでもあった。伝記編纂が長期にわたる事業を経て、『渋沢栄一伝記資料』として完成されたのに対して、実業史博物館の方は戦争の影響から最終的に実現されることなく終わったため、資料によってその見取図を得ることがむつかしい。ここでは敬三が広く博物館に対して注いだ問題意識を遡って拾っていくことで、少なくとも構想されたものの一端を示すに止める。

博物館に対する敬三の視野という点でひとつの画期となるのは、一九二二年（大正一一）から一九二五年における横浜正金銀行ロンドン支店駐在中での経験である。この間、敬三は休暇を得ると、イギリスを含めヨーロッパの諸都市を歴遊し、折に触れてその場所の博物館・美術館を訪れた。その中で敬三を圧倒したのは、やはり大英博物館が所蔵する展示物の厚みだった。しかし、その一方で敬三はエルギン・ルームにおけるパルテノン神殿から引き剝がされたペディメントとメトープを前に、「我々が拝見出来るのは極めて有難いが、これだけ持ち去られた後の残骸を考えると、随分悲痛な気がする[11]」と嘆息している。渋沢栄一という文字通り近代日本の資本主義を育成した人物の後継者でありながら、敬三は同時に広く帝国主義の持つ歪みを敏感に受け取ることのできた人物であった。

こうした敬三の資質は帰国後の一九二六年（大正一五）四月から五月にかけて台湾米穀大会に出張する石黒忠篤（農商務省農務局長）に随行して同地を訪れた際、高地少数民族の高潔さに対する強い親近感と、彼らに日本語・和服を過剰に強制する総督府への批判となってより鮮明に発揮される[12]。この時、敬三は台北の博物館を見学している。そして建物の立派さに比して展示物が貧弱であること、特に「土俗及び動植鉱物の方面は皆無に等し」いことを嘆き、その上で「およそ博物館は御申し訳や虚栄心で建てるべき筋合のものではない。その国民全般の学問に対する真摯な尊敬こそ、博物館建設ならびにその利用の真の原動力であらねばならぬ[13]」と、在るべき博物館像を語った。

（3）第一回雨夜譚会の席

伝記編纂に向けて渋沢栄一を囲んで定期的に行われていた会合に一九二六年（大正一五）一〇月一五日の第一回から、一九三〇年七月八日まで三一回を数えた雨夜譚会がある。この談話会がそもそも開かれるに到った理由は、渋沢同族会編纂所によって行われた渋沢栄一伝の編纂について、その資料収集を含めて一度、協議の場を持つことが必要であると判断した敬三が穂積陳重、阪谷芳郎の両伯父と諮ったことにあった。

参加者としては会委員長の敬三が毎回出席したほか、雨夜譚会幹事を務める白石喜太郎をはじめとする龍門社の面々が常連として加わり、話題に応じて適宜渋沢家からも渋沢篤二、穂積歌子（陳重夫人）などが出席した。それ以外にも、下村宏、植村澄三郎などが聞き手として参加する回もあり、内々での談話会が陥る閉鎖性への配慮も伺える。内容はいずれも栄一の閲歴にかかわるものであるが、細かな逸話が数多くふくまれており、文献資料では追うことのできない事実について、栄一の記憶をもとに記録しておくことに力点が置かれた。

実際に渋沢敬三が書かれるべき栄一の伝記について言及をしたのは、この第一回雨夜譚会でのことだった。この時の発言は、将来に向けて編纂事業の基礎となっただけでなく、敬三が理想とする伝記の在り方、ひいては資料編纂全般に対する敬三の姿勢を判断する上で重要である。はじめに敬三は震災によって大打撃を受け、途絶を余儀なくされた渋沢同族会編纂所による「御伝記」について、率直にこれを批判することから切り出す。

前の御伝記編纂のやり方はどうも感心出来ませんでした。殊にそれに依て出来るものは事実の羅列に止まる観があつて面白くないと、穂積の伯父様などは極力不賛成の意を表せられ、同族会でも問題になりました。其内大震災で自然消滅になりました事は寧ろ好都合でありました(14)。

同書の編纂が縁戚の阪谷芳郎を中心になされたことを考えれば、同じ一族の中から穂積陳重によって、編纂の方法への強い不満が表明されたことは注目に値する。ひとつの伝記が刊行されたことをもって事足れりとし、その中身についての検証を行うことなく、曖昧な了解が親族の中で生まれるといった弊がここにはない。一族の中に渋沢栄一の伝記に対する行きとどいた鑑識眼があり、たとえその伝記が同族の一人の統括によるものであっても、そこに何か欠落した部分があれば、忌憚のない意見を言う環境が渋沢の親族間に成立していた。雨夜譚会開催を支持した一人がほかならぬ阪谷であったことも、それを裏付けている。

さらに敬三は前回の編纂を引き継ぐ上で、何に注意しなくてはならないかを説く。

此前の編纂所でも御記憶をたどつて御話を願つたもの、其他相当の材料が集つては居りますが、大分不十分と思はるゝ点があります。即ち事実の経過等に付ては相当調べてありますけれども、おぢい様の感じとか、考とかが判然と出て居りません。此点が最も必要と思ひます。[15]

このあと、会は早速本題に入り、栄一に直接聞かなければ分からない事柄をめぐって質疑応答が始まる。その劈頭を飾るのが少年時代、病に苦しんでいた栄一が長野県神川村大字岩下の布引観音を信仰したところ、快癒したことから経典三六〇巻を寄付した話である。この由来を問う敬三に対して栄一は、一部訂正を加えながら自身の記憶によって鮮明に旅行の道中を復元してみせた。[16]

「今晩は餘準備をしないで参りましたので」と敬三はことわっているが、こうした一見些細とも思われる少年時代の俗信から会の談話が出発したことは、これから始まろうとする資料編纂の性格を見る上で重要である。栄一の閲歴ともなれば、その時期における政治動向への影響を基準に資料の序列化をはかることは当然浮上してくる。しかし、それが少年期の小さな逸話であろうと、素材に優劣を付けず、等しく栄一の記憶を辿りながら正確な跡付けを行うことが、第一回から明確にメンバーの内で認識されていたことがこのやりとりから分かる。

この視点に立った上で敬三は渋沢一族、渋沢事務所、あるいは龍門社の手で伝記を叙述すると、「我田引水」となってしまうことを掲げ、その弊に陥らないためにも、栄一の伝記は「全然外部の人に願い度いと思つて居ります」とした。[17] その一方で、こと素材となる資料に関しては、渋沢の係累、および関係する組織の側で可能な限り収集することが望ましいとした。「外部」の執筆・編纂者に対する資料的な環境を整え、仕事上の便宜をはかるが、出来上がっていく対象について身内の側から容喙しない、という原則がここに定められた。

以上の方針については栄一も同意するところであり、同じ席上で栄一は「どうしても親戚関係のものが伝記を作ると褒めることになり、悪いことはかくすことになり勝ちである。従つて事実を事実とせられないから、後世の人が公平に書くまで材料のみ集めて置くと云ふのには賛成であります」[18]と発言し、自ら積極的に敬三を支持した。この時点で編纂事業は一族の外から選ばれた人物に担われるべきものであること、資料収集に当たっては公正を旨とし、たとえ栄一の過誤を示す資料であっても、漏らさず記録として保存することが決まった。

雨夜譚会でのやりとりを見ると、聞き手の側が忌憚なく質問し、それに対して栄一が率直に答えることが基調になっている。同年一一月六日に行われた第二回雨夜譚会において征台会議の折、栄一が非戦論の立場をとった経緯について、白石が「先生は平和主義者で戦争はしない主義と推察しますが、此時の非戦論は、財政上不可であると云ふ意味だけであつたのでせうか」と問うたのに対し、栄一は「勿論当時のことだから、此頃云ふ様な思慮をめぐらした広い平和論からでなく、財政上不可であると云ふ浅薄なものであつた」[19]と、当時の自分について隠すことなく語っている。敬三をふくむ複数の人物の言葉によって、絶えず客観性が保たれていることが雨夜譚会の特色でもある。

当人が他者の容喙を許さず、自分の閲歴を語ることに終始した場合、段々と語っている本人が作中の人物になってしまい、話が大きくなったり、作為的な話がすり込まれることがある。雨夜譚会における栄一を囲んだ往還は、栄一自身の中にその弊に陥ることを未然に防ぐ意志があったことを窺わせる。

(4) 自ら指針を示す

第一回雨夜譚会における渋沢敬三の発言が伝記の輪郭に関わるものだったとすれば、栄一の一周忌を迎えた一九三二年一一月、『龍門雑誌』第五三〇号(青淵先生一周忌記念号)に発表された「祖父の後ろ姿」は、敬三の眼に映った晩年の栄一の姿を率直に述べるだけでなく、今後書かれるべき栄一の伝記について敬三が自らの考えを述べた点で、記憶されるべき文章である。

この中で敬三は、少なくとも孫の眼から見た時、青年時代の自分にとっての栄一は、「肉迫力」と形容したくなるほど、積極的に自らの意志を伝え、指導力を発揮する人だった。しかし八〇歳を超えると、それまでとは対照的に「霊的」といってよいほど、自我を前面に出すことなく、しかも自分もふくめて周囲が自然に栄一の意を汲み取って動く、という環境が生まれたとした。敢えて言うならば、そこには次第に肉体から離れた人間像があったと敬三は描写したが[20]、日常の中から栄一を長期にわたって見続けて来た眼によって微細な変化を捉えた見事な観察である。この細やかな人間観察に続けて敬三は、栄一の手掛けた事業とは、本人が構想した計画のほんの一部に過ぎないことを紹介し、その認識に立って伝記を編纂する場合、求められるべき資料収集とはどのようなものか、その具体案を示した。

従ってこの度龍門社が祖父の伝記資料を整理して下さる由を伺って、我々遺族としてはこの上もなく辱なく、また有難く深く感佩致しておりますが、もし私に無遠慮に小さな望を云わして下さるならば、それは啻に出来上った、成功した多くの仕事の資料以外に、どんなに、不成功に終ったりまた無駄な努力がし続けられていたかということを、たといその例證が一つ一つ挙げられなくとも、そうしたものが極めて沢山あったであろうということを考に置いて、それらの事業を深く検討して戴きたいと思うのであります[21]。

後世からみて明らかに失敗と位置付けられるもの、無駄だと思われるものであっても、それらを隠すことなく、その時点における栄一の判断を示す価値を持つものとして資料の中に登録する。そのことによって篤実な伝記が書かれる条件が作られていく、という姿勢がここに示されている。

一方、想定される執筆者についても、栄一が没してのち、敬三の中でその輪郭はさらにしっかりとした像を結んでいく。第二高等学校・東大経済学部時代の旧友・土屋喬雄が一九二九年(昭和四)夏、留学から帰った翌年一月、改造社刊『偉人伝全集』の一巻として『澁澤榮一傳』を担当するにあたり、関係資料の閲覧を敬三に依頼したところ、[22] 敬三は渋沢事務所の資料係へ様々に便宜をはかったほか、本来在るべき伝記の姿について、土屋に対し次のように語った。

今まで渋沢家として親戚の者が中心になったり、歴史家へ頼んだりして、祖父の伝記を編纂してきたが、今になって考えてみるとそうした方法は正しくない。第三者が興味を感じて書くのが、伝記としてもっとも正しいと思う。子弟なり、親族の責任は、資料の散逸を防ぎ、整理して、書く人に提供することだ。[23]

先述のように第一回雨夜譚会において、敬三は執筆者として考えられる人物を「全然外部の人」が望ましいとした。これは確かに公正かつ魅力ある伝記を書く上で、ひとつの改良策である。しかし、それからさらに四年を経て、本来、伝記とは係累の側から執筆を依頼するものではなく、書こうとする側の強い動機付けに支えられたものでなくてはならない、という確信が敬三の中で生まれつつあった。さらに先の会話で敬三は、それでは自叙伝や回顧録とはどんな扱いになるのか、という土屋の問に対して次のように答えた。

確かに祖父は回顧談の速記録を残しており、それ自体は興味深いものであるが、これも別途の資料をもって確定すべきものである。いったい、回顧談とは自身の過去を客観的に語る人物と、誇張する人物がいることを考えれば、伝記の類には入らない。あくまで伝記資料として扱うべきである。[24]『雨夜譚』で語られた内容が、幕末維新期において自らの動揺を隠さず、率直に述べたものであることは敬三自身、知るところであったろう。しかしその上で敬三は、客観的な伝記叙述を可能とする場合、『雨夜譚』もまた、その中のひとつに過ぎないという、さらに厳格な方針を打ち出したのである。

ここにあるのは、いたずらに親族の側からその主観を押し付けることなく、自身の提唱のもとで栄一の遺した人脈・組織を通じて資料の整理拡充につとめながら、渋沢栄一像を描くことへの強い動機を持った執筆者に託すという思想である。すなわち、未知の伝記作者に対して、いかに十全な場を提供するか、という課題に比重が置かれているのである。それはまた、未公刊の原資料をいかに組織的に編集するかを重視する、渋沢民俗学の特徴にも連なるものだった。

（5）『豆州内浦漁民史料』の体験

伝記資料編纂について明確に態度を表明したほぼ同じ時期にあたる一九三二年の二月、敬三は長く続いた栄一の看病、そして葬儀とそれに伴う種々の事後処理によって心労から体調を崩し、少年時代からしばしば旅行で訪れていた伊豆半島西海岸の三津でしばらく療養生活を送る。

周知のように、この時の滞在で敬三は三津をふくむ内浦六ケ村の漁業史に関する一連の古文書を発見する。後にアチック・ミューゼアムによって『豆州内浦漁民史料』（一九三七年～三九年）にまとめられるこれらの古文書は、漁業史上画期的な資料として位置付けられることとなる。資料をめぐる持ち主とのやり取りで、とりわけ敬三の印象に残ったのが、外来者である自分に対し、文書の所蔵者・大川四郎左衛門がほとんど条件を付けることなく、長期の貸与と閲覧・筆写を許してくれたことだった[25]。

この時の邂逅を経て、同資料は然るべき研究機関への寄贈を希望する大川四郎左衛門の意向を汲んでアチック・ミューゼアムの「祭魚洞文庫」に保管されることとなるが（現在、国文学研究資料館所蔵）、とりわけ目を引くのは、敬三が次のような目算をもって臨んだ点である。

> 論文を書くのではない、資料を学界に提供するのである。……原文書を整理して他日学者の用に供し得る形にすることが自分の目的なのである。しかして学者の用たる、目的により、種類により、時代により、研究の視野・角度の変化により、今から何が一番価値があり何が全く無駄であり屑であるかは予想し得ない[26]。

『豆州内浦漁民史料』に結実する原資料を整理するにあたって、まず前提となるべき条件を綴ったこの言葉は、まずは多くの研究者に役立つよう、平明に使いやすく資料を分類・配列し、丁寧な解説・釈文を付ける作業の大切さを説いたものである。これから何か大きな歴史叙述にかかろうとする上で、まず、その資料環境に関わる部分を重視するこの言葉は、これに先立って敬三が土屋喬雄に述べた言葉と多くの面で重なり合っており、おのずから渋沢栄一の伝記資料について、敬三が想定している編纂事業の在り方とも符合するものといえよう。

この時の、民俗資料をめぐってなされた邂逅——それも渋沢敬三の民俗学の骨子を作る上で重要な体験は、ほぼ同時期に進行していた栄一の伝記編纂事業との間に、一定の親和力をもっていたと考えられる。たとえば、渋沢敬三の民俗学を特徴付ける重大な要素に、資料の所蔵者・収集者、あるいは民間習俗の伝承者との良好な関係、ならびに彼らに対する一貫した尊重の念が挙げられる。宮本常一『忘れられた日本人』所収「文字を持つ伝承者（一）」に登場する島根県邑智郡の故老・田中梅治への敬意などはその一例である(27)。『豆州内浦漁民史料』の基礎となった資料群との出会いも、まず現地に滞在している渋沢の寓居にそれを携えて現れた所蔵者・大川四郎左衛門への歓待から出発し、閲覧者たる自分に終始寛容な態度をもって対する大川との間に強い信頼関係が築かれていったことが背景となっている。

アチック・ミューゼアムから刊行された多くの資料集への序文に限らず、民俗資料に言及する際渋沢敬三は、可能な限りその所蔵者あるいは収集者の名前を掲げ、必要とあればその人物の写真を掲げることを行っている。これら所蔵者・伝承者に対する敬意の払い方は、そのまま渋沢敬三自身の方法、さらには文体の特色へと繋がっていることに注意すべきであろう(28)。

ここで検討されているのは、先にも述べた使用される資料のみならず、それらを整理・編纂する作業そのものの在り方、ならびに編纂が終わった後、そこにどのような環境が残されるのか、という課題である。しかもその環境とは、それらを編纂するに到るまで原資料を保存していた所蔵者・伝承者の営為をも包摂するものである。集まってくる資料を編纂する側が恣意的に歪めることなく、所蔵者への敬意とともに分類・整理して、自分なりに問題意識を持ってこの資料を閲覧する人物に資するように備える――その工程とは、収集されつつある栄一の伝記資料について、敬三がとった態度と多くの意味で重なるものであった。

先述した伝記をめぐる渋沢の意見を聞いた土屋喬雄は、その伝記観が「古今東西にわたり一市民の伝記文献として最も大きなものである『渋沢栄一伝記資料』（全六八巻）を学界に提供する原動力となった」[29]と述べたが、その力を支えたもう一つの要素として、資料をめぐってそこに自分なりの環境を想定する渋沢敬三の独自の方法意識を挙げてよい。

四　編纂の新段階

(1) 没後の編纂計画

一九三一年（昭和六）一一月一一日、渋沢栄一の死去によって、伝記をめぐる環境は新しい段階に入る。死去から日を経ずして、後に『渋澤栄一伝記資料』編纂主任となる土屋喬雄によって、先述の『澁澤榮一傳』（改造社）が上梓された。そして翌三二年より、いよいよ龍門社による「第一次青淵先生傳記編纂事業」が開始される。編纂室は当初、第一銀行呉服橋支店の一室を借りていたが、一九三二年一一月には第一銀行本店の五階に移転した。そして編集主任・幸田成友、佐治祐吉ら編集担当を中心とする編纂グループが組織され、逐次増員されていくこととなる。

この段階で大きな改変が事業計画にもたらされた。もともと龍門社の評議員会は、この編纂事業の目的をあくまで「正伝」の上梓に置いていた。しかし、そのことが他の伝記作成者を妨害することになりはしないか、という反対意見が出たことから、当初の方針を改め、途中から資料の編纂に重心が置かれることとなった[30]。

編纂上の目的について龍門社の方針が変わったことと併せて目を引くのは、自分の責務は、あくまで伝記の作成に資するための資料整備にある、とした敬三の態度であろう。これを敬三が表明したのが『澁澤榮一傳』執筆に向けて土屋喬雄に資料的な援助を行った一九三〇年頃だったことを考えれば、栄一の死去前から敬三は既に資料編纂に対する明確な意識を固めていた。直接、編纂事業に敬三が関わった度合いは少ないが、そのことは明らかにこの時の編纂事業における方針転換に一定の影響力を持ったといってよい。

編纂事業の開始は翌三二年四月とされるが、『龍門雑誌』で実際に渋沢栄一の顕彰事業計画が掲載されるのは、一九三二年八月の第五二七号誌上の「「青淵翁記念會」の計画」においてである。

この中で目下、栄一の事績を顕彰する組織として「財団法人澁澤青淵翁記念會」が計画されており、「澁澤青淵翁の偉業及徳風を追慕顕彰するため」として、同会がこれから手掛けるべき事業が紹介された。内容は(一)銅像を建設すること、(二)伝記を編纂すること、(三)龍門社と協力し曖依村社を保維し遺言の趣旨を実行する方法を講ずること、(四)遺範に則った素志の紹述に向けての適当な施設を為すことである。このうち、銅像については、生前の一九二八年(昭和三)一〇月一日に行われた渋沢栄一米寿祝賀会において、すでに敷地、構造、経費など、その主要な項目についてはおおむね固まっており、この記念会があらためてこれを継承することを確認した(31)。

この記事を皮切りに、『龍門雑誌』はほぼ毎号にわたって、「青淵先生傳記資料編纂室たより」と題するコーナーを設けて、逐次、寄せられた資料の紹介、ならびに資料提供者の氏名を掲載したほか、重要な資料の来歴、あるいは収集の過程で得られた逸話などを掲げた(一九三三年七月までは「…編纂室より」)。第一回にあたる一九三三年(昭和八)四月の同誌第五三五号は、「青淵先生の書翰」と題し、渋沢敬三をはじめとする栄一の書簡を貸与した一四名、さらに阪谷芳郎ほか貸与の約束をした一八名の名前が列記され、資料的に特筆すべきものと判断された場合は、所持者の許可を得た上で、本誌で取り上げる予定であることが記された(32)。

次いで第五三六号では「黒革の手帳」と副題の付された資料発掘の成果が報告されている。内容は一九二三年に焼失したと思われた一八六七年（慶応三）正月にはじまる栄一の訪欧日誌のうち、一八六八年六月中旬から一一月初旬にかけての「英國御巡幸日誌」が現存することが高田利吉からの知らせで判明したというもので、それまで未発表だったフランス滞在中の日記と併せて同氏から借覧する機会を得たことが報じられ、その一部が紹介された(33)。

翌一九三四年一月の第五四四号以降からは裏表紙に伝記編纂に関する龍門社の「社告」が掲載された。この中で注目されるのは、資料項目として「一、往復書簡類」、「二、意見書、目論見書、演説、談話、式辞、文章、詩歌等」、「三、先生に関する記事評論等」、「四、寫真」、「五、関係諸会、会社等の沿革、特に先生との関係を知るに足るもの」、「六、追懐談、逸話等」が掲げられ、「六」については、「當方より筆記に伺ひます」と付記された。その上で資料所蔵者は「龍門社青淵先生傳記資料編纂室」まで一報してほしいと記され、より組織的な資料収集が呼びかけられた。

（2）実業史博物館の構想

栄一没後、顕彰事業のもうひとつの支柱、すなわち実業史博物館の設立計画が動き始める。具体的に「青淵翁記念実業博物館」についての構想が敬三によって語られたのは、栄一没後経済史博物館を作ることを龍門社に提案した時に始まる。ひとつの大きな要因となったのは、ヨーロッパの諸都市では商業を考慮に入れた博物館があるのに対して、日本では同種のものがないことをかねてから敬三が意識していたことにあった(34)。これを受けて龍門社は実業史博物館の設立計画にかかり、建設予定地として北区西ケ原の曖依村荘の敷地と決定された。資料収集に関しては渋沢敬三が先頭に立ち、のちに伝記編纂主任となる土屋喬雄、樋畑雪湖がこれにあたった。

対象は栄一の生誕から没するまでの期間、すなわち一八四〇年から一九三一年を目安に、絵画、地図、書籍、文書、広告、写真、商業器具などのうち、民間生活を含む同時代の経済事象を反映した資料が収集された。この中には「竹森文庫」のように、東洋経済新報社記者・保険評論家の竹森一則が収集した独自のコレクションも含まれていた。

保管場所は伝記資料編纂と同じく丸の内の第一銀行本店五階の事務室となったが、一九四二年に第一銀行と三井銀行の合併問題から、博物館資料を移転する必要が生じ、小石川原町の阪谷芳郎邸を敬三が購入して龍門社に寄贈することで、そこに資料を保管して西ケ原の実業史博物館の設立を待つこととなった。しかし戦後、龍門社の資産凍結、ならびに旧阪谷邸が接収の対象となったため、渋沢青淵記念財団龍門社（一九四六年、渋沢青淵翁記念会と合同）は同資料を文部省史料館に寄託することを決定し、一九五一年に移送が行われた(35)。

（3）「編纂」の変容

「第一次青淵先生傳記編纂事業」の方は、一九三五年一二月末をもってひとまず打ち切りとなり(36)、続いて翌一九三六年より編纂事業は新たに編纂主任に土屋喬雄を迎え、以後、戦争による空襲から原稿・資料を守るべく、一九四三年三月、それらを第一銀行本店地下金庫へ移送するまで七年間にわたって継続される。場所は引き続き、第一銀行本店五階の部屋が充てられた。

一九三六年一月、土屋に編纂主任を依頼するにあたって敬三は、伝記の対象となる人物の親族が心掛けるべき任務とは、集まってくる資料を整理して、これから興味を持って書こうという第三者に提供することである、という六年前に土屋と交わした自身の伝記観をもう一度持ち出し、土屋の賛同を得ている(37)。すでにそれまでの編纂事業で「正伝」よりも、資料編纂を中心とする方針が定められていたが、渋沢敬三の伝記に対する価値観を同じくする人物が全体を統括するという点で、編纂事業は新しい様相を呈する。

『龍門雑誌』第五八〇号（一九三七年一月）には新しいスタッフによる「青淵先生傳記資料編纂室たより」を更新して「青淵先生傳記史料編纂所通信」が掲載され、土屋が「編纂の方針に就いて」の冒頭で、編纂を事業別にすること、事業の背景になる資料もある程度取り入れる、公平かつ客観的な立場で資料を編纂する、存命中の人物による渋沢栄一観ないしその事業について覚えていることを聞いておく、など文柱となる項目が掲げられた(38)。

すなわち、ここにおいて「編纂」の意味が大きく変わってきていることに気付く。伝記そのものの編纂ではなく、その基礎となる伝記資料の編纂により高い価値が置かれ、自覚的に事業として進められているのである。「名義上の主宰は龍門社であったが、事実上の経営面での主宰者は渋沢君であった(39)」という土屋の回顧が示す通り、編纂事業は明確な軌道を描き始めたといえよう。「伝記」ではない、あくまで「伝記資料」の整備を目指す事業の骨格は、ここに定まったといえる(40)。

一九四四年、その成果となる『渋沢栄一伝記資料』第一巻が岩波書店より刊行されるが、戦災によって、以後の刊行は途絶することとなり、戦後あらためて敬三を中心に刊行会が組織され、一九六五年に全五八巻、別巻は一九七〇年に全九巻をもって完結する。

五　小括

一九五八年二月の還暦祝賀記念論文執筆者招待会の席で渋沢敬三は、渋沢家に残されていた写真、さらに父・篤二が撮った膨大な写真のうち、特に一家と縁の深いものを集めて写真集を作成したことを紹介している。そして総体として眺めた時、それらはひとつの世相の変化をも映し出していることに気付いたとして、自分なりに渋沢家について次のような感想を述べている。

私の家などはおかしな家で、明治でぼこっとできた階層だと思うのであります。武士でもありませんし、もちろん公家でもありません。町人でもありません。そうかといって純粋な農民ではない。といって今のいわゆるサラリーマンの家でもない、またほんとうの財閥的な恰好でもない。こういう家が、明治維新になってから

急にたくさんできた一つの新しい型のものだと思うのであります。(41)

かつて「雨夜譚会」において渋沢栄一は、維新後の民業を育成する上で、官尊民卑の弊を訴えるとともに、「三井」「鴻ノ池」といった近世の豪商からの流れを引く財閥とは異なる資本形態が待望されるとして合本組織の必要を訴えた。(42) この後景には、これら財閥と渋沢家の間に明確な一線を引こうとする栄一の眼差しがあったといえる。敬三の言葉自体、こうした栄一による渋沢家の捉え方を敷衍したと見ることができる。明治維新という社会変動を経て生まれた新しい家というものをしっかりと受け止める意識が栄一から敬三へと継承されていることをこれらの事績は伝えている。のちに実業史博物館に向けて収集される資料も、絶えず変化する世相を反映しながら、それを正確に写しだす資料という点において栄一の生きた時代をモノに還元して博物館という形で残す営みの中から生まれたといってよい。

さらに渋沢栄一が若き日の自身を回顧するにあたって、まず幕末維新期の波に翻弄された等身大の自分を『雨夜譚』で語ったこと、そしてその後も絶えず周辺資料の探索を余念なくすすめたことは、明らかにその後の伝記編纂に大きな影響を与えた。この視座に沿いながら、栄一の伝記資料を編纂しようとする時、そこには変動する同時代の諸相を絶えず織り込むことが不可欠となる。編纂に関して土屋喬雄によって定められた指針が、編纂を事業別とし、さらにそれら事業の背景となる資料も一部吸収しながら、客観的な視点で編纂することを心掛けるものであったことは、おのずから渋沢家の特色を吟味する上で有効な方法だったといえる。

『渋沢栄一伝記資料』とは、こうした長い助走を経ることで編纂された。文字通り断簡零墨に到るまで関連資料の発掘に意を注ぎ、将来現れるべき伝記作者に向けて、その執筆に応える環境というものを作り出す――その営みは、おのずから完成された人物像を念頭に置こうとする近代日本に現れた多くの「翁型」の伝記から離れたものとなった。同時に、そこには近代日本の伝記における独自の行程を見出すことができるのである。

注

（1）J. Hilton, *Random Harvest*, 1941（山崎晴一訳『ランドム・ハーヴェスト』朝日新聞社、一九四九年、六九頁）。

（2）矢作勝美『伝記と自伝の方法』出版ニュース社、一九七一年、四五―四九頁。

（3）大佛次郎『激流　若き日の渋沢栄一』恒文社、一九九五年、七―一〇頁。初出は文芸春秋新社より一九五三年に刊行。

（4）伊藤幹治・米山俊直編『柳田国男の世界』日本放送出版協会、一九七六年、三六一頁。

（5）渋沢青淵記念財団龍門社編『澁澤栄一傳記資料　別巻第五　講演談話一』渋沢青淵記念財団龍門社、一九六八年、四四〇頁。

（6）同前、五〇二―五〇三頁。

（7）幸田成友「故澁澤子爵伝記資料の編纂に就て」（『幸田成友著作集』第七巻）中央公論社、一九七二年、一三九―一四〇頁。

（8）『渋澤敬三』上、渋沢敬三伝記編纂刊行会、一九七九年、七一九―七二一頁。

（9）渋沢敬三「『青淵論語文庫目録』跋文」（『澁澤敬三著作集』第三巻）平凡社、一九九二年、一三八頁。

（10）同前、一三八―一四〇頁。

（11）渋沢敬三「伊太利旅行記」（『渋沢敬三著作集』第一巻）平凡社、一九九二年、一九八頁。

（12）渋沢敬三「南島見聞録」（『渋沢敬三著作集』第一巻）平凡社、一九九二年、五五―五六頁。

（13）同前、二四頁。

（14）前掲『渋沢栄一伝記資料　別巻第五　講演談話一』五二三頁。

（15）同前、五二三頁。

（16）同前、五二四頁。

（17）同前、五二三頁。

（18）同前、五二四頁。

（19）同前、五二九―五三〇頁。

（20）渋沢敬三「祖父の後ろ姿」（『渋沢敬三著作集』第一巻）平凡社、一九九二年、一七六頁。『龍門雑誌』第五三〇号、一九三二年一一月。

（21）同前、一七七頁。

（22）土屋喬雄「人間渋沢敬三」（前掲『渋澤敬三』上）二五八頁。『澁澤榮一傳』中、退官以前の栄一について、ほぼ全編にわたり土屋が参照したのが、『雨夜譚』である。その理由として土屋は「資料的価値とその多くの読者に與へるであらうところの興味を無視すべきではないと考へ」たことを記しているが、『雨夜譚』の基調ともなっている、率直に動乱期における自分の〝揺れ〟を記そうとした渋沢栄一の姿勢に対する評価と解することもできる。これ以外に、渋沢敬三は土屋に当時まだ公刊されていなかった渋沢家所蔵『雨夜譚会記録』を資料に提供している（土屋喬雄『澁澤榮一傳』改造社、一九三一年、序四―五頁）。

(23) 土屋喬雄「渋沢敬三君の思い出――経済学部関係を中心として」『渋澤敬三先生景仰録』東洋大学、一九六五年、一九一頁。

(24) 前掲土屋喬雄「人間渋沢敬三」二五八頁。

(25) 渋沢敬三「『豆州内浦漁民史料』序――本書成立の由来」（『渋沢敬三著作集』第一巻）平凡社、一九九二年、五七五―五七六頁。

(26) 同前、五七七頁。

(27) 宮本常一『忘れられた日本人』未來社、一九六〇年、二三〇―二三一頁。

(28) 戦後、常民文化研究所に勤務した網野善彦が、その後の学者生活において、かつて各地から借りた日本漁業史・水産史に関わる資料を返し続けることに多大な時間を費やしたことは、渋沢敬三が所蔵者に対して抱いた気質、態度を媒介とする方法を継承、実践したものと位置付けることができる（網野善彦『古文書返却の旅――戦後史学史の一齣』中公新書、一九九九年）。

(29) 前掲土屋喬雄「人間渋沢敬三」二五八―二五九頁。

(30) 「青淵先生傳記資料編纂室たより（二十）」『龍門雑誌』第五七一号、一九三六年四月、五七頁。

(31) 「『青淵翁記念會』の計画」『龍門雑誌』第五二七号、一九三二年八月、一〇三―一〇四頁。

(32) 「青淵先生傳記資料編纂室より（一）　青淵先生の書翰」『龍門雑誌』第五三五号、一九三三年四月、一〇六―一〇七頁。

(33) 「青淵先生傳記資料編纂室より　黒革の手帳」『龍門雑誌』第五三六号、一九三三年五月、一二〇―一二一頁。

(34) 渋沢敬三「犬歩当棒録――祭魚洞雑録第三」（『澁澤敬三著作集』第三巻）平凡社、一九九二年、四九三―四九四頁。

(35) 遠藤武「日本実業史博物館資料について」（前掲『渋澤敬三先生景仰録』）三〇八―三一〇頁。

(36) 「青淵先生傳記資料編纂室たより」『龍門雑誌』第五七一号、一九三六年四月、五七頁。

(37) 前掲土屋喬雄「人間渋沢敬三」二六一頁。

(38) 「編纂の方針に就いて」『龍門雑誌』第五八〇号、一九三七年一月、九二―九五頁。

(39) 同前、二六三頁。

(40) 渋沢栄一の伝記編纂を考える上で、これに先んじて進行していた後藤新平の伝記編纂を考えておく必要がある。阪谷芳郎は財政面をふくめて、一九三二年に開始された後藤新平の伝記編纂にも深く関わっていた。後に『後藤新平』（後藤新平伯伝記編纂会）として刊行されるこの編纂事業には滝川政次郎、平野義太郎などの史学者・思想家を執筆陣に擁していたことは知られているが、時期的にみれば、滝川と平野がそれぞれ事情を異にしながら、ともに一九二〇年代後半、講壇を追われ、『後藤新平』の編纂事業に参画していたことは、学界活動が次第に制限されつつある中にあって、その対象となった人物が自身の力量を反映させるという点で、伝記編纂が同時代において単なる経済的支援に止まらない独立した意味をもっていることを示している。

また、ふたつの伝記編纂にいずれも阪谷芳郎のような援助者が介在していることは、後藤・渋沢というそれぞれ帝国主義下の日本にあって独自の展望を持った人物に対して下された価値判断の跡とみることもできる。

(41) 前掲渋沢敬三「犬歩当棒録」四八九―四九〇頁。

(42) 前掲『渋沢栄一伝記資料　別巻第五　講演談話一』七〇四頁。

近代日本における「実業」の位相
渋沢栄一を中心に

佐藤健二

一　「実業」ということばの位相

まず日本近代における「実業」ということばが、いかなる意味の特質を有する語であったのか。その位相を探るところから始めよう。

「理財」「経済」「政事（治）」といった新しい理念の動きとの関係もあって複雑だが、確認すべきは幕末維新期から明治大正の言説空間のなかでの位置である。「実業」という概念は、どのような意味の動きをもつものとして響いたのか。それは「職業」や「産業」など、近代社会を鳥瞰する基本的なことばの生成とも深く関わっているだろう。いまこのことばが背負わされている制約や、見失われた可能性を考えるうえでも、その語誌をたどってみる価値はある。

（1）「じつぎょう」と「じつごう」

「実業界」「実業家」「実業教育」などの複合語の中核を占める熟語「実業」は、明治日本の新語であり、開化の新しい時代の「産業化 industrialization」を象徴する流行語であった。明治近代における産業化の進展は、あえて異を唱える必要もない明白な歴史事実である。それゆえ、このことばそれ自体もまた、近代に新しく発明されたものに違いないと私自身も思い込んでいた。

ところが国語辞典の類を引くと、この熟語にはもっと古い、すでに忘れられたといってよい中世的な意味が記載されている。「実業」という二つの漢字の同じ文字並びのままで、「じつごう」と読む。旧仮名では「じつがふ」となって、かつて「じつげふ」とルビが振られ、われわれが「じつぎょう」と発音する、今日使い慣れている単語とは、まったく断絶した用いられ方をしていた。

『日本国語大辞典』によれば、「実業《じつごう》」は仏教語で、「身（身体）・口（言語）・意（心）で善悪などの行為を実際にすること。また、その行為」と説明されている。実際に活動し現実に行為する、その実践性に力点が置かれてはいるが、仏教でいう梵語の karman、すなわち「業《ごう》」の考えを基礎にしたもので、そうした世界観を現実世界に敷衍したところに成立している。用例として一三世紀前半に成立した『正法眼蔵』の「実業の凡夫、いかでか応迹《おうじゃく》に自在あらん」という文章や、一四世紀半ばの『神道集』の「応化《おうげ》は神道の実業を以て神明の名を得る」という用例が掲げられている。応迹も応化も、当時の仏教の世界観に関わることばで、仏や菩薩などが衆生を救うために神や人間に姿を変えて現れるという現象を指す。いわゆる「本地垂迹」「神仏習合」に基づく宗教思想であり、そこで使われている実業はすでに定めとしてある「業」の教理を、現実の、実際の、と強めているだけのようにも思える。

同じ辞書で用例として挙げられている歌舞伎台本の「実業正覚の阿弥陀仏、天眼天耳の通を以て、我が云ふ事をよく聞かれよ」という台詞からは、このことばが一九世紀初頭には宗教の領域から、さらに世俗的で大衆的なレトリックのなかに拡がっていたことが示唆される。すなわち民間の日常に仏教由来のこの因果の思想が普及し、「実業」という漢字の並びも、「業」の教えの通俗化のなかで理解されていたようである。今日広く一般に参照されている国語辞典の『広辞苑』には、「実際に苦楽の果を招くところの善悪の業」と、その古い意味での「実業《じつごう》」が説明してあって、仏教のいう宿命的な因果応報、すなわち輪廻や、善因善果、悪因悪果を意味の中核に据えている。

漢字表記を共有しながらも、明治の新語である「実業《じつぎょう》」は、まったく異なる世界観を有する。新しい実業のカテゴリーは、こうした仏教的通俗知識において保たれている閉じられた因果連関とは、ほとんど無関係であった。異国語として出会ったbusinessの翻訳として形成されてきたゆえであろう。それはまた、仏教における「業」の果てしない輪廻が暗示する閉鎖的な循環の理法から離れ、どこか変化に開かれていて、しかも漸進的である。この社会的能動性は、「職業」の自由に託され、進化の変容や殖利の追求にも開かれている。認識の切断あるいは意味の逆転とすらいいうるような、新しい志向性をもって使われている。当時においてどこまで明確に比較され意識されていたかは不明だが、いま並べてみると、因果にしばられて分相応に閉じた循環の宗教的受動性との違いが際立つ。

（2）ビジネス教育における学知と経験

それでは、この能動的で開かれた意味は、どのように定着していったか。

『日本国語大辞典』が用例として挙げた、新しい意味での「実業」の初出例は、一八七八年（明治一一）一二月に刊行された久米邦武の『米欧回覧実記』である。原典にあたってみると、第一編第六巻の一八七一年（明治四）の大晦日の項で、ソルトレークの「モルガン商学校」を訪ねて、その学校の仕組みを述べた記録に、この「実業」の語が出てくる。

此学校ニテハ諸色ノ取引、張簿ノ附控ヘヨリ（即記簿法《ブックキーピング》）、貨物運動ノ理ヲ教ユル所ナリ。進業ノ後ハ学費ノ内ヨリ財本百弗ヲアタヘテ、之ヲ実地ニ経験セシム。是ヨリ生業ニツキテ、家産ヲ興スモノモ多シトナリ。

然レトモ学知《タオリック》ハ経験《プラチカル》ヲ経テ後チ始テ実業ヲ仕覚エルモノナレバ、往々実地ニ臨ミ、顚覆シテ財本ヲ失フニ至ルモノモアリ。如此キモ共財本ヲ追徴スルコトナシ。共資金ハ拠金積金ヨリ出スト云。(1)（傍点引用者）

「モルガン商学校」は、ビジネス教育に強い関心をもっていたユタ州の教育者J・H・モルガンによって、一八六七年に設立されたMorgan Commercial Collegeのことであろう。この学校の存続は七年と短く、一八七四年には閉じられている。重ねあわせてみると、使節団はその活動の盛んな時期に訪ね、「学校教育」と「生業」あるいは「職業」とをつなぐ仕組みを知ったことになる。ここでの「実業」ということばは、直接的には取引のある世界すなわち市場での日々のなりわい、生活を支える家業職業のありようを指している。しかし同時に、学校教育を通じて得た理論的・理念的な知識は、実際の職業の経験へと応用されて初めて役立つ。そうした枠組みを強調することで、いわば職業をもって生計を立てるという実践的な領域を示すものとして使われている。

日本での使われ方が、明治初年から順調に拡がり、自然に普及していったものかどうか、それを資料で確かめるのは容易ではない。試みに『読売新聞』の記事検索データベース「ヨミダス歴史館」に「実業」の語を入れると、最初にヒットするのは、一八八〇年（明治一三）四月二一日の記事である。しかし実際の紙面にあたってみると、「実業」はそのままの熟語としては使われていない。一八七五年に開設された木挽町の「商法講習所」は、この五年間に二〇六名の生徒が入校したが、「其内追々学業も進み銀行其他諸会社などへ傭はれて実地の業に就て居るもの」（傍点引用者）が六〇名あまりもあると聞いたという記述になっているだけである。同様に『朝日新聞』の記事データベース「聞蔵」で、同じく「実業」の語を入れて検索すると、今度は一八七九年（明治一二）二月二〇日の五代友厚が外国人事業家を饗応したという内容の大阪の記事が、もっとも早いものとして浮かび上がってくる。しかしこれも実際の記事に遡って確認してみると本文では「実業」の文字は使われておらず、内容要約で付けられたタイトルの語句が拾われた可能性が高い。実際の用例が記事のなかに見つけられたのは、一八八二年（明治一五）

一一月二三日の文部省関係の報道で、教育諮問会に「農工商其他実業に係る学校の実況及び之が設置を促す計画」（傍点引用者）等について諮問したという内容である。

もちろん、『読売新聞』の一八八〇年における「銀行其他諸会社」の「実地の業」の用例が、「実業」の意味を指し示していないわけではない。明治一〇年代に「会社」という結社の存在(2)が広く認知されるに連れて、「じつごう」とは異なる「じつぎょう」が、新たな用語としての意味を立ち上げつつあったのであろう。不十分ながらあらためて用例をたどってみると、「実業教育」とりわけ「農業教育」「商業教育」という政策的枠組みづくりの新しい試みのなかで積極的に用いられているのも、このことばの特色として見落とせないであろう。

（3）机上算筆の職業と手足を動かす職業

たしかに同時期の著作物には、すでに新語としての実業ということばを解説しつつ使っている用例がある。同じ一八八〇年の三月に発行されていた望月誠『実地経験　家政妙論』では、次のように「実業」が説明されている。

> 我邦維新以来の形勢《ありさま》を見るに、人情は独り政事家を以て己が職業と為さんことを望むの一方に傾き、之を他の実業（此に所謂実業とは農工商等の業にして、専ら手足を労動《うごか》すの職業を斥《さ》すなり）を取らん事を欲《ねが》ふものに比するに、常に権衡を平かにせざるに至れり。是全く時運の然らしむる所なりと雖も、一は人の職業に上下の差別《わかち》ありてふ誤認と、官吏社会《かんいんなかま》に入り所謂牛後の地位に居らんには、特に熟練したる技術《わざ》はなくとも、普通の算筆さへ知れば今日の生計《くらしむき》上に欠乏するの憂もなく、且他の職業に比すれば時間の制限もあり定りたる休日もありて身に幾分の間隙《ひま》ありと、一時の苟安《かりそめ》を貪らん事を欲《ねが》ふの妄想とに由りて起る所にして、実に悲嘆すべき風俗なり(3)

この用例を参照しつつ、『日本国語大辞典』は「すでにあった「農業」「工業」「商業」などの語をくくる上位語として使われるようになったと考えられる」という判断を添えた。この啓蒙書の著者である望月誠の記述が、「官尊」傾向への「悲嘆」を通じて、その当時のニュアンスを描き出している点は重要だろう。すなわち、当時の風俗において職業になお貴賤上下という意味づけの差異があり、手足を動かす辛苦と机上算筆の安逸とに価値の区別があるかのような「誤認」「妄想」があった。その尺度のもとで、多くの若者たちが「政事家」すなわち統治に携わる職としての「官吏」を目指す。そうした現実の進路選択の、風潮を支えている意識と鋭く対立し対抗する位置に、この「実業」が位置づけられている。この格差への批判については、あとでもういちど論じたい。

（4） 人間を指す具象性からの離陸

さて、明治初頭の実業の語が持つ現状批判の中身を論ずる前に、もうすこし前提を補足しておこう。「実業」が、どのようにして農業や工業や商業を括る「上位語」の位置を占めるにいたったか、その変化のメカニズムである。見落とされがちではあるが、括られる側に並んでいる「農工商」それ自体の変容にも注意すべきだろう。産業カテゴリーへのゆるやかな移動ともいうべきものが、それぞれの職業の領域に見られるからである。

社会が変わっても、常にことばの意味が変わるとは言えないけれど、ことばの意味が大きく変わるとき、その背後には、社会や文化の構造の見逃せない変化が潜んでいる。

たとえば「農業」は、すでに奈良時代の古代の記録に出てくる。生活を営む仕事の一つを表すものとして使われていた。修史職にある官吏のまなざしが、家計と生業を上から把握し、なんらかの形で類型化するカテゴリーを必要としたのであろう。中世・近世では主として「耕作」を意味し、具体的に農作物を作る作業に限定される傾向が強かったという。やや抽象化された職業・仕事の分類としての意味が再び前面に浮かび上がってくるのは、やはり明治時代の近代官僚行政のなかである。

「工業」の語は、『日葡辞書』にすでに記録されているというから、一七世紀初めには使われていた。しかしながらそこでは、手先の巧みな大工や箱師という「職人」を指すと解されており、今日のように産業としての類型や特質を表してはいない。むしろ、大規模化した製造業や建設業のような、原料加工の局面での第二次産業に意味の中心を置くように変化したのも、おそらく明治一〇年代であろう。その頃になって初めて、自然環境に働きかけて原料を生産する伝統的な仕事とは異なる、独自の産業のありかたを指し示すように変わっていく。

「商業」という用語も、商うひとを具体的に指す「商人《あきんど》」に比べて、あまり日常的に必要なことばではなかったらしい。『日本国語大辞典』も、「商人」の類語については八世紀の『日本書紀』から古代・中世を通じて江戸後期までさまざまな用例を挙げているのに、「商業」の用例は少ない。一五世紀半ばの「上杉家文書」のような行政文書における「商業」の用例以外は、一九世紀の用例ばかりである。たとえば、仮名垣魯文・総生寛『西洋道中膝栗毛』(一八七〇～七六年)の「農業等をすることを覚えて村落をなし、その中には品物を製作し商業を営むものも出来て」であり、その後に挙げられているのは一八九九年(明治三二)の「商法」の条文である。このことばをめぐっても一九世紀の後半に改めて注目されるような、抽象水準の変化があったのではないか。

以上の各語の語誌を踏まえると、大まかながら、次のようなプロセスを措定することができる。すなわち「農業」「工業」「商業」のそれぞれの用例が、ようやく明治期において、農夫や職人や商人といった人間を指し示す具体性から離陸し、職業や産業としての類別をある一定の抽象性において指し始めるようになる。それぞれの領域での抽象性をもつ概念としての一般化という変容のうえに、それらを貫く、ある意味での「上位」概念として、新たな「実業」が据えられていった。

そこにおける「実業」の意味の共通性は、職業というだけには止まらない。見落とせないのは、「実」すなわち理念ばかりのそらごとではないという現実性である。つまり具体的には「手足」すなわち身体を動かす現実の「労働」であり「職業」であることを意味したのである。

二　福沢諭吉における「実業」の思想

ところで、大槻文彦が『言海』（一八九一年）に「農、工、商ナド実地ニ行フ事業《ナリハヒ》」との基本的な語義に加えて、あえて「学問理論ノ業ナドニ対ス」と注記したのは、個人の解釈というよりは「実」をめぐって世間に共有されたニュアンスであった。その注記のとおり、明治二〇年代前後において対立するものとして捉えられていたのは、「実行」「実地」「実際」ならざるものとしての「学問理論」、要するに精神労働であり知識生産である。

もちろん、ここでの「なりわい（生業）」として「手足を動かすこと」の強調には、まだ大正期に入ってからのような、資本をめぐってあらわれる階級性はない。[4] しかしながら明治の「実業」には、別な形での対抗がある。すなわち「数百年来額に汗して衣食するの大義を忘れたる」[5] かつての支配階級の「士族」や、その「士流の子孫」ともいうべき政府の官吏に対する批判と対抗である。士農工商の身分感覚と隣接していた時期だけに、その対抗軸がもっていたリアリティを無視するわけにはいかないだろう。

一八九三年（明治二六）にまとめられた福沢諭吉の『実業論』をあらためて読むと、いくつかの明確な論理の対立軸が、この著作を支えていることがわかる。それは、ここまで検討してきたようなことばの歴史的特質とも呼応している。以下に抽出する論点は、福沢諭吉の実業振興の新聞での主張に、理念に裏付けられた「主義」としての力を与えている。

（1）「精神」の進歩と「実物」の経済

第一の論点は、無形の「精神」と有形の「実物」との対比である。

福沢の主張は、明治維新以降の開化という変動の特質の評価に始まる。すなわち、政治・法律・軍制・学問・教育の「無形精神上の進歩」は顕著で、世界に賞賛されるものであった。しかしながら、それは「精神上の運動に偏して実物の区域に達するを得ざる」との弱点を有している。つまり「有形実物上の有様」すなわち「実業社会商工の有様」はというと、旧態依然である(6)。発達進歩がないとはいわないまでも、精神文明における改革の成果には遠くおよばない。そこに「精神の社会と、実物の社会と、進歩の度を共にせざるが為めに生じたる不幸(7)」がある、という。別なことばでいうならば、政治・学術の革命と実業の革命とに大きな格差があり、互いに協調していないがゆえの問題こそが、今日の実業社会の諸問題の根源にある、というわけである。

ここで福沢は明らかに制度や規範・理念を中核とした精神文化と対置しつつ、後に「経済」と呼ばれるようになる領域(8)を指し示している。すなわち、さまざまな実物財貨を生産し、分配するという人間の文化である。しかも法律や政治や学問の精神文化の領域では、広い意味での「官吏」「官員」という主体が、その進化を推し進める有為の人材として生み出され、ポスト不足や就職難が起こるまでに学生たちを引きつけている。その反面で、有形の実物文化である実業社会はかつての俗流卑賤との見られかたが災いして、智慧と志とを有する人物を迎え入れていない。そうした人材不足ゆえに、精神の世界においておこった進歩の革命が、実物の世界においては遅れているのだと説く。

福沢は、実業社会における倫理の欠落や道理を外れた富の格差こそが、直面しなければならない社会問題だという。いわく「虚に乗じて業を営み、手に唾して巨万の富を致したる者少なからず」、「其の資産の大なると、其の人品の賤しきと、誠に不釣合なる」「不徳無智の輩」に「奇利の余地」を残し、「開国以前の旧思想」のままに放置したことこそ、実業社会の「萎靡不振」の根源がある(9)、というのである。不公正がそこにあり、不合理がまかりとおっているからこそ、実業社会は不当な評価に甘んじ、充分な発達がない。福沢は、無形の精神文化と有形の実物経済とを対比的に分けて説明したうえで、その相互の分裂の狭間に生みだされた「不規律」「不行届(10)」を改革すべき対象ととらえたのである。

（2）新たなる公共倫理の定立と実業

それゆえ、福沢が「実業革命」(11)を論ずるにあたり依拠している第二の論点は、新たな公共性の構築であった。すなわち社会的な徳義・倫理の新たなる生成であり、すでに無効化し桎梏と化した古い道徳との対比として、第二の対立軸が設定されている。ここにいう「古い道徳」には、二種類の古さが融合している。ひとつは、かつての「学者士君子」の道徳のまま「勝手次第の空論」を吐く新しい時代の官僚たちの「士人流」(12)であり、またもうひとつは封建時代の町人たちの文化である「お店もの」「俗子弟」の商事の駆引である。その双方を凝視しているところに、福沢のあなどれない慧眼がある。

やや脇道の事実だが、「経済」という語が流布するプロセスで生みだされた、ある種の公私の分裂もまた、福沢の問題設定や危機感と無関係ではないだろう。

「経済」は、もともと「経国済民」もしくは「経世済民」の短縮形として使われ、国を治め、民を救う政治の意味合いが強い。それゆえ「抑も男児の事業を為して天下を経済するは、豈に啻《ただ》に政府に立のみに止らんや、書を著して以て一般の人民を救《すくへ》ば其功亦大ならずや」（傍点引用者）(13)というような志を込めて、動詞形でも使われた。しかしながら、「倹約」「節約」「やりくり」といった身近な実践が支えた私的な意味を媒介に、物質的な財貨の効果的な生産・分配・消費に係わる専門知や技術知に重きを置いた用法が中心に据えられていく。それにつれて、今日のような金融や市場交換の領域を指す意味合いが強くなる。

もともとの経世済民の公共性はむしろ背景に退いていき、行為を包含する動詞としてではなく、領域や状態を表す名詞として、いささか固定化されていったのではないか。経済と政治とが分裂し、私と公とのさらなる分離に向かっていく。福沢が新たな社会的徳義の主張や、倫理の形成において突破しようとしたのは、そうした現状でもあったろう。

（3）「学士」と「軍隊」

面白いのは、この新たな公共倫理の形成において、福沢が重要な要因として「教育」と「組織」を挙げている点であり、この啓蒙家の本領をあらわす比喩も生みだされてくる。なるほど「実業は俗事にして、学界と俗界とは趣を殊に[14]」するものではないかと、学と俗との二つの関係を隔離と対立においてとらえようとする見方は、通俗的ではあれ無視できない力を持っていた。それに対して、新しい知識と論理とを学校で学び、海外とも交渉・対抗しうる「書生」「学生」こそが、新たな実業商工の世界に必要だと、福沢は説く。それは、有為の青年が官吏にばかりなろうとしてきた、維新後の立身の現状を批判するものでもあった。

と同時に、商業・工業のいわゆる実業社会が商人や職人の個人的な才覚の世界を乗り越えて、組織と秩序の必要とを意識し始めたことを意味する。福沢は、「剣客」と「軍隊」の比喩を印象深く使っている。すなわち、実業社会の発展に必要なる「新商」を喩えていえば、組織としての軍隊に近い。

旧商は剣客の如し。一人の敵に対して闘ひ、隙を窺ふて切込むの細手段は、或は其腕に覚えあらん。なれども其技倆を以て、規律正しき軍隊の司令官たらしむ可らず。否な、兵卒にも用ふ可らず。整々の陣、堂々の旗を押立てゝ、商工の戦場に向ひ、能く之を指揮し、又能く其指揮に従て運動する者は、唯近時の教育を経たる学者あるのみ。我輩は、之に依頼して実業の発達を期する者なり[15]。

ここで期待をかけている「学者」は個人としての教育者ではなく、組織的な教育を受け教養を身につけた大学の卒業生、すなわち学士である。同様に、実業にたずさわるひとに福沢が求めた「人品高尚」「廉恥[16]」の根源もまた、明らかに個人としての道徳や信条ではない。むしろ組織的で制度的な公共の秩序であったのである。

（4）文明の実業法

であればこそ、この『実業論』は「文明の教育を経て其心身を一新したる後進[17]」に期待を掛けつつ、「文明の実業法[18]」と称するものの提示で結ばれる。福沢のこの著作は、政府の保護介入政策や規制取締の法律の勝手に焦点をあてた、官僚批判の大枠が注目されがちである。関税撤廃の自由貿易における自主独立の勇気の鼓舞や、日本流に安んずる思考を廃して西洋諸国に学ぶ姿勢が強調されて、「自由放任主義」「脱亜入欧」のコンテクストで読まれることも多い。しかしながら、その実業論の核はむしろ実学ともいうべきものの「すすめ」であって、「異類別世界[19]」の秩序を理解しようとしない、無知に基づく「精神上の空論界[20]」の批判にある。

それゆえ「文明の実業法」は、特に変わった教えではないと、その新しい世の常識としての普遍性を強調している。すなわち、第一は新聞を読むなど知識見聞を広くして時勢の機会を無駄にするなであり、第二は法律上という以上に徳義において約束を重んずる品位を保つべし、そして第三は事物の秩序を正しく認識してそれを犯すことなく行動せよ、と説いていく[21]。この「事物の秩序」について、福沢は『実業論』の別の箇所で、「清潔を重んずるの一事[22]」に根源すると述べている。曰く、

清潔の一事は、身に可なり家に可なるのみならず、之を実業に及ぼして自然に其業の秩序を助くるの効力に至りては、さらに大なるものあり。実業者のよろしく注意すべき所なり。すべて清潔の旨を達せんとするには、物の潔不潔を区別して、之を混雑せしむべからず。家にて云へば、食物食器を洗ふ桶にて足を洗ふを許さゞるのみか、足盥と米洗桶とは相隣することも得べからず、〔中略〕区別の心は即ち秩序の由て生ずる所の本源にして、其秩序は諸工場商店に於いて唯一無二の要用なり。古来今に至るまで職人の仕事場又は大家の商店を支配する者が、しきりに掃除の事を喋々して不潔を許さゞるは、本人は夫れと心付かざるも自から此秩序を重んずるの意に出たることならん[23]。

「正直」の倫理だけでなく、身のまわりの諸物の機能・役割の秩序を守って整然と行動しているかどうかを、「清潔」という衛生的なカテゴリーにおいて評価する。まさしく、近代の啓蒙主義者の「実業」論である。

三　渋沢栄一の活動における「実業」の位置

渋沢栄一にとって、「実業」はいかなる理念を背負わされたカテゴリーであったか。栄一は福沢諭吉の五歳年下ではあるが、明治前期の産業化への変動を共有しつつ生きた同時代人であった。

(1) 基本的な理解の重なりあい

その基本的理解は、福沢の『実業論』と軌を一にするものであった。たとえば、第一の精神と実物（物質）との進化のギャップについて、である。そこにおいて問題が生じていることを、渋沢もまた数多くの演説で同じように触れている。

今日の実業界は物質は大に進んだが、精神が同じく随伴したかと申すと、或は疑点なきを得ざるの感があります。果して其一方のみ進みて一方が之に伴はぬとしたならば、其間に必ず亀裂を生ぜざるを得ぬのでありま す。満堂の諸君に於ては、どうぞ未来の物質界を進めると同時に精神界にも注意せられ、両者併せ進むことに御精勤あらんことを呉々も懇願して已まぬのでございます。（「実業界引退に際して」一九一七年[24]）

私は能く例に申しますが、物質の文明を進めて商工業を発達せしめ、各人の富を増す、其富が増すと同時に成べく自分の富を増したいと思ふから、自然と、道徳とか仁義とか云ふやうなものが疎かに成つて、智慧は進むけれども人格は段々に下劣になつて来る。（「日本女性の進むべき道」一九一八年[25]）

「富」や「利」を論ずる領域が広くなるほどに、「道徳」や「仁義」の観念が薄くなり、ほとんど顧みられなくなることに、社会の危機を論じている同様の発言は数多い。孟子の「奪わずんば饜《あ》かず、上下交々《しょうかこもごも》利を征《と》つて国危し」[26]を引用して、実業の世界におけるエゴイスティックな「生産殖利」の進路を憂えているのも、それに由来する。渋沢栄一の主張する「論語と算盤」の実業論、すなわち知行合一の「道徳経済合一説」は、福沢の主張ともその問題意識において重なり合う。

それゆえ、新たな公共性の構築をめぐる第二の論点も、その基本的な方向性において呼応している。福沢はいつも、「旧来の士族」あるいは「他族の士化したる者」[27]が限られた官吏ポストに殺到することを苦々しく語り、新しい世になってなお「士人流」の官吏たちが、経験も知識もないままに「勝手次第の空論」[28]を吐き、時にはそれを実際の法律にまでしてしまうことを苛立たしそうに批判している。同様に渋沢栄一もまた、明治初頭の実業界の停滞を次のように描写している。

殊に官尊民卑の風が甚だしく、秀才は悉く官途に就くを以て終生の目的とし、書生連中も悉く官途を志し、従つて実業の事など口にする者もなく、口を開けば天下国家を論じ政治を談ずる有様であつた。さう云ふ訳で勿論実業教育などといふ事はあらう筈もなく、四民平等の大御代となりながら、商工業者は依然として素町人と蔑まれ、官員さんなどには絶対に頭が上がらなかつたものである。[29]

こうした「士」に対する「農工商」の従属、変じて「官」に対する「民」の低さが、そのまま「政治」に対する「経済・社会」の劣位の位置づけへと写像され、対立項として位置づけられてしまっている現状があった。しかも渋沢の述べるところによれば、「越後屋」や「大丸」といった大店の老舗ですら、多少文字の知識がある者を「四角な文字」[30]を知るものとして、なんとなく危険視するような風潮があり、商工業に従事する者のなかで、読書や修養を奨励する機運はまったくなかったという[31]。しかし、自主独立のためには、その自立を支える知識と経験とが必要である。身分・階級の差別なく「役人であらうと町人であらうと、互ひに人格を尊重し合はねばならぬ[32]」。この渋沢栄一の平等の信念が、福沢の「人の上に人を作らず」の思想と響きあっていることは、いうまでもない。

（2）実践の重視と「議論」

しかしながら、福沢諭吉と渋沢栄一との間には、どこか本質的なところでずれて見える特質もあろう。そして両者の実業の印象に差異がありうるとするると、その違いはおそらく主体としての立ち位置に関わると、私は思う。福沢の実業をめぐる立論は、どこか言説に傾いている。演説と言論の局面で、その正当性を展開する「士君子」の風を有するのに比して、渋沢の実業をめぐる思想は、言説としての倫理の正統性よりも、実践する主体として経験と知識との統合を重視している。それは渋沢にとって、もうひとつの水準における「官」の「政治」批判であったことは、次のような述懐からもわかる。

元来私は、此議論と云ふものは好まない。どうも維新の際にも世間一体に議論に趨る傾きがあつて、先づ第一に政治と云ふことに無闇に人間が傾いた。悪口を言へば猫も杓子も政治々々、イヤ英吉利の制度が宜いとか、イヤ亜米利加の政治が宜いとか、さう云ふやうな議論ばかりで、それで天下を治めると云ふのであるから、日本国中が残らず之になつて仕舞ふ。それで政治の方に出る人ばかりであるから、農とか商人とか工業などゝ云ふことは、カラもう意気地のないものとなり、幕府が倒れて諸藩の士族が議論の稽古をやつて政治の事に働くのであるから、其幕府を倒した諸藩の中で如何にも立身して働いた者が沢山ある。即ち元勲の伊藤、松方などゝ云ふのは其種類の人である。斯う云ふ人々が俄に出世して、政治程結構なものはない、一も二も政治と云ふことになりました。〔中略〕併し憚りながら渋沢は政治のみを以ては国が立つものではないと思ひました。

（「農村と地方自治の本領」一九〇八年[33]）

同じ講演のなかで「机上の学問を先きにして、腕、身を修める学問を後にしたから、上面ばかりのものになる」[34]と述べているのも、経験や実践を通じた知の重視を物語るものである。それは「官」の政治としての「学問」の批判でもあった。渋沢栄一は、学問を学校で修めたわけではない自分に仁義道徳を論ずる資格がないと非難されるかもしれないが、実業家として生きてきた自分には自分なりの弁明がある、という。それはすなわち、自分が実践しているという点にあると主張している。

自分は実際に行つて居る積りである。縦令小さくとも行つて居る積りである。即ち不味い料理でも諸君に提供して食べ得られるだけにはなつて居るのであるから、絵に書いた牡丹餅でないと云ふことだけは茲に申し得るのであります。（「人とは何ぞや」一九一七年[35]）

仁義道徳の学問と生産殖利の追求との二つを、相反するところに固定してしまったのは、武士階級を主たる受容者とした朱子学の罪ではないか、と渋沢はいう。そして明治近代においても、読み書きやそろばんの最小限の公教育はともかく受け入れられたが、それ以上の学問知識の追究は無駄で贅沢ではないかという風潮は根強くあった。その背後には、教養修養の高等教育に対する曲解、すなわち人間をかつての武士のように、無駄に理屈っぽくするだけで無益ではないか、という世間の評価があったのである。

（3）　実業学校教育の成否

実際、一八九五年（明治二八）四月に設立された「大日本実業学会」の設立趣意書は、国家富強の根源基礎は農工商の生産力の発達にあり、実業の改良進歩は実業教育の成否にある、と高らかに宣言する。にもかかわらず、我が国の実業社会の現状は、学問の深遠にとまどい、浮ついた言論に迷って、その活躍すべきところを得ず、取り組むべき課題を見失っているのではないかと慨嘆する。

封建の余習は一般人心をして生産に関係なき高尚の学理を加重せしめ、苟くも普通の学問あり教育ある者は往々浮華の言論を好み、着実の生業を厭ひ、治産の要務を後にして空想の習癖に染み、或は衙門の小吏となり、或は市井の無頼となり、或は政治法律の是非を論じて徒に一世を空過するものあり。是に於てか、遂に天下の父兄をして、実業家の子弟に学問教育の必要なしと嗟嘆せしむるに至る。慨然に堪ふ可けんや。(36)

もちろん実業家の子弟に教育を与えようという官庁の取り組みも、早くからあった。(37)明治一〇年代から始まり、一八八〇年(明治一三)の改正教育令で農学校・商業学校・職工学校が規定され、通則等の制定を通じて、制度としての基準が示された。実際に大きく動き始めるのは、一八九三年(明治二六)の井上毅文相就任後で、実業補習学校・徒弟学校・簡易農学校などの規定を定めて、公立実業学校への補助などを行って、より初歩的な実業教育の充実を図った。そして数が増えた実業学校を統一的に規制する実業学校令が制定されたのは、一八九九年(明治三二)であった。

しかし、事態が大きく改善したとはいえないのは、すでに引用した大日本実業学会の設立趣意書にも伺えるし、一九〇二年(明治三五)発行の内田魯庵の『社会百面相』の「青年実業家」の描写からもわかる。内田はこの批評的著作の登場人物に、今の実業界で先輩面で威張っている連中はと見ると、「昔からの素町人」「成り上がりの大山師」「濡手で粟の御用商人」「役人の古手の天下り」ばかりで、ちっとも道徳を重んじない。公共思想が乏しくて、商売でも他を倒すか抜け駆けしか考えず、商売全体を発展させようという考えがない、と語らせる。そうした老人連はしかたがないとして、若い者はどうかというと、これがダメだと次のような意見を言わせている。

> 例へば商業学校、あれが少しも役に立ちませんナ。元来《いったい》ビジネスは実地に経験を積んで然る後覚えられるもんで、学校の教場で教師の講義《レクチュア》を聞いたつて解るもんぢアない。銀行の取引実務とか手形交換の実習とか云ふものなら昔しの商法講習所位のものを置けば沢山だ。経済学や法律学なら大学で教えている、私立の専門学校もある。実際また商業学校で教へる位の片端を囓つたつて何の役に立つもんですか、無駄な事《こ》つた。此金の足りない中で、殊に経費少ない文部省が這般《こん》な無用の学校に銭を棄てるのは馬鹿げてる。第一貴処《あなた》、困る事には此役に立たない商業学校の卒業生が、学校を出れば一廉な商業家になつた気でゐる(38)。

商法講習所の開設にも深く関わった渋沢栄一自身(39)は、実業の教育において、学校という装置の力を否定してはいなかったであろう。しかしながら、そのなかにおいても単なる学理としての教育ではなく、経験を通じての習熟を尊重していた。あるいは当事者が「事実の上から研究して行かなければならぬ(40)」という実践を重視していたことは間違いない。

(4) 当事者としての農民

いささか乱暴な図式化ではあるが、福沢諭吉の実業概念はどことなく有閑の「士族」の性格を帯びていた。それに比して、渋沢栄一の実業観の基礎にあるのは、いわば在地の「農民」としての自立であり、村を公共利益の基盤とした自治であったように思える。

欧米社会の公共性の構築において、宗教としてのキリスト教が果たした大きな役割を感じつつ、渋沢はその役割を日本の宗教には求めなかった。伝統の仏教はというと、彼岸における救済を求め、業の因果のもとで現状を合理化し、我を捨て無や空を説いて俗世を厭う。すでに朱子学に偏ってではあれ知識層に普及し、宗教の彼岸からではなく、あえて此岸の日常に留まって「怪力乱神」を語らない『論語』の倫理を選択したのも、渋沢の立ち位置をよくあらわしている。

渋沢栄一は後年、自分の身の上に起こった変化を回想して「カイコの四眠」に似たものであったと述べている。すなわち、第一に農民から浪人になり、第二に浪人から一橋家の役人になり、第三にそこから政府の官吏となり、第四の「終いに元に戻つた」[41]と述べている。第四の時期は、下野した後の銀行経営を始めとする実業家としての活動を意味しているが、元に戻ったという言いかたは示唆的である。それが土地という労働の場をもつ農民への回帰と均しいこと、すなわち「百姓の子」[42]としての再生をも含意しているからである。

この変容をただ、官／民を対立させ、士／農の単線的で二項対立の、立身出世の尺度でとらえてはならない。むしろ、「農村と地方自治の本領」（一九〇七年八基小学校講演）[43]における村落自治論を踏まえ、「生涯に感銘したる事ども」（一九二〇年龍門社演説）[44]における父の「非義の義」「非礼の礼」[45]を行ってくれるなという戒めと関連づけて、そうした村のリーダー層とそれを支える寄合の精神への回帰と位置づけるべきであろう。その道理の教えは、福沢が重視した公共性の秩序とも呼応していて、実際の行いのなかに表れてくる倫理である。

(5)「村」のなかの自己

渋沢栄一が「村」という組織・組合の形態をどうとらえていたかは、あらためて全面的に論じられてよいことであるが、ここでは一点だけ「実業社会」との関連を指摘しておこう。

栄一が下野して、まず着手したのが銀行業であったことはよく知られている。「実業界」振興のエネルギーを循環させる「大動脈」[46]は「金融機関」であり、その整備なしには「他の一般商工業の発達」を期すことはできないと考えていたからである。しかし、世間はそのようには見てくれていなかった、という。面白いのは「其頃洋服を着け時計を下げて居る人の商売と云へば、やがて破産するものゝ如き感を以て居られたのであります[47]」と、栄一自身が述べる世間での実業家に対する不信である。それゆえ銀行融資の便利の説明は、かえって危険なもので、うかうか近づいてはならないとすら受け止められた。預金や小切手や為替金等々の今日では当たり前の便宜に対して、「借用証文」はそもそも親兄弟にすら見せないもので、それを世の中に流布させるなど、そんな不作法があるものかと憤るひとも少なくなかった、という。そのような「恥」の感覚のなかに、元来資金を公共化する仕組みである金融に対する無知以上に、むしろ封建時代に染みついた「私」の利益の保全に閉塞した倫理の狭さを、渋沢は見ていたように思う。村の労働の融通であるユイや治水や年中行事の公共性や共有の利益を支えてきた日常の倫理を、なぜ金融という新しい仕組みに結びつけられないのか、と。

東京高等商業学校の実践倫理講座での講話において、「人」について講じ、人間は自己一人だけで生存するものでなく、また自己だけが満足を得れば、それで本分を尽くしたとはどうしても言い得ない。しかしながら、それは自己をすこしも顧みずに働けという「滅私」ではない、と次のように説く。

世の中のことは、万人が皆一様に行けるものではない。人に依り自己以外の事に対して尽すことの多い人もあり、少い人もある。それは誰に出来て誰に出来ないと云ふものではない。其の人の地位なり境遇なりに依て、或は知識も大に発達し又其の働きも大きくなるのである。故に根本は自己を満足の位置に置き、それから先は自分を満足せしむると共に、周囲に満足を与へると云ふことは何人にも出来ることゝ思ひます。而して其の結果は社会の進歩と云ふことになる。即ち自己の発展と共に社会も亦発展して来るのである。若し自己自己と言つて己のみを考へて居たならば、極端に言ふと自己も存立し得ないやうになる。人々相交り相進めて行くと云ふことで、初めて国の富も増し社会の総てが進歩して来ると云ふことは、是は実に争はれない真理であるやう

に思はれます。(「人とは何ぞや」一九一七年)(48)

そうした自己と社会とを結ぶ修養の倫理を(49)、村民・農民すなわち「血洗島の渋沢市郎右衛門の倅」として、たゆまず実践してきたという一個人の自覚に、渋沢栄一の「実業」の特質があるように思える。

四 おわりに——研究援助の思想と実践としての渋沢敬三への継承

最後に、渋沢栄一の実業をめぐる理想が、じつは孫で民俗学者でもある渋沢敬三にも精神として継承されているという主題に簡単に触れて、この小考を閉じたい。

渋沢敬三は山崎種二との対談で、祖父・栄一の事業を偲んで次のように語っている。

人の気のつかないノン・ガバメント……、ガバメントでできないことを一生懸命やったという人です。官でやる方はどうでも良い。そうでない、それでは出来ないものをオレがやってやるといったような恰好でしたね。(50)

だから東京市の養育院にはずっと関わり続け、死ぬまで栄一は退かなかったのだという。敬三はそうした栄一のノン・ガバメント領域への熱心を真似たわけではないが、民俗学への援助や研究について「世間からあまり可愛がられていない学問を一生懸命お世話しているのですよ」(51)と答えている。渋沢敬三の研究と援助の精神については以前に論じたことがあるので(52)それを参照していただくこととして、ここでは「渋沢青淵翁記念実業博物館」もしくは「日本実業史博物館」の未完成の構想の一部にあらわれている、栄一と敬三の「実業」思想の一つの接点を取り上げてみたい。

それは、この博物館建設の最初の指針である「一つの提案」に見られる、「近世経済史博物館」の第三室[53]「肖像室」の存在である。その内容は、次のようなものであった。

凡そ功績の大小を問はず、又貴賤貧富を問はず、この時代に活躍したる極めて広義な経済人、即ち実業家、産業家、学者、発明家、篤農家等の肖像を、出来得る限り蒐集して、この博物館に陳列したいのであります。是れは畢竟、子孫が祖先への感謝と尊敬を表徴する事にもなりますし、或る意味に於いては経済招魂室とも言ひ得る事とも思ひます[54]。

こうした個人の顕彰を含む経済史・実業史の構想は、前節で触れた栄一の「自己」の尊重と、おそらく響き合う。「招魂」というと、すぐに靖国神社につながるような武勲の国家的な顕彰と慰霊の儀式性を連想するかもしれない。しかしながら敬三が考えたのは、国家神道のような宗教的顕彰ではなく、個人が生みだした実学の、個人による継承としての慰霊である。すなわち、埋もれた無名の人びとの事績や略伝を展示して「社会教育資料」に供することであった。それは、どこかで栄一が村の自治の本領を論じて「一の研究所のやうな、例へば倶楽部か何かが無くてはならぬ[55]」と提言したことと対応している。その地方で生きる郷土の人が、目の前の事実をもとに研究していかなければならない。そのためには学校とは別に「学問を研究する場所」がその地域に必要だと栄一は説き、次のように自分が見聞してきたイギリスの例をあげていた。

総ての町村にあるとは申しませぬが、少し篤志者の居る村とか裕福の村には、学校若くは学校の近所に図書館が設けてある。志ある地方の場所を限つて、それには方法を定めて、いろいろの書物を集めて置いて、農事も工業も総て学理の攻究をすると云ふことである。〔中略〕是非茲へ村として図書館を御設けになるやうに、

又一つの倶楽部体のものを御設け下さるやう希望するのであります。(56)

おそらく敬三が考えていた「経済招魂室」は、もうひとつの形態における「図書館」であり、機能としての研究「倶楽部」であった。たとえば、自ら序において「人名からは引けない人名辞典」「常民人名辞典」(57)と性格づけた『日本漁民事績略』のような個人の人生の努力の蓄積を空間化したものであり、(58)あるいは『実業之日本』誌に連載した「先学者を野に拾う」(59)の篤農や技術者の事績の発掘をビジュアル化したものではなかっただろうか。

おそらく、このいまだ実現せぬ図書館・博物館が生みだすのは、自己の教養を利己的・排他的に追求するだけの孤独な利用者ではない。個人としての自己が知識を得て、己の役に立てるだけでなく、社会の発展につながるような自己の発見もまた、ありうべき効用として期待されている。それぞれの発見が公共性を有する交流となり、「倶楽部」の名にふさわしい空間として生まれることを、栄一も敬三も望んでいた。その点において、栄一の実業界への希望と、敬三の学界への応援とは、深く呼応するものだったのである。

注

（1） 久米邦武編『米欧回覧実記』博聞社、一八七八年、一二六頁。

（2） もっとも「会社」の語の歴史的な位相もまた、測定し直されなければならない。明治初年に福地源一郎の訳で出された『官版会社弁』（大蔵省、一八七一年）での「会社」は、銀行 bank の訳語であって、後の意味範囲よりもよほど狭い。同時期に渋沢栄一が編述した『立会略則』（大蔵省、一八七一年）も、同様である。本文で引用した一八七五年の「銀行其他諸会社」は、それよりもすでにすこし拡がっている。しかし、これが company や corporation あるいは association の意味にまで拡がって使われているのかどうかは、慎重な検討が必要である。目についた一例にすぎないが、石井研堂は実業家の聞き書きで「今より十数年前の会社類は、多くは、会社屋といふ一種の紳商、又は官吏上りの者が経営するが常であつて、実業者、殊に当業者の建てた会社といふは無い位であつた。全で素人が経営して、成功を望むは、六ヶしいといはなければならぬ」（石井研堂「一万円の報酬を得たる小僧――日比谷平左衛門氏の奉公時代」『実業少年』第一巻第一号、博文館、一九〇八年、二三頁）と述べていて、額面通りに計算すると一八九〇年代（明治二〇年代半ば）のことである。「会社屋」という表現があったというのは面白い。

（3）望月誠『実地経験 家政妙論 全』思誠堂、一八八〇年、四頁。

（4）大正期になると「肉体労働」や「無産階級」という語によって低く、階級性を帯びて、知識生産の労働と相容れないものとして位置づけられるようになる。

（5）福沢諭吉立案『実業論』博文館、一八九三年、四頁。

（6）同前、一―五頁。

（7）同前、九―一〇頁。

（8）「経済」というカテゴリーそれ自体の変容にも、注意しておくべきだろう。「経済」はもともと、儒学的な理念の「経世済民」または「経国済民」、つまり国を治めて民を救済する政治的実践と不可分であった。しかしながら、市場の理法や動態を研究する「理財学（経済学）」の必要や応用とともに、政治が権力によって統制しつくせない問題領域として、その秩序の固有性が見いだされてくることになる。

（9）同前、九―一二頁。

（10）同前、五〇頁。

（11）同前、二頁。

（12）同前、四八頁。

（13）ロウド・リトン／丹羽純一郎訳『欧州奇事 花柳春話』第四編、坂上半七、一八七九年、四七頁。

（14）福沢『実業論』二一頁。

（15）同前、一八頁。

（16）同前、二五頁。

（17）同前、三九頁。

（18）同前、九六頁。

（19）同前、三三頁。

（20）同前、九二頁。

(21)同前、九四―九五頁。
(22)同前、五一頁。
(23)同前、五二頁。
(24)高橋毅一編『青淵先生演説撰集』龍門社、一九三七年、一八七頁。
(25)同前、二二三頁。
(26)同前、二〇〇頁。孟子の梁恵王章句の一節。
(27)福沢『実業論』一四頁。
(28)同前、四八頁。
(29)渋沢栄一述『渋沢栄一自叙伝』渋沢翁頌徳会、一九三七年、三七八頁。
(30)「四角な文字」とは「漢字」を意味し、平仮名は「丸い文字」である。論語の漢文を含めて、漢字が読めるていどの教養を警戒し、商売人にも職人にも必要ないと考えられていた。
(31)渋沢『渋沢栄一自叙伝』三八〇頁。
(32)同前、三七八頁。
(33)高橋編『青淵先生演説撰集』七一―七二頁。
(34)同前、七三頁。
(35)同前、二〇一頁。
(36)大日本実業学会『大日本実業学会規則』農科講義録第三号付録、大日本実業学会、一九〇一年、二一頁。
(37)「実業」という語の浸透も、じつは「実業教育」行政の展開を通じてではなかったかと仮定することも可能である。
(38)内田魯庵『社会百面相』博文館、一九〇二年、二二九頁。
(39)龍門社編『青淵先生六十年史 一名、近世実業発達史』第一巻、龍門社、一九〇〇年、七七三―八一六頁。
(40)高橋編『青淵先生演説撰集』七一頁。
(41)同前、一八七頁。
(42)同前、二七三頁。
(43)同前、五六―七九頁。

(44) 同前、二六五―二八七頁。
(45) ニュアンスの詳細はむしろ原文を参照していただきたい（高橋編『青淵先生演説撰集』二七〇―二七五頁）が、簡単にいえば、道理を踏み外すなという意味で、たとえば親を介抱したいために他人のものを奪う、あるいは人を救いたいために一方の人を酷い目にあわせるというような仕儀は、どこか理屈が立つかのように見えながらも、すなわち非義の義であり非礼の礼だと戒めた。
(46) 渋沢『渋沢栄一自叙伝』三八三頁。
(47) 高橋編『青淵先生演説撰集』一八三頁。
(48) 同前、二〇五―二〇六頁。
(49) この自己と社会との考え方は、渋沢敬三にも深く受け継がれていると思われる。敬三は「日本人のイヤな面は？」と問われて、「ほんとうの意味のいい欲がないような気がする。つまりほんとうの意味の損を知らないというか、みんなが、目前の直接的個人の損にはなかなか機敏で、つまり自分がどっち側についていたら得だとか損だとか、持っていたものが値が下がったとか上がったとか、火事で焼けたとか、金をスラれたとか、泥棒されたことにはとても敏感なんだ。それが少し集団のものとなると損がボケてしまう、みんなの損ということになるとノンキですね。国家の損失、国民の損失には案外気をつかわない。たとえば、自分の家の前の道路は掃除しても、ゴミは隣りの家の方に寄せておく。自分のところだけ掃く。自分さえよければいいというわけで他人の身になって考える修練が足りない。だから集団的大きな損になるとボケてしまうことが欠陥だね」（渋沢敬三伝記編纂刊行会編『渋沢敬三』下、同刊行会、一九八一年、一五〇頁）と答えている。自分さえよければよいという観念が先にたって、世界全体に対する観念が非常に薄いと批判するなかで、地球儀をしょっちゅう見つめてもらいたいという提言は面白い。「なぜ一枚の地図ではなく、地球儀をすすめるかというと、地図では丸いものを拡げる関係上南北両端が非常に大きくなってしまいますが、地球儀ですと地球そのままをみるわけで、シベリヤも小さくなりますし、合衆国もブラジルより小さいことがすぐわかります。ですから、わたしは一枚の地図をみてはいけないとさえ思っているほどで、ぜひ地球儀をみてほしい。そしてわれわれはまず、視野を世界に広げ、正しい世界観を持つことが第一に必要だと思います」（同前、一二四頁）。
(50) 渋沢敬三伝記編纂刊行会編『渋沢敬三』下、九四頁。
(51) 同前、九七頁。
(52) 「渋沢敬三とアチック・ミューゼアム」川添登・山岡義典編『日本の企業家と社会文化事業』東洋経済新報社、一九八七年、一二四―一四八頁。「図を考える／図で考える」佐藤健二『社会調査史のリテラシー』新曜社、二〇一一年、三九四―四一六頁。

(53) 第一室が渋沢栄一の記念室で、その遺品・写真・絵画・図表などを用いて個人の生涯をトータルに顕彰するもの、第二室が文化・文政の時代から明治末期までの、さまざまな実業の分野における国民の「近世経済史」の変遷および発達過程を一覧するもので、第三室の人物に焦点をあてた展示とあわせて三つの領域をもつ博物館の構想であった。この全体を当初は「近世経済史博物館」と称したが、第一室の発想は、おそらく還暦のときにまとめられた『青淵先生六十年史』(龍門社、一九〇〇年)に依拠し、第二室は、その一冊が全五八巻別巻一〇巻の『渋沢栄一伝記資料』(龍門社、一九四四年—一九七一年)の巨大な集成に展開していくことを暗示するものではないかと思う。その意味では『青淵先生六十年史』が「一名、近世実業発達史」という副題を有することも偶然ではない。その「近世」は歴史的時代区分としてのものではなく、「輓近」や「最近」あるいは「現代」に近く、具体的に渋沢栄一の生まれた前後から明治末期にまでいたる近代日本社会の変容を示している。そして、第三室は常民がつくりだしている基礎文化への関心を深くもっていた、渋沢敬三の独創に属するものであろう。

(54) 青木睦編『文化資源の高度活用「日本実業史博物館」資料の高度活用 二〇〇七年度中間報告 資料編』人間文化研究機構、二〇〇八年、三八—三九頁。

(55) 高橋編『青淵先生演説撰集』七六頁。

(56) 同前、七七—七八頁。

(57) 渋沢敬三『犬歩当棒録』角川書店、一九六一年、一〇二頁。

(58) どのような形での展示になるかまでは示せないが、広島県の三津で漁師として生き、杜氏としても活躍した進藤松司の『安芸三津漁民手記』(アチックミューゼアム彙報一三、アチックミューゼアム、一九三七年)など、「自己の困苦の体験と知識とから織り上げ」た「真実の意味の漁民生活誌」(渋沢『犬歩当棒録』、三〇頁)として、この肖像室の一角を占める材料となったに違いない。渋沢の序が書いているように、進藤がじつは少年の日に「実業人」になりたいと思って『実業講習録』を取り、一年ほど続けながらも過激な労働との両立ができずに挫折した人物でもあったことは、印象的である。机上の書冊を通じての学問ではなく、腕と身において修められた知識を、敬三もまた実業史に登録したかったのである。

(59) 渋沢敬三『渋沢敬三著作集第五巻未刊行論文・随想/年譜・総索引』平凡社、一九九三年、二七八—三五九頁。

郷里からみた渋沢栄一

歴史と地域社会の一側面

高田知和

一　郷里の目線

(1)「論語の道」「論語の里」

近年これまでにもましていろいろな自治体で、自分たちの地域の歴史を保存・活用する傾向が見られるようになった。また、当該自治体の出身でいわゆる功なり名を遂げた著名人の顕彰事業を行なっているところも少なくない。そのため地方に行くと、「○○の出身地」という看板を目にすることも多い。

渋沢栄一の出身地である埼玉県深谷市も同様である。ＪＲ高崎線で東京方面から深谷駅に着くと、ホームの左側に青と白を組み合わせて一字ずつ、一定に間隔を空けて「青淵渋沢栄一生誕の地ふかや」と横に書かれている。さらにその下には「近代日本経済の父　渋沢栄一生誕の地　深谷」という横長の看板もある。ホームに降り立った者には誰でも目に入るようにつくられているのである。また、栄一は少年時に隣村に住む従兄の尾高藍香（惇忠）に師事して藍香宅に通って勉強し、それが後年の「論語と算盤」など栄一の思想の下地となった。そこで深谷市では、栄一が通っていた道を「論語の道」、そのあたり一帯を「論語の里」と呼ぶようにしたということである。(1)

このように地元出身の著名人を地域おこしやまちづくりに活用することは決して珍しいことではない。とりわけ近年では文化庁による「歴史文化基本構想」の提言にも見られるように、地域の文化資産を広範に活用していく試みが推奨されている。(2) そう考えれば、深谷市が栄一関係のいろいろなものを活用するのはむしろ自然のことであろう。

だが栄一は、若き日に郷里を飛び出してそのまま活動の場を東京に、さらには日本全国や世界に求めてしまった。だから栄一にとって深谷市は実際に活躍したところではなく、あくまで出身地というに過ぎない。それではこのような栄一は、郷里に対してどのように接していたのであろうか。また、郷里の人たちは栄一をどのように見ていたであろうか。

一般に栄一のケースのように、近代日本における郷里と著名人との関係について考えられることはこれまで少なかったように思われる。それは、東京で功成り名を遂げたひとの事績を検証するにはどうしても中央での活躍が対象となるし、また近代日本の大きな歴史と関係づけて検討すればするほど、郷里との関係は注目されなくなるからである。しかし栄一の場合、特にその晩年においては郷里との関係は後述のように非常に濃密であった。したがって渋沢栄一という人物がどのように記憶・記録されていたかを考える一端として、郷里の目線で考える必要もある。そこで本章では、郷里と栄一の関係をできるだけ郷里の側から見ていくことにしたい。

(2)「一村民の渋沢」として

一九三一年一二月二八日、栄一の郷里である埼玉県大里郡八基《やつもと》村（当時）では、その前月に満九一歳で死去した栄一のために、村内血洗島《ちあらいじま》の諏訪神社で帰天奉告祭が、ついで八基小学校で村主催の追悼会が開かれた。東京の渋沢子爵家では、栄一の孫の敬三が父親の篤二、伯母である栄一長女の穂積歌子、栄一の甥にあたる渋沢元治（東大教授）らとともにこれに出席した。追悼会の会場となった小学校の講堂にはすでに村人一二〇〇〜一三〇〇人が待ち構えていて、講堂に入りきれないで廊下にまで老幼男女が立ちつくしている状態だったという[3]。遺族を代表して挨拶をしたのは爵位を継承した敬三で、そのなかで、他の追悼会では話してなかったことをここでは話したいとして次のように語った[4]。

私が祖父の批判を皆様の前で致しますのは恐縮でありますが、祖父八十以後の後姿であります。皆様は常に面と向って居られましたが、私は祖父の後からついて参り、その後姿をしみじみと見て居ります。否私は後姿ばかり見て居たと申せるかも知れません。で八十以後の祖父の後姿は今までの全生涯の大きな分量の仕事を離れて、何処とはなしにわびしい姿でありました。それはみすぼらしいのではありません。一人ぽつねんと歩く姿、それには正二位も子爵も勲一等もない、一村民の渋沢があるばかりでした。それが祖父の心境であったと察します。必ずや、青年の頃家を出て村のために尽すべきを尽さなかつたことは、皆様に相済まぬと考へて居りました模様で、村の事から心を離すいとまはなかつたやうであります。そして一人ぽつねんと俗の世の中からたちきられて無心に歩く時は、諏訪神社の氏子の渋沢栄一のみでありました。

これは、民俗学に大きく貢献した敬三ならではの表現であったといえよう。それは、普通栄一に対していわれる経済的業績ではなく、栄一の後姿から郷里の村を連想し、さらに村の神社の氏子であることに着目した言い方だったからである。もちろんこれは、草深い郷里の人たちを前にしてのリップサービスもあったかもしれない。なぜなら帰天奉告祭が行なわれた諏訪神社は晩年の栄一が毎年のように獅子舞を見に行ったところで、その奥殿修繕や拝殿新築の費用を負担したのは栄一自身だった。また追悼会の会場となった八基小学校も校舎の建築費や増築費、維持費などは栄一の寄付であり、校歌は穂積歌子が作詞したものだった。こうしたことは村人たちは皆知っていただろうから、「正二位も子爵も勲一等もない、一村民の渋沢があるばかりでした」といわれるのは心地よいものだったに違いない。

また栄一自身も、自分の素性が村民と変わらないことを積極的に口にしていた。一九〇八年九月、八基小学校で講演をした折り、「御聞き及びの通り私ハ血洗島の渋沢市郎右衛門の倅て《ママ》御座います、二十四歳迄ハ此村で成長したのでありますから、皆様方と同じやうな境遇で、同じやうに生活し、同じやうに成長した、と言ふて宜いので御座いますから、どうぞ別の人間のやうに思ふて下さるな、全く同じ種類の人間でありますから御親しみ下さるやうに願ひます」と語っている。(5) これもまた多少はサービスがあったかもしれないが、栄一自身にも「血洗島の渋沢市郎右衛門の倅」という意識があったことを示していよう。(6)

そこでこのような栄一を郷里の目線で見ていくにあたり、まず次の二点を考えてみたい。

栄一の伝記を読むと、栄一が生まれた血洗島には渋沢姓が多く、一族のなかでは栄一の生家は「中の家」という屋号で呼ばれていたことが最初に必ず出てくる。そして親戚には「東の家」とか「前の家」という家もあったことも紹介される。そうした時、これらの家には「中の家《なかんち》」「東の家《ひがしんち》」「前の家《まえんち》」とルビが振られていることも少なくないのだが、この点を考えてみる必要があると思う。

まずその表記がまちまちである。「中の家」が、本によっては「中ノ家」とか「中の内」となっている。(7) しかしこれは半ば当然のことで、もともと「なかんち」と慣習的に使ってきた口語（表現方法）であるため決まった漢字表記はないのである。したがってこれを文章中で表わす時になって、皆それぞれ工夫したのであろう、たとえば穂積歌子は一八九〇年の日記のなかで「……夫より前の内へ行きて会葬し、又中の内にて皆々と面会し、六時立ち終列車にて帰る」とあるように、「前の内」「中の内」と表記している一方で、(8) 一九〇〇年の『はゝその落葉』では「中の家」「東の家」と書いていた。(9)

また栄一自身は一九一八年の日記のなかで「午前七時半起床入浴して朝飧ス、八基村中ノ家治太郎来訪セラル、地方農桑ノ事ヲ談ス」と、「中ノ家」と表記している。(10) ちなみに現在深谷市では「中の家」と書いて、「なかんち」とルビを振っている。(11) しかし、なかにはわざわざ「中《なか》の家《うち》」とルビを振ってしまっている本もある。(12) これでは「なかんち」という口頭表現はまるで意味を成さなくてむちゃくちゃであるが、これまでの評伝や研究書でそうしたことに言及したものはなかった。

もう一つ、こういうことも考えてみよう。栄一の伝記では、彼の出身地が血洗島であることは書かれていても、そこが血洗島の何という小字かは書かれてこなかった。血洗島は後述のように近世のいわゆる藩制村であり、一般にこのような近世の村は坪《つぼ》、垣内《かいと》、廓《くるわ》などと呼ばれる小字に分かれていて、小字によって冠婚葬祭のやり方も違うことが少なくなかった。したがってそこで生活している人にとって小字は生活の基本単位であり、重要な意味を持っていた。(13) 血洗島の場合、赤根屋敷《あかねやしき》、中南《なかみなみ》、淵ノ上《ふちのうえ》、清水川《しみずがわ》、中河原《なかがわら》、荒句《あらく》、向荒句《むかいあらく》という七つの小字があり、栄一の生家はこのうち淵ノ上にあった。またこの地域ではこうした小字を廓と呼んでいたのだが、これらのことについて言及した伝記もほとんどなかった。

これらのこと――屋号と小字――はへりくつのようだが、意外に重要な論点を含んでいると思われる。なぜなら、これまでの渋沢栄一研究がいわば中央のアカデミズムによる文書研究が主であって、地元の民俗的な視点を含めた検討がなおざりにされてきたといえるからである。そのため栄一という人物を考えるにあたって、私たちはもっと郷里の人間の発想や思考に乗っかって検討する必要もあると考えられる。そして本章の課題もこの点に由来しているのである。

それでは栄一にとって郷里とはどこを指すのだろうか、次にこの点を考えていこう。

二　栄一にとって郷里とはどこか

（1）血洗島、八基村、豊里村、深谷市

栄一が生まれたのは一八四〇年（天保一一）、武蔵国榛沢《はんざわ》郡血洗島村である。ここは岡部藩領で、藩主は安部《あんべ》氏、二万石あまりの小藩であった。近世末、血洗島は藍玉製造販売によって経済的に潤ったところであるが、しかしそれを除けば水田がほとんどない寒村だった(14)。

維新後、その血洗島村は一八八四年に周辺の六ヶ村（上手計《かみてばか》、下手計《しもてばか》、横瀬《よこぜ》、町田、南阿賀野、北阿賀野）とともに血洗島連合戸長役場を形づくった。そして一八八九年の町村制公布にともない、これに大塚村が加わった八ヶ村で一つの村になることになった。ところが新しい村名を決める段になって議論が二転三転して村内が紛糾した。そのため東京の栄一に相談して一八九〇年三月に八基《やつもと》村と命名された。以後の血洗島は、栄一在世中はずっと八基村血洗島であった。

ところで現在の深谷市が「渋沢栄一生誕の地」となったのは一九七三年のことであり、豊里村が深谷市と合併した結果である。

この豊里村は、町村合併促進法に基づき一九五四年に八基村が隣村の新会《しんがい》村と合併し、翌年に中瀬《なかぜ》村も加わってできた村であった。他方、この時、当時の深谷町は八基村も含んだ周辺の十ヶ村との合併を画策していた。つまり「一町十ヶ村」の大合併である。この「一町十ヶ村」とは、深谷町と、その東隣にある幡羅《はたら》村、北隣の大寄《おおより》村、北東の明戸《あけと》村、南隣の藤沢村、大寄・明戸両村の北を流れる小山川の北部にあった八基村、新会村、中瀬村の他、深谷町の西に続く岡部村、榛沢《はんざわ》村、本郷村の十ヶ村である。これは近代以降治水、土地改良事業、農業団体等あらゆる行政面で同一ブロックを構成し、「深谷行政支会として常に行動を共にして来た」十ヶ村であったというから、

主に近代になっての繋がりである。[15]

とはいえ、種々紛糾の末、八基・新会・中瀬の三ヶ村が一緒になって豊里村となり、深谷町の西隣三ヶ村も、深谷とは別に岡部町を形成した。そのため深谷町は結局大寄・明戸・幡羅・藤沢の四ヶ村とのみ合併して深谷市となるに過ぎなかった。[16]こうした経緯でできた豊里村が一九七三年になってから深谷市に合併したのであり、その結果として血洗島はようやく深谷市血洗島となったのである（なお、現在の深谷市はいわゆる「平成の大合併」で二〇〇六年に岡部町、花園町、川本町と合併して新たな深谷市となっている）。

この一連の経過から分かるように、豊里村とか深谷市といっても血洗島とのもともとの関係は希薄だった。特に中山道深谷宿を中心とする深谷市は、生活圏も文化圏も血洗島や八基村とは違っていた。これは栄一をめぐる渋沢一族の通婚圏を見ても分かる。栄一の妹婿で後述のように栄一の生家を継いだ市郎が上野国新田郡の須永家からの入り婿であるように、通婚圏は血洗島の南方にある深谷宿方面よりもむしろ北方の利根川を越えた上野国（上州）に求められていたようで、上州出身者との縁組が少なくない。これはこの地域の農家が養蚕が盛んで上州との接点が多かったことも影響していたのであろう。そこでこうした点に鑑みて、本章では栄一の郷里という時は主に血洗島と八基村を念頭に置いていくことにしたい。

（2）　郷里を飛び出す栄一

では、栄一のことをそうした郷里の人たちはどう見ていたか。これは興味深いテーマであるが厳密には分かるすべはない。なぜなら郷里の普通の人たちの発言や本音は記録に残っていないからである。もちろん晩年の栄一は盛んに郷里に帰っており、そのことは当時の新聞や雑誌でしばしば報じられた。そこで描かれる栄一は、老子爵（男爵）が郷里を思ってたびたび帰郷する、そして学校や神社のために多額の寄付をする、むらの祭りには必ず出席して獅子舞を見る、だから村人たちはとても感謝して毎年喜んで迎えている、こうしたものであった。しかし実際はどうであったか。なかには何らかの理由で――たとえば子どもの時に栄一にいじめられたといったような――、帰郷した栄一を村中で出迎えることに違和感を感じた村人がいたかもしれない。だがもちろんそうしたことは今となっては分からない。

それに、村の人たちが直接知っていた若き日の栄一青年は、普通の人たちからみたらとても良識があるとは思えなかったのではないか。彼らから見た若き日の栄一は、次のようなものだったと思う。

幕末期、栄一の生家は領主であった岡部藩から数百両もの御用金を命じられ、かつそれを払えるだけの資産家であった。血洗島村では二番目の資産家だったというから[17]、要するに村のお坊ちゃんである。しかもそのお坊ちゃんは非常に才気煥発だった。若き日の栄一が師事した尾高藍香の孫である尾高豊作によれば、藍香は晩年に栄一のことを「あれは小さい時から才子だと思ってゐたが、大才子になったよ」と評したというし、また藍香の息子で豊作の父である尾高次郎も栄一のことを「元々才の強い人だ」と観ていたという[18]。つまり、若き栄一に最も近くで接していた藍香とその息子が二人とも、栄一のことを「才子」「才の強い」と評しているのであるから、晩年の好々爺然としたものとはかなり違うイメージが若き栄一にはあったと思われる。

しかし幾ら才気煥発とはいえ、栄一は寒村の一農民に過ぎず、格別の閥も持っていなかった。それが、すでに妻子がいたにもかかわらず現政府（幕府）を倒すと過激なことを口走り、しかも近隣の役所（高崎城）を襲撃して武器を奪ってそのまま横浜へ走って外国人たちを殺害しよう（攘夷の決行）というのだから、栄一とその仲間たちは明らかに過激暴力・殺人集団といってよかった。

しかもそうした暴力・殺人計画が頓挫すると、今度は郷里を飛び出して過激派たちが群れている京へ行ってしまった。郷里の普通の人たちは、いったい何て若者なのだろうかと呆れたに違いない。するとそのうち当の幕府の一橋慶喜の家来になったという。しかも慶喜は次期将軍になったので栄一も幕臣になり、郷里の人たちからみたら有り得ないほど出世してしまった。と思ったら、攘夷を唱えて飛び出したのに今度はフランスへ行ったという。そして皆がしていたちょん髷を切った写真を送って来た。それを見て栄一の妻の千代はあさましく思い、元に戻してくれと書き送ったというが[19]、こうした反応は間違いなく当時のスタンダードなものであったろう。

日本に戻ってくると、すでに幕府は瓦解して慶喜も静岡に蟄居していた。だから栄一も郷里に帰って百姓に戻るだろうと思っていたら、帰って来るどころか、今度は慶喜について静岡へ行ってしまった。さらに一、二年したら明治政府に招ばれて何と朝臣になり、東京で大きな屋敷に暮らしているという。さらにその次には役人も辞めて実業家になって三井組などと一緒に仕事をしている……。

幕末から明治初期のほんの一〇年ほどの間、地道に汗水たらして百姓をしていた郷里の普通の人たちは、こうした若者を実際のところどう見ていたのか。時代の新しい息吹を感じ取っていち早く新知識を吸収して新たに時代を切り開いていったという見方は、結果論だと思う。奇態な行動をしていても、偉くなったら、「栄一さんはあの頃から違っていた」といわれるようなものである。だから栄一と同じ時代に生きた郷里の普通の人たちが栄一をどう見ていたかが興味深いのだが、前にも述べたように残念ながら分からない。

その後栄一は第一国立銀行の頭取となり、一八八〇年代以降も共同郵船との戦いに明け暮れたりさまざまな会社の立ち上げに尽力していたためか、定期的に郷里に帰ることはできなかった。この間の栄一は、文字通り日本資本主義の成立・確立のために東奔西走の日々を送っていたといってよい。

こうした栄一は、古稀を迎えた一九〇九年にそれまで関与していた諸事業から隠退して教育や福祉など公益事業に専念するようになる。栄一が郷里との関係を深めるのもその頃からであった。では、晩年の栄一は郷里に何をしていたのであろうか。本章冒頭で述べた一九三一年末の追悼会の時に、八基村長であった渋沢治太郎は次の五点を挙げて説明している[20]。

一、一九〇六年の「村社諏訪神社御参拝より年々血洗島に御来村遊ばされることを約され、実に九十二歳の御高齢に及ぶまで、殆んど毎年」来村したこと。そしてそのさいには「寸暇もなき御繁忙の御身を以て村民に道を説かれ」たこと。
二、水害の都度、「多大の御心労遊ばされ御救済」くださったこと（八基村周辺は利根川の水害に度々遭っていた）。
三、一八九〇年の村合併時、「村名命名に当り議論百出区々として決定せざりしこと約四ヶ月に」わたったが、栄一が「その衝に」あたって「円満なる解決」をはかったこと。
四、教育関係として、村立小学校新築にあたり「多額の御援助を仰ぎ、尚学校維持費即基本財産の必要を説かれて巨額の御醵出あらせられ」たこと。一九一八年、「図書館の必要を認められ、新築費営繕費として多額の御寄付を遊ばされ」たこと。そして一九二三年には、「八基村公民教育基金造成の企に多大の御援助を蒙りましたこと。
五、一九二二年の八基村農政談話会の創立にあたり、顧問になってもらったこと。
このように治太郎は、血洗島と八基村に対して施した栄一の貢献内容を説明していた。そこで以下では、栄一が行なったこれらの事績を、順次見ていくことにしよう。

三　血洗島と八基村

（1）血洗島の諏訪神社

諏訪神社は、血洗島村の産土《うぶすな》である。血洗島は、伝承によれば吉岡和泉なる者が一六世紀の天正年間（または天文とも）に開発したところで、爾来吉岡家が名主を主に務めてきたという。吉岡の他には渋沢、笠原、福島という家が古く、毎年諏訪神社で行なわれる獅子舞は、この四家を必ずまわっていくこととされていた。諏訪神社は創建年次は分からないが、建御名方命を祭神とし、近世には「領主在邑之時は代々参拝するを例と」する神社だった。(21)

この諏訪神社に対して、栄一は若年時に郷里を出てからかなり年配になるまで顧みなかったことを申し訳ないとしばしば語っている。それをよく表わしているのは一九一六年の諏訪神社内の栄一の喜寿碑除幕式の時の挨拶で、彼はそこで次のような意味のことを述べていた。(22)

――自分は青年時代にむらの青年である以上当然のこととして血洗島村の「若い者仲間」に入っていた。当時、「後進者として有為の少年と見られて、何事に拘らず村内の世話役を托されて」いた自分は、諏訪神社の本殿が小さいことを気に病んで仲間たちと協力して新しく建て直した。そして拝殿をも新しくしようとしていたのだが、自分は周知のように郷里を出奔せざるを得なくなったので、こと志を成就させることができなくて「相済まぬと思ふたけれども」どうにもならなかった。

このような栄一は、一八九七年には神社改築のための費用を寄付し、石柱に彫る「村社諏訪神社」と拝殿内の額「諏訪神社」を揮毫している。(23)また一九〇一年には祭礼時の獅子舞も見に来ていたが、諏訪神社と深い関係を再び持つようになったのは一九〇六年頃からであった。それは、先に見た渋沢治太郎村長の説明にもあったように、この年から祭礼に毎年出席するようになったからである。そして翌一九〇七年には奥殿修繕のために三〇〇〇円を寄付している。この時には長女の穂積歌子も一〇〇円寄付したので、修繕のための寄付額三五八〇円一〇銭のうち九割近くが栄一親子によるものになった。そして同年九月に落成した際の遷座式では栄一は副斎主を務め、「あたらしき宮造りせし広前に　ふるきむかしを忍ふけふかな」「身にまとふ錦なりけりそめいつる　わか故郷の庭のもみち葉」と詠み、歌子もまた「ふるさとの紅葉のにしき蔭に立つ　我たもとさへはゆる今日かな」と詠んだ。(24)

ついで一九一六年が栄一の喜寿に当たっていたので血洗島ではその祝賀会を催し、諏訪神社内に栄一の喜寿碑を建てると栄一に申し入れたところ、栄一は非常に喜んで「それならば自分も神社の拝殿を新築して寄進しよう。氏神の社殿を荘厳にするのは氏子たるものの当然なすべきところであるが、自分は若い時に村を出た関係上、氏子としての当然の務めを怠り勝ちであるから、そのお詫びをしたいと思ふ」と語ったという[25]。そして栄一から諏訪神社に拝殿造営費用として一万円が寄付され、それによって新しい拝殿が完成し、九月二七日の祭礼に合わせて献納の奉告祭が行なわれる運びとなった。この頃栄一が娘婿である阪谷芳郎に宛てた書簡では、「来月ハ兼而御打合之如く血洗島へ参り、鎮守之社殿新築之奉告祭を挙行之積に候、是ニて老生之一生涯も、稍其終を告候心地いたし候事ニ候」と書かれており[26]、ここからこの時の奉告祭が自分の人生にとって大きな意義があるものと栄一が感じていたことが分かる。

また、この時の奉告祭に合わせて行なった講演では、栄一は新たに造営された拝殿について二つの希望を持っていると語っていた。一つは、国家の繁盛は国運の伸暢にあり、国運の伸暢は一村一郷からその端を啓くものである、そして「此大字血洗島の諸君が知識あり理想あり、勉強にして耐忍力ある国民」であるためには「敬神の念が必要である」、「故に私の此拝殿を造つたのも、どうぞ一村の老若男女を、皆此敬神に帰一せしめたいと云ふ」ことだというものである。今一つは、そうした「敬神の念を増進する手段として」、神前で結婚式を挙げてもらいたいというものであった。ここには、神前結婚の勧めも含め、血洗島という一村一郷からの発展を望んでいた栄一の思いがよく表われていたといえるだろう[27]。

なお、この奉告祭に出席したのは、当時の記録にも「青淵先生・同令夫人其他同族の方々」とあるように[28]栄一夫妻だけではなかった。この時出席した「同族の方々」とは、穂積陳重夫妻、阪谷芳郎夫妻、渋沢武之助夫妻、渋沢正雄夫妻、渋沢秀雄夫妻、渋沢敬三、渋沢信雄、渋沢智雄、穂積重遠、穂積晴子、渋沢元治であった。このうち、穂積夫妻から秀雄夫妻までが栄一の子ども夫婦であり、敬三以下は孫である。また元治は甥であるが、孫娘にあたる孝子（穂積陳重夫妻の次女）と結婚しているので栄一にとっては孫の婿でもある。彼らは確かに栄一の「同族の方々」ではあったが、しかしそれ以上に、すでに日本近代史の一角を占める人物たちでもあった。栄一の孫である

穂積重遠にしてもこの奉告祭があった一九一六年九月には早くも三二歳で東京帝大教授になっていたのである。(29)

したがって、栄一の講演はともかくとして当時の村人たちにとってこうしたきらびやかな貴紳たちはまったくの異人種かお殿さまたち一行にしか見えなかったのではないだろうか。恐らくそうした事情もあり、拝殿の新築にあたっては「余り東京の者ばかりで事を運んでは同地の人達の気持が近づきにくいと云ふので、直接の監督には同地鳶職頭がこれに当り、同地の人々が働いたのです。大工にも棟梁には土地の人を願ひました」という心配りがなされていた。(30)

また神社内に作る予定だった喜寿碑であるが、これは「血洗島一同を以て発起人とし区長を以て惣代人とす」とされて血洗島の六七戸から寄付を受けて五〇〇円を捻出し、その他村外から二〇〇〇円近くの寄付を集めて碑が建てられた。(31)そして同年（一九一六）一〇月一日に除幕式が催され、もちろん栄一は出席したが、この時も息子の武之助、正雄、秀雄、孫の敬三、信雄、智雄の他、穂積陳重夫妻、外孫の穂積重遠と阪谷希一、それと娘婿の明石照男らも列席するというきらびやかなものだった。(32)

（2）諏訪神社の獅子舞

前に見たように、この諏訪神社の祭礼には毎年獅子舞が行なわれた。獅子舞は八基村内の神社ではこの他に大塚の諏訪神社や町田の八幡社でも行なわれ、南阿賀野の葦原神社では獅子舞と棒術の演舞が行なわれていたという。(33)ここでいう大塚、町田、南阿賀野はいずれも血洗島と同じく八基村を構成する近世村であったが、栄一が、祭礼の獅子舞に行ったのは血洗島だけであった。そこには前項でも見たように諏訪神社の氏子という意識が栄一にあったことに加えて、栄一のなかで郷里という意識を持つことができたのはやはり血洗島だったということもあったかもしれない。(34)

この獅子舞を栄一は非常に愛好していて、少年時代には自分でも舞ったといわれている。事実、栄一は一九〇八年の講演で、「東京へ住居しても時々は出て参ります所謂故郷忘れ難しで御座います、況や鎮守の御祭礼などに就てハ、毎年毎年子供の時分に大変嬉しかつたことを思ひ出すと大人になつても嬉しい、年老いても矢張り嬉しい、獅子舞の無い村方の諸君はあの様に大騒ぎをして、それ程愉快であらうかと御笑ひになるか知れませぬが、私などハ昨夜の獅子舞ハ、東京の歌舞伎座で名人の芝居を観るよりも興がある、価値かあ《ママ》ると思ひます」と語っていた(35)。

しかしその一方で、先に見た尾高豊作によれば、豊作と栄一の間で子どもの頃のことが話題となった時に栄一は、「その辺の子供と遊ばなかつたよ。向ふで敬して遠ざけたんだね」と言った後で、「しかし、あなたも獅子舞など盛んにおやりになつたさうぢゃありませんか」と尋ねられると「それは行事だからやつたのだ」と答えたということである(36)。

血洗島では獅子舞をつとめる者を役者と呼んでおり、栄一の生家「中の家《なかんち》」は代々雄獅子を擦る（演じる）のが家例で、栄一自身は一二歳の時に役者をつとめたという(37)。上記の「あなたも獅子舞など盛んにおやりになつたさうぢゃありませんか」というのはその辺の事情を指しているのだが、しかしこの一連の会話（回顧）からすると、栄一は少年時に獅子舞にはあまり熱心ではなかったが年中行事であり、また代々役者になるのが家例だったから仕方なくやったのだと言っているようにも読める。もっとも、実際のところはむろん分からないけれども。

ただそうはいっても、前述のように一九〇六年以降の栄一は、ほぼ毎年祭礼に出席して獅子舞を見た。たとえば一九〇八年の祭礼では、九月二七日の昼前に汽車で深谷駅に着いて食事を郷里の人とともにし、午後に諏訪神社で「獅子舞ノ祭典」に出席してから墓参などして生家に帰り、そこでまた村人たちが踊る獅子舞を夜遅くまで見た。そして翌日に八基小学校で「自治制度ニ関スル一場ノ講話」を成してからいったん生家に戻って昼食、揮毫をした後、夕方に深谷駅から汽車に乗って王子に帰った(38)。こうした行程は毎年ほぼ同じだった。

また一九二一年には栄一は渡米することになっており、その直前にあった祭礼時には八基村青年団血洗島支部が敬老会兼渡米安穏祈願祭を開催するなど、村人たちの歓迎を受けた(39)。この八基村青年団血洗島支部は、栄一自身がまだ若く、郷里にいた頃に入っていたという「若い者仲間」の後身であろう。栄一が獅子舞のため諏訪神社を訪れる時には、このように暖かく迎えられていたのであった。

(3) 八基村長、渋沢市郎と渋沢治太郎

次に郷里としての八基村を考えていくが、そのさい無視できないのは、渋沢市郎(一八四七―一九一七)・治太郎(一八七八―一九四二)の父子である。彼らはそれぞれ栄一の義弟とその息子であり、時期は離れているがともに八基村長になっている。すなわち、市郎が一八九九年から一九〇五年の二代目村長、治太郎は一九二二年から三二年までの五代目村長である。この二人は、栄一が八基村に何かをする時には必ず窓口になっていた。

このうち、市郎は上野国新田郡の須永家に生まれて、栄一出郷後に血洗島に残った妹貞《てい》の婿として迎えられて一八七一年に「中の家《なかんち》」を継いだ人物である。市郎は婿入り後初めて栄一に会った時に「自分の任務は兄様出身の家を守って名を傷つけないことである。敏活な商売上の技能はありません、たゞこれを守り、先祖から受けついだ資産を失はないようにする位のことは出来ましょう」と言ったといわれている。また大正六年に死去する直前には、見舞いに来た栄一に向かって、「自分は不束でありましたが、兄様の御蔭でどうやら中の家を守って参りました」とも言ったという(40)。ここからも分かるように、市郎は本来イエを継ぐべきであった栄一の身代わりになって一生を「中の家《なかんち》」の当主として生きた人物であった。

他方、治太郎は市郎の次男である。長男であった渋沢元治は一八七六年に生まれて小学課程を了えると上京して東京帝大(工科大学電気工学科)を卒業した。その後は逓信省技師、東京帝大教授を経て、名古屋帝大初代総長にまでのぼりつめた。元治は水力発電に関する権威として知られ、一九五五年には文化功労者にもなっている。そうした兄を見て二歳年下の治太郎は小学校卒業後、東京に出て勉強したいと元治に手紙を出したこともあったが、結局は血洗島に残ってイエを継いだ(41)。つまり治太郎は、栄一の身代わりとして「中の家《なかんち》」に尽くした市郎の後継者と

して、かつ本来長男である元治が継ぐべきところを郷里を出てしまったために兄元治の身代わりとして郷里に残った人物であった。

そこで市郎と治太郎の二人が八基村政においてどんな治績を残したかを見ておこう。

まず市郎村長の時代、一九〇二年四月に八基村では農会が設立された。また村長退任後のことであるが、一九〇七年には信用組合が設立された。そしてこの二つのトップにはいずれも市郎が就任している。八基村の信用組合は、一九〇八年に設立されていた購買販売組合と一九一八年に合併して八基村産業組合となったが、この産業組合は優秀であったらしく、一九二二年には全国産業組合中央会から優良組合として表彰された。これを同組合では「本組合ガ此盛典ニ会シ優良組合ノ班ニ列スルヲ得タル所以ノモノハ一ニ組合員ノ熱誠ニ因ルコトハ勿論ナリト雖モ前組合長渋沢市郎翁ガ晩年ノ精力ヲ本組合ノ経営ニ傾倒セラレ拮据十年遂ニ今日ノ基礎ヲ築カレタル余徳タラズンバアラズ」と、優良組合として表彰されたのは市郎のおかげとしていた(42)。

もともと産業組合は中小農保護のための団体であり、中小農が組織的に販売購買や信用事業を行なっていくことが目指されていた。したがって市郎がそれに尽力したということは、中小農が多かった八基村の経済発展に尽くしたということでもあった。

他方、治太郎も当初より産業組合の組織化や養蚕業に力を尽くし、また村議や県議として小山川の改修や上武大橋の架橋などに大きな功績を残していた(43)。そして一九二二年に村長に就任するや村内各団体に、「本村ノ健全ナル発達ヲ期スル為メ特ニ改善ヲ必要ト認ムル施設並ニ将来探ル可キ方針如何」という諮問をした。これに対して八基村農政談話会では、産業基本調査と耕地整理基本調査の実施、教育の振興（とくに公民教育の徹底充実）を答申した。治太郎はこの答申に基づいてこれら三つの事業を進めていったのだが、八基村農政談話会とは治太郎の提案で作られていたものであり、栄一がその顧問になっていた(44)。

治太郎村長のもとで着手されたこれら三つの事業のうち、産業基本調査は一九二三〜四年と一九二九〜三〇年の二度にわたって行なわれ、八基全村の人口・世帯数、土地所有、農業経営規模、耕地所有、土地利用、不在者、主要農作物の年間労働、雇傭労働力、家畜経営等が調べられた。その実施にあたっては帝国農会の重鎮だった岡田温の指導を受けたが、これはもちろん栄一が仲立ちをしたものであった(45)。

栄一はこの産業基本調査に大きな期待をかけていて、第一回目の調査データが出た際、治太郎に送った書簡のなかで、「貴下を始として地方関係之諸君ハ、尚詳細ニ御審議相成、必要と決定せし事柄ハ順次改善ニ着手相成候事と確信仕候」と書いていた。同じ書簡で栄一は、なかでも養蚕について「現状ニ不満を抱」いているのでその改良に第一に着手して欲しいこと、また農業改善についてはデンマーク農業に関する本を送るので参考にしてもらいたいと述べてもいた(46)。

ついで耕地整理事業は、農政談話会の答申に基づいて一九二三、四年に埼玉県技手を委嘱して調査したうえで(47)、一九二〇〜三〇年代の比較的長い期間にわたって行なわれた。これは難事業であったが、失業救済の名義で二〇〇〇円が栄一のもとから寄付されたこともあり何とか成功させた。またこの耕地整理に合わせて村の幹線道路も整理され、これによって「自動車や運送馬車の村内への交通は自由となり、野菜出荷をはじめ村の人々の受ける恩恵ははかり知れな」いものとなった(48)。

そして三つめの教育の振興は、次の如くである(49)。

一九二五年、間もなく米寿を迎える栄一のため八基村では当初栄一の銅像を建てることを考えたが、むしろ実業補習教育充実のための設備をつくるべきということになり、「渋沢子爵記念公民教育基金」を募集した。すると翌一九二六年半ばには、七万一〇〇〇円の募金があった。そしてこの基金でもって、村では八基公民学校を同年四月に創立した。この学校は、「実践を重んずる中堅農村青年の育成」を目的にした二年間の昼間通学制であった（同校は一九三五年の青年学校令で八基青年学校二部となり、若干の変遷を遂げた後、戦後の学制改革のなかで一部は新制中学校になった）。

またこの七万一〇〇〇円のなかから一万一〇〇〇円を割いて、青淵図書館の記念書庫が建造された。青淵図書館とは、もともと一九一〇年に八基小学校内につくられていた八基図書館が一九一九年に移転した際に名前が改められたものである（青淵は栄一の号）。蔵書は、すでに一九一〇年につくられた時に栄一が書籍料と維持費を寄付しており、その時に集められたものに加えて新たに図書を購入して「二千数百冊の和・漢・洋の書籍がギッシリつまって」いたという。さらに、基金の利子の一部を書籍費に充て、元治が東京で相当の書物を選んで購入して送っていた。[50]

このように、治太郎が村長だった時には八基村農政談話会の答申に則って、八基村にとって大きな事業が幾つも行なわれたのであった。

（4）郷里自体を栄一の「活きた記念像」に

前項で見てきたように、八基村に対する渋沢市郎・治太郎父子の業績には大きなものがあったが、彼らの活動の背景には栄一からの情報や影響が常にあったと思われる。たとえば信用組合が一九〇七年に早くも設立されている点など、村の経済発展を望んでいた栄一からの勧めが当然あったからのことであろう。

同様に、治太郎村長の時代には栄一が村づくりにかなり関わっていたといえる。特に農政談話会では栄一が顧問に就任して大きな役割を演じていた。たとえば産業基本調査では栄一自身がトップに立って動いたわけではないにしても、岡田温のような超大物を八基村に紹介した。八基公民学校も同様で、治太郎は同校設立のプランを持って上京して兄の元治にまず相談し、そのうえで栄一に内意を確認したところ大変に喜んだのでさっそく資金募集にかかったということであるから、そもそもの最初から栄一は深く関係していた。そのうえ同校商議員会自体が栄一邸で開かれており、栄一自身がいかに大きく介在していたかが分かるであろう。

このように晩年の栄一は八基村政に大きな影響を与え、村の発展を望んでいたといえるが、注意すべきはそれが利益誘導の形を取らなかったことである。郷里の発展を望んでいたものの、栄一が行なったことはそこに鉄道を敷くとか工場を誘致するといったことではなかった。確かに栄一は日本煉瓦製造会社という会社を郷里の近くに作ってはいたが、それは利益誘導というよりは、土質が煉瓦製造に適しているからという理由であった[51]。だから、栄一が郷里と深い関係を持っていたといっても、政党政治家のそれとは異なるものであったといえよう。そのためこのような栄一のあり方について、治太郎は栄一の死後、「隠れたる農村の愛護者」と評していた[52]。

ところで栄一自身は、このような村の発展について、一九〇八年九月に八基小学校で行なった講演で、村長がよく主導した基礎的な地域社会からの内発的な発展を八基村に望むという主旨のことを述べていた[53]。また一九一六年に血洗島の諏訪神社拝殿を新しくした奉告祭の時の講演でも、先に見たように一県一国の隆昌のためにはまず一村一郷からの繁盛が必要であると説いていた[54]。そして郷里で八基村長を務めていた市郎・治太郎父子は、こうした栄一の思想を真剣に血肉化しようとしていたといわれている。なかでも治太郎は、渋沢敬三によって「何をしても弁じても常に心の奥底では、自分は伯父青淵の志を継ぐものとして行動していると感じ、それに徹しておられたように思われます」、「治太郎さんは心の奥で伯父青淵に己を滅し尽してディボート（献身）され、それによってまた己を完全に活かし得たことに快心の満足を感じられていたのではないでしょうか」と評されているところからも、栄一の影響の大きさがうかがい知れよう[55]。

そして、栄一の思想を受け継いでいこうとしたのは、この二人だけではなかった。たとえば、一九一六年の喜寿碑の除幕式の挨拶では、当時の血洗島区長吉岡五郎は栄一がいかに血洗島や八基村によくしてくれるかを語った後で、こうして郷里が理想の農村になっていけば「血洗島其ものが直ちに男爵之記念碑となり」、血洗島を通る人は皆栄一の盛徳を慕うであろうと述べた[56]。ついで、公民学校の設置と青淵図書館の充実を八基村で企図した際の趣意書でも、栄一の長寿を祝うためにわれわれは「我八基全体を渋沢子爵の活きた記念像にしたい」、なぜならわが八基村が理想の農村になることが何よりも栄一の長寿を祝うことになるからだと書かれている[57]。郷里の人びとがこうした表現で接し見るような関係性を、栄一は築いていたということであろう。

(5) 郷里での栄一の顕彰事業

なお、八基村教育会では一九二八年、二月一三日の栄一の誕生日を記念して「渋沢子爵誕生祝賀式講話資料募集規定」をつくっている[58]。これは、「子爵渋沢青淵先生の誕辰(二月一三日)を祝すると共に本村青年及生徒児童の修養を奨むるが為主として渋沢子爵及其時代の史実研究に関する講話資料を募集す」というもので、第一年目の一九二八年には「渋沢子爵より得たる私の感銘」という課題のもと、尋常科から六〇三名、高等科から一三一名、公民学校二部から五〇名の他、男女青年団と軍人分会から合わせて一〇名、合計で七九四名もの応募があった。当選者は尋常科二名、高等科二名、公民学校二名、青年団(男子)一名と軍人分会から一名の合計八名で、この他に選外佳作者が三〇名いた[59]。

また栄一生誕一〇〇年目に当たる一九四〇年には、深谷管内の一〇の小学校で小学六年生を対象にして「渋沢栄一翁について」の綴り方コンクールが実施されたが、その時入選した児童の作文のなかには次のような一節がある。

　何よりも私達に嬉しいのは遠足です。どこへ行っても「どちらの学校ですか。」と、問われますから「大里郡の八基」と答えると「八基、聞きなれない言葉だね。」と、言って首をかしげて考えている時、「渋沢子爵の生れた所」と言うと、誰でも「あ、そー。」と気が付いてくれます。ですから、八基から三、四里もはなれた所へ行くのは、人に問われるのが楽しみであり、又、子爵の有難さを一層強く感じます[60]。

この児童の作文は、他の箇所がいかにも教師が指導したような紋切り型の美句で飾られているなかで、この部分だけは生き生きしていてその情景が想像できるものになっている。恐らく実体験と思われる微笑ましいやりとりであり、「渋沢子爵の生れた所」ということで八基村の子どもたちにとっては実際に大きな誇りとなっていたことであろう。その意味で栄一と村の人たちとの関係性を考えさせてくれる心地よいエピソードといえよう。

他方、栄一死去後、血洗島では「血洗島青淵会」が組織された。そこでは栄一の命日である一一月一一日の前夜に「中の家《なかんち》」に集まって、祭壇の栄一の「画像」の前に栄一が生前愛好したとされるにぼうとを供えて食べることにしていた[61]。これは、栄一が若い時に稲刈りをした後のにぼうとの味は格別だったと晩年の帰省の折りによく話していたことに由来するものだった[62]。

この後「血洗島青淵会」は、耕地整理のために消えてなくなった青淵の名ゆかりの淵の跡に一九三六年に青年団などと共催で「青淵由来の跡碑」（清浦奎吾筆）を建て、また同年には竜門社から飛鳥山邸建物の一部を寄贈され、楽山荘と名付けた。また、幸田露伴に「青淵翁誕生之地」と書いてもらって「中の家《なかんち》」の門前に建てたのも「血洗島青淵会」であった[63]。

このように、血洗島や八基村では栄一の死後も顕彰活動が行なわれていたのである。

四　こもごもの栄一観

（1）郷土史家のまなざし

しかしこれらの一方で、栄一死去後に郷土史家が次のような発言をしているのは興味深い。すなわち、一九三六年一〇月に経済史家の土屋喬雄らが伝記資料編纂のため旧岡部藩の関係者にヒアリングをした際、「若森氏の訴訟事件」に関することが語られた。これは栄一の伝記には必ず出てくるエピソードで、栄一が少年時に岡部藩の若森という代官から強圧的な態度に出られてひどく屈辱を感じ、身分制度の不正を痛感したという話がある。栄一はよほど悔しかったとみえて、明治以後もいろいろな機会にこの話を喋った。「若森氏の訴訟事件」とは、これに対して当の若森の孫にあたる人が、当時の代官は若森ではなかったのに祖父の名を挙げて辱めたといって栄一を名誉棄損で訴えたという事件であるという。裁判そのものは結局栄一が今後は若森の名前を出さないということで決着したのであったが、これについて土屋らに向かってある郷土史家から次のように言われたのである。

この事件のあつたのは明治三十六七年の頃です。「この事があつたからですよ、渋沢さんが八基村の世話をあんなにされ始めたのは。その点では、この訴訟問題は役に立ちましたね。これはほんとのところですよ。編纂所の方だから良いところも悪いところも聞いて貰つた方がよいでせうから、こんな悪口を言ひますがね」
と言ふ声あり。(64)

実際には栄一はこの事件以前の一八九〇年に八基村と命名したり、一八九七年前後に八基小学校校舎新築費や維持資金を寄付するなどしているから、「この事があつたから」「渋沢さんが八基村の世話をあんなにされ始めた」というのは必ずしも当たってない。しかし、栄一が諏訪神社の獅子舞に毎年のように来るようになったのは一九〇六年つまり明治三九年からであり、また同じ時期に奥殿修繕なども栄一の多額の寄付によって行なわれていた。つまり両者の時期がほぼ同じであるから、「若森氏の訴訟事件」が何らかの作用を栄一に及ぼして郷里に対する負い目のようなものを感じたために「八基村の世話をあんなに」するようになったのだと、当時の郷土史家は考えていたということである。この発言をした郷土史家の名前は残されていないが、これは、「日本資本主義の父」として、子爵にまでのぼりつめていた栄一が、晩年になってから郷里のためになぜいろいろと尽くしてくれるのか、郷土史家たちには不思議な思いが多少あったということではないだろうか。そして、そのことへの郷土史家なりの答えが、この「若森氏の訴訟事件」だったのではないか。このことを明らかにするためには、なお細かい分析が必要になろうが、一つの可能性として考えてみたい。

(2) 「東の家《ひがしんち》」から見た栄一

また、先に、帰郷する栄一に対して実際には何らかの理由で違和感を感じた村人がいたかもしれないと述べた。これについても、一つの可能性として考えてみたいのが「東の家《ひがしんち》」である。同家は代々宗助を名乗り、栄一生家の「中の家《なかんち》」の分家筋と言われていたが、幕末期には経済的・文化的立場が逆転して血洗島で一番の豪家となっていた。栄一が『雨夜譚』のなかで、血洗島で「第一は宗助が物持ちで、その次は市郎右衛門［栄一の父］だと近郷近在の評判であった」と回想していた時の宗助家であり(65)、栄一の父も同家から「中の家《なかんち》」に婿入りしたものであった。そのため当時、両家の間の本家分家関係のバランスは崩れていたようである。

本家や分家という関係性は、社会学者の有賀喜左衛門によれば、「本家と末家の各家長の主従関係に基づき、この関係を中心とした本家中心の互助組織から発生したものであるという説」と「本家は系譜の本源であるから権威を持」つという説の二つがあるという(66)。この場合、後者の考えに基づけば本家と分家の位置が逆転することはあり得ない。しかし前者の考えによれば、その時のイエの勢力関係によって立場は逆転し得るし、本家分家という関係性を解消することも可能となる(67)。幕末期の「東の家《ひがしんち》」と「中の家《なかんち》」の関係はこの二つの見方のどちらに乗るかによって解釈が変わったが、少なくとも「東の家《ひがしんち》」から見れば、現在圧倒している自家こそ本家的な位置にあると考えても無理はなかったであろう。

けれども明治以降は、「中の家《なかんち》」から栄一というとてつもない大物が出てしまい、さらにイエを継いだ市郎・治太郎が二世代にわたって郷里で主導的役割を果たしていた。その一方で「東の家《ひがしんち》」は、六代目宗助である当主が血洗島を離れて横浜で非生産的な暮らしをしていたと言われ、しかも彼は一九一三年には死んでいた。彼には幾人かの息子がいたが、それぞれ東京で学業を了えるなどして郷里を離れていたため、血洗島にある「東の家《ひがしんち》」には一九一三年に死んだ当主の未亡人が病身の長男と暮らすに過ぎなかった。つまり「東の家《ひがしんち》」と「中の家《なかんち》」の関係性は、ここでまた逆転してしまっていたのである。(68)

井上潤『渋沢栄一』によれば、渋沢一族は同族意識が強かったとされているが(69)、同族のなかでのこうした二転三転の変化を「東の家《ひがしんち》」の人はどう感じていたであろうか。とくに未亡人はどうだったろうか。栄一が頻繁に帰郷するようになった当時の血洗島で、「東の家《ひがしんち》」の関係者は目立った存在ではなかった。もちろん八基村政に深く関わることもなかった。帰郷する栄一を見て未亡人――渋沢とくという――は、どのように考えていたのか、そこには何らかの違和感があったのではないか。本章ではこれ以上展開し得ないが、このことも一つの可能性として考えておきたい。

五　風土という課題

ところで栄一と郷里の関係を本当に理解していくためには、さらに一歩進んで風土という点も視野に入れる必要があると思われる。そこで最後にこの点を考えてみよう。

本章で見て来た血洗島や八基村は、利根川から近く、利根川を越えて北に行くと、そこはもう群馬県(上野国)であった。そのためこのあたりは埼玉県(武蔵国)とはいえ実際にそこから見える山々のうちで地元で暮らす人たちにとって印象深いのは、秩父地方など埼玉県内の山々ではなくて、むしろ群馬県の赤城山や長野県の浅間山であった。この地から冬の寒い朝にはるか西に見える浅間山は実に美しいが、しかしそれ以上に強烈な印象を残すのは、赤城山から冬になると決まって吹いてくるすさまじい赤城颪《おろし》であろう。群馬県は「カカア天下とからっ風」が名物といわれたが、からっ風すなわち赤城颪は、そのまま血洗島や八基村にも吹き下りてくるのである。それは冬になれば毎日吹くと言っても過言ではなかったし、午前中吹いていなくて今日は静かな一日が過ごせるかと思っていても、午後になると必ず猛烈に吹いてきた。そのすさまじさは体験した者でないと分かりにくいが、まるで地響きのようにゴーゴーとものすごい音を立てて北から吹き付けてくるのであった。

一九三一年一二月二八日、八基村での栄一の追悼会が終わった時に甥の元治は、「今日はほんとうに特別な好い日和でした、何度も云ふやうだが青淵先生の御徳でせう、普通なら赤城颪が、立つては歩けない程吹いててとつても寒いのです、此の道に添ふた右下の田甫は、通称八文田甫と云つて、昔八文の酒の酔を忽ちに醒ましてしまう程、寒い風の吹く処なのです」と語っていたが(70)、小学課程までを血洗島で過ごした元治であってみれば、赤城颪のすさまじさは熟知していたのであろう。

深谷市が近年、栄一が若き日に学問を学ぶために尾高藍香宅に向かって歩いていた道を「論語の道」と呼んでいることは、本章冒頭で記した通りである。しかし、現代の人が自動車に乗ってこの「論語の道」を通ったとしても、栄一の当時の気持ちは到底分かるまい。なぜなら、電力を消費した快適な住空間から住空間へと自動車に乗ってあっという間に移動して勉強をするという生活を、栄一は送っていなかったからである。当時の栄一は、夏の暑さ冬の寒さ、とりわけ冬の赤城颪のなかをてくてく歩いて尾高宅に通っていた。そしてゴーゴーとものすごい音を立てて吹く赤城颪を聞きながら、勉強をしていた筈である。そして恐らく郷里の人たちは、若き栄一のそうした姿を見て、記憶していたに違いない。

もちろんこうしたことは文書史料には残されていない。しかし幸いなことに、勉学のために藍香宅に通う様子を、他ならぬ栄一自身が六〇歳を過ぎてから述懐した談話が残されている。やや長いが、次に示してみよう。

> その時分血洗島から手計の藍香宅へ書籍包を抱へて通ふた自分の姿は、まだ歴然と記憶に残って居る。秋雨上りの焦げるやうに暑い田舎路、それでも樹蔭抔に立寄ると瑟々と身に沁みていかにも秋らしい、魚の肌に障る（マヽ）やうな日であつた、母か手織の木綿縞禿た薩摩下駄を滑らしながら、先祖代々の墓地の横を、父が実

家の宗助の垣根について、村郊に出ると藍の出来栄えの好いので評判の俗称三友（マヽ）歩の畑が、うねうねと下手計の方へと続いてゐる、中稲を苅る頃で、清水川に添ふた左の田圃の其処此処に忙しく働いてゐる人々の影が見えた、熟れた稲の香、さらさらと共擦る穂波のさゝめき、霖雨で色褪せた野菊も蓼も浸るほど水増した田川の縁には、群れ飛ぶ蝗の羽が銀のやうに、午後の日に光つて見えた、もう狐色になり掛けた諏訪神社の大きな槻には禊も済んだ注連が涼しい風にふらめいてゐる、桑畑と藍畑との間を幾曲りすると、樹立の寂びた藍香の邸が見える、門の前には極つて長七郎が竹刀を持つたり抔して自分が来るのを待って居た。

十四歳までは此様にして殆ど毎日のやうに、藍香の家に通ふた(71)。

これは、はるかに遠い思い出ではあるが、栄一にとっては決して忘れることのできない記憶であったろう。そこで語られているのは赤城颪の吹く冷たい冬ではなく、もっと心地良い季節の情景であったが、暑い田舎路、母の手になる木綿縞、禿げた薩摩下駄、藍の出来のよい畑、そして清水川沿いの田圃や桑畑等々……、これらはいずれも血洗島から手計（下手計）に向かっていくこの土地の風土そのものであった。ただしこのような風土は、従来の如く文書研究だけでは感得できないものである。もちろんいくら地域社会のなかに入りこんで研究したところで、感覚の次元でこうした風土を本当に理解することはできまい。しかしながら、郷里は栄一をどう思い、どう記憶していたかという目線で考えていくうえでは、このような風土やそこで生きられた経験をも考慮していく必要がある。この点を深く掘り下げていくことが、本章にとって次なる課題となっていくであろう。

注

(1) 深谷市が二〇一〇年に出した「渋沢栄一生誕一七〇周年記念 論語の里 渋沢栄一のふるさと」によれば、「栄一が論語を習いに尾高惇忠の家まで通った道を「論語の道」と呼ぶようになり、論語を生涯の指針とした栄一の精神に学ぶため、このあたり一帯を

「論語の里」と名付けています」とある。

（2）「歴史文化基本構想」については、『月刊文化財』第五四四号（二〇〇九年）と第五七七号（二〇一一年）に特集が組まれているので参照されたい。

（3）渋沢青淵記念財団竜門社編纂兼発行『渋沢栄一伝記資料』第四一巻、一九六二年、五〇五頁（以下、単に『伝記資料』と略記）。

（4）同前、五〇九頁。

（5）『伝記資料』第二九巻、一九六〇年、五七七頁。なお、この部分、同書では文中の随所に「　」が付けられている。これは速記録に対して栄一自身が加筆訂正したものだとされるが、本章では煩わしいので省略した。

（6）栄一の甥の八基村長渋沢治太郎によれば、「翁は明治三十九年以来この神社（諏訪神社―引用者注）の祭典の日には必ず帰郷して、之に参拝するとともに、祖先の墓参をして一泊の上東京に帰られるヲ常とした、此の事に就て翁は「自分が帰郷するために歓迎会などを催されては困る。自分が祭典の日に帰郷するのは国民の一人として、氏子の一人として氏神に参拝し、祖先の展墓をして、当然の勤めを果さんが為である」と云つて、村民に対し常に敬神崇祖の範を示された」としている（『伝記資料』第五四巻、一九六四年、二九二頁）。

（7）近刊の伝記を幾冊か見てみると、栄一生家のことを、たとえば土屋喬雄『渋沢栄一』（吉川弘文館、一九八九年）や島田昌和『渋沢栄一』（岩波新書、二〇一一年）では「中の家」とし、井上潤『渋沢栄一』（山川出版社、二〇一二年）では「中ノ家（ナカンチ）」と表記するとともに「以下、カッコ内は、地元での呼称」と書いている。

（8）穂積重行編『穂積歌子日記　一八九〇―一九〇六　明治一法学者の周辺』みすず書房、一九八九年、六八頁。

（9）穂積歌子『はゝその落葉』龍門社、一九〇〇年、四頁。

（10）前掲『伝記資料』第五四巻、二八三頁。

（11）たとえば、深谷市教育委員会編集・発行『埼玉県指定旧跡「渋沢栄一生地」旧渋沢邸「中の家《なかんち》」』（二〇一一年六月三〇日第三版）など。

（12）永塚利一『渋沢元治』電気情報社、一九六九年、一〇頁。

（13）木村礎『近世の村』教育社歴史新書、一九八五年、一一〇―一一四頁。

（14）長幸男「解説」『雨夜譚』岩波文庫、一九八四年、三二一―三二三頁。

（15）深谷市史編纂会編『深谷市史　全』深谷市役所、一九六九年、一四三二頁。

(16) 深谷市史編さん会編『深谷市史　追補篇』深谷市役所、一九八〇年、五九六頁。
(17) 前掲「解説」『雨夜譚』三二三頁。
(18)『伝記資料』別巻第八、一九六九年、三二一―三二二頁。
(19) 前掲『はゝその落葉』一〇頁。
(20) 前掲『伝記資料』第四一巻、五〇六―五〇七頁。
(21) 同前、四六〇―四六一頁。
(22) 同前、四八一頁。
(23)『伝記資料』第二六巻、四六頁。
(24) 同前、五一頁。
(25) 前掲『伝記資料』第五四巻、二九二頁。
(26) 前掲『伝記資料』第四一巻、四六五頁。
(27) 同前、四六八―四六九頁。
(28) 同前、四六六―四六七頁。
(29) 戦前期官僚制研究会編／秦郁彦著『戦前期日本官僚制の制度・組織・人事』東京大学出版会、一九八一年。
(30) 前掲『伝記資料』第四一巻、四七一頁。
(31) 同前、四七三頁。
(32) 同前、四八四頁。
(33) 前掲『八基村誌』三一一―三一二頁。
(34) たとえば一九一七年に群馬県渋川町で行なった講演では冒頭で、「私は埼玉県下の血洗島といふ小村に生れたもので、二十四歳の時より家を離れたものである」と述べており、八基村という言い方はしていない（前掲『伝記資料』第五四巻、二九一頁）。また一九〇九年に下手計《しもてばか》の鹿島神社で尾高藍香の頌徳碑除幕式で行なった挨拶でも、当時の八基村下手計のことを「手計村《てばかむら》」と表現している（『伝記資料』第二八巻、五四五頁）。こうしたものの言い方から推せば、栄一の気持ちのなかでの郷里はやはり血洗島だったのであろう。
(35) 前掲『伝記資料』第二九巻、五七七頁。

(36) 前掲『伝記資料』別巻第八、三二二頁。
(37) 鳥塚惠和男『渋沢栄一とふるさとの人々』博字堂、二〇〇四年、六四頁。
(38) 前掲『伝記資料』第二六巻、五一頁。
(39) 『伝記資料』第四四巻、一九六二年、一一〇頁。
(40) 渋沢元治『弟澁澤治太郎君を語る』埼玉県大里郡八基村村役場故澁澤治太郎君伝記刊行会、一九五二年、二一―二二頁。
(41) この経緯について当事者である元治は次のように書いている。
「父さんは〔治太郎のこと。治太郎の子どもたちに向かって語る形を取っている―引用者注〕小学校卒業後時々東京へ行って勉強したいと伯父さんへ手紙で洩らしたこともあつたが、祖父さんの義理堅いことと、祖母さんの情愛の深い性質を受継がれ、前に述べた中の家の業務を継承する義務観念と自分は学問は出来ないときめ、学問の出来る兄さん（即ち伯父さんのこと）に後顧の憂なく学問で身を立てるようにと堅く覚悟されて専ら農業の実務を勉強したのであった」（同前、三六―三七頁）。
(42) 前掲『八基村誌』四九―五〇頁。
(43) 前掲『深谷市史　追補篇』五八五―五八六頁。
(44) 前掲『弟澁澤治太郎君を語る』一二八―一二九頁。
(45) 栄一は、矢作栄蔵を介して岡田温を紹介されている（前掲『伝記資料』第五四巻、二八八頁）。矢作は埼玉県出身の東大教授で、栄一とは既知の間柄であった。なお岡田温については、川東竫弘『農ひとすじ岡田温――愛媛県農会時代』愛媛新聞サービスセンター、二〇一〇年を参照。
(46) 『伝記資料』第五四巻、二八九頁。
(47) 前掲『弟澁澤治太郎君を語る』一六六頁。
(48) 同前、一六八―一七三頁。
(49) 以下、公民学校と青淵図書館については前掲『八基村誌』二四一―二六〇頁を参照。
(50) 渋沢史料館所蔵の「八基村関係書類」のなかには、元治の手になる選書リスト、それらを渋沢事務所が岩波書店に発した注文書、本を受け取った八基村の図書館長から渋沢事務所に宛てられた礼状が多数残されている。
(51) 日本煉瓦製造会社は東京駅を始めとする煉瓦造り建築物のために煉瓦を製造・提供した会社で、小山川を挟んで八基村の南に接していた大寄村上敷免にあった。ただ住所は確かに大寄村だが、実質的には明戸村に面していた。そのため明戸村新井橋周辺には同社の職工住宅が多く作られ、中心部の通り沿いには商店街ができて一九五〇年代まで繁栄した。なお同社については、日本煉瓦製造株式会社社史編集委員会編『日本煉瓦一〇〇年史』（一九九〇年）を参照されたい。

(52) 前掲『伝記資料』第五四巻、二九一頁。

(53) 前掲『伝記資料』第二九巻、五八一―五八二頁。

(54) 前掲『伝記資料』第四一巻、四六八―四六九頁。

(55) 渋沢敬三「序」前掲『弟澁澤治太郎君を語る』。

(56) 前掲『伝記資料』第四一巻、四七七頁。

(57) 前掲『弟澁澤治太郎君を語る』一四五―一四七頁。

(58) 前掲『伝記資料』第四五巻、二八六―二八七頁。

(59) 「昭和三年二月十三日資料応募数及当選調」『八基村関係書類』（渋沢史料館蔵）。

(60) 八基小学校開校百周年記念誌編集委員会編『八基小学校開校百周年記念誌』八基小学校開校百周年記念事業協賛会、一九九七年、四九頁。

(61) 『八基村誌』三四九頁。なお、にぼうとは埼玉県北でよく食べられる幅広の手打ちうどんの煮込みで、近年では名物料理とも目されて「こくがあってうまい」「麦踏みで芯まで冷えきったからだには、なによりのごちそうである」とされている（「日本の食生活全集埼玉」編集委員会編『日本の食生活全集十一　聞き書埼玉の食事』農文協、一九九二年、六八頁）。しかし普通の農家で当時食べられていたにぼうとは前の晩の残りに野菜、醤油、汁などを足してぐつぐつ煮、毎日それを繰り返して食べるので今日ののほど洗練された味ではなく、こうした手放しの評価はやや割り引いて考える必要があるようにも思われる。

(62) 前掲『八基村誌』三四九頁。ただし、栄一が真ににぼうとを好きだったかというと、必ずしもそうではなかったようである。栄一の死後、ある座談会で郷里の人（渋沢治太郎、富田泰三）が次のように証言している（「郷土子弟の教材として「青淵先生を語る」座談会（下）『龍門雑誌』第六二〇号、一九四〇年、一二三頁）。

「富田泰三氏　……また先生はにぼうと（註、幅の廣いうどんを野菜の味噌汁で煮込んだ一種の代用食）が好きだといふので、村へ帰ると必ずこれを食べましたが、あれは翁が必ずしも好きなのではなく、米作の少ない村の人のため、今の言葉でいふ代用食奨励の意味が多分に含まれてゐたものと思はれます。

澁澤〔治太郎―引用者注〕氏　そのにぼうとについてはこんな話があります。大正の初めの頃のことですが、耕地整理の基本調査が出来上つたので、お力を借りようと設計書を持参して上京しました。先生は詳細に御覧になつて、これでも水田は余り増えてないが全部で何町歩になるかといふので、「水利の関係からどうしても四十町歩以上になりません」と答へると、続いて「村の人口は」と訊ねますので、「四千三百人です」と答へました。その時です……「それではまだにぼうとをうまいうまいと褒めなくてはならないかナア……」と嘆息されたので、初めて村の現状を思ふ深い思召からにぼうとを褒めてゐたものとわかつて、赤面したやうな次第でした」(傍点は原文のまま)。

ここからすれば、栄一はにぼうとを本当に美味と思って食べていたわけではなかったようである。第二節冒頭で述べたように血洗島には水田がほとんどなかった。そのためにぼうとが好きだという栄一の述懐はそうした郷里の食事情を考えたうえでの発言であったと思われ、その点注意する必要があるだろう。

(63) 前掲『伝記資料』第四一巻、五一三頁。
(64) 前掲『伝記資料』別巻第八、三四九—三五〇頁。
(65) 前掲『雨夜譚』二五頁。なお、この「東の家《ひがしんち》」は、作家渋沢龍彦の実家でもある。
(66) 有賀喜左衞門「同族団とその変化」一九六二年。後に『有賀喜左衞門著作集X』未來社、一九七一年、六九頁。
(67) 鳥越皓之『家と村の社会学　増補版』世界思想社、一九九三年、五五頁。
(68) 明治以降の「東の家《ひがしんち》」については、渋沢龍彦『玩物草紙』中公文庫、一九八六年、渋沢華子『徳川慶喜最後の寵臣渋沢栄一——そしてその一族の人びと』国書刊行会、一九九七年、渋沢幸子『澁澤龍彦の少年世界』集英社、一九九七年、佐野眞一『澁澤家三代』文春新書、一九九八年などに詳しい。なお、この点に関連して村落社会学の視点から「中の家《なかんち》」と「東の家《ひがしんち》」の関係性について検討したものとして、拙稿「渋沢栄一をめぐる郷里の「家」——村落社会学の視点から」『東京国際大学論叢　人間社会学部編』第一八号（通巻第六九号）、二〇一二年も参照のこと。
(69) 前掲井上『渋沢栄一』九頁。
(70) 前掲『伝記資料』第四一巻、五一二頁。
(71) 『伝記資料』第一巻、一九四四年、二一三頁。

第Ⅱ部　「渋沢栄一像」、その生成・展開・変遷

＊銅像・置物

二五人の渋沢栄一
銅像からゆるキャラまで

木下直之

一　兜町界隈から

(1)　稲荷と銅像

永井荷風が『日和下駄』の連載を『三田文学』誌上に始めたのは一九一四年（大正三）八月のことである[1]。「てくてくぶらぶらのそのそといろいろに歩き廻る」（第一　日和下駄）散歩が始まるや、稲荷や地蔵、大黒や閻魔などきまって路地裏にある「淫祠」の魅力を語って、いささか唐突に銅像が引き合いに出される。すなわち、「裏町の風景に或趣を添える上からいって淫祠は遥に銅像以上の審美的価値があるからである」（第二　淫祠）。

両者の審美的価値を比べるまではよかった。次第に銅像の旗色は悪くなる。高台から見渡す市中風景の美しさを讃えて、「際限なくつづく瓦屋根の間々に、あるいは銀杏、あるいは椎、樫、柳なぞ、いずれも新緑の色鮮なる梢に、日の光の麗しく照添うさまを見たならば、東京の都市は模倣の西洋造と電線と銅像のためにいかほど醜くされても、まだまだ全く捨てたものでもない」という有様である（第三　樹）。そして、とうとう銅像はこんなふうに槍玉に上げられる。

東京なる都市の体裁、日本なる国家の体面に関するものを挙げたなら貧民窟の取払いよりも先ず市中諸処に立つ銅像の取除を急ぐが至当であろう。（第八　閑地）

荷風にとって、銅像はよほど目障りなものであったのだろう。「醜悪なる銅像」（『霊廟』一九一〇年）、「醜陋なる官吏の銅像」（『礫川徜徉記』一九二四年）、「東京市中に立てる銅像の製作西洋の市街に見る彫刻に比して遥に劣れる」（『向嶋』一九二七年）などと容赦がない。(2) 一方で、『日和下駄』が手放しに褒める風景には、つぎのようなものがあった。

私はかかる風景の中日本橋を背にして江戸橋の上より菱形をなした広い水の片側には荒布橋つづいて思案橋、片側には鎧橋を見る眺望をば、その沿岸の商家倉庫及び橋頭の繁華雑踏と合せて、東京市内の堀割の中にて最も偉大なる壮観を呈する処となす。（第六　水　附渡船）

ここからは荷風に代わって、私がみなさんを案内しなければならない。江戸橋を南に渡ったら日本橋川を離れ、楓川に沿って少し歩くと海運橋に出る。一帯を兜町という。橋の袂には、「日本なる国家」をつくりあげることに多大な貢献をした人物渋沢栄一が頭取を務める第一銀行があり、その中庭には、ほかならぬ渋沢自身の「銅像」が待っているはずだ。

第一銀行先代の建物は、東京の新名所として、小林清親のいわゆる光線画をはじめ開化期の錦絵に盛んに描かれた。海運橋とともに写された写真も数種類伝わっている。しかし、「其結構都テ海外ニ倣ヒ、五層鉄柱ニシテ極奇観」(『日要新聞』明治五年一月)、あたかも町人地に城郭が出現したかのような、場所もスタイルもわきまえない和洋折衷の建物は、まさしく荷風が目の敵にした「模倣の西洋造」にほかならない。

幕府の御用商人から新政府の御用商人へと脱皮をはかった三井組によって、銀行業務の拠点として、この建物は建てられた。設計施工を任せられたのが、すでに築地に外国人旅館(築地ホテル、江戸ホテルとも呼ばれた。ただし一八七二年には焼失)を建設した実績を有する大工上がりの清水喜助であった。工事は一八七一年(明治四)に始まり、翌年に竣工した。二層までは開港場横浜あたりによく見られたベランダを有する洋風建築だが、三層から上には天守閣を思わせる物見が聳え立った。旧幕時代であれば、町人が高層建築を建てることも、それを武家の建物に似せることも到底許されない。

しかし、せっかく建てた建物を三井組はすぐに手放さざるをえなかった。新政府が国立銀行条例を策定し、これに基づいて三井小野組合銀行(のちに第一国立銀行)を組織させ、建物の譲渡を迫ったからだ。大蔵大輔井上馨と大蔵大丞渋沢栄一が画策した日本初の銀行は一般から広く株式を集めて創設すべきとされた。それゆえに、単独での三井銀行創設には待ったがかかった。

一八七三年(明治六)八月一日に第一国立銀行(一八九六年からは第一銀行)の開業式が行われた。三井組と小野組の両者から各二人の頭取、副頭取、支配人を出したが、大蔵省を辞めた渋沢栄一が総監役として頭取の上に座った。以後、渋沢は建物の二階に陣取り、住まいも神田神保町から銀行裏手へと移した。

およそ四半世紀を経て、建物が建て替えられることになった。幸いにも、一八九七年(明治三〇)の取り壊し時に、工学士森山松之助によって平面と立面の実測図が採られ、『建築雑誌』第一四〇号(一八九八年八月号)に発表されており、その内部をも窺い知ることができる。(3) 建物の後半部に中庭が設けられ、吹き抜けになっていた。

敷地内には兜稲荷が祀られていたという。それは三井組にとっては守護神である向島の三囲神社から勧請した稲荷で、木造に漆喰を施し、柱頭を有する二本の円柱、アーチ、軒蛇腹などから成る西洋風の祠が建てられた[4]。荷風は、まさしくこのような商家の庭に祀られる稲荷を「淫祠」と呼んで愛でたわけだが、それがこれほどまでにあからさまな「模倣の西洋造」であったとすれば、さてどんな言葉を吐いただろうか[5]。幸運にも、荷風はそれを目にせずに済んだ。建て替えに際して、兜稲荷は飛鳥山の渋沢別邸へと移されたからだ。

一九〇二年（明治三五）四月三日、新築成った第一銀行が披露された。清水喜助と異なり、建築家ジョサイア・コンドルの下で本格的な西洋建築を修めた工学博士辰野金吾が設計監督を行い、工学士石井敬吉、新家孝正、先に名前の挙がった森山松之助らを傘下に集めて、「殆かも世界の金融市場の中心たる倫敦に於けるロンバードストリートの如く、将来に於て東洋市場の中心たるへき東京の最中心」に、「Renaissance Style 復興式に則りて其設計を為し、外観の美を衒んよりも寧ろ建築の堅牢を旨とし」た三層石造の建物を出現させた[6]。

この日、渋沢栄一銅像の除幕式も執り行われた。彫刻家長沼守敬の手に成った銅像は渋沢の還暦を記念して第一銀行行員一同から贈られたもので、「営業室の背部に廊下を隔て鍵型の中庭」に建てられた[7]。すなわち「東洋市場の中心たるへき東京の最中心」のそのまた中心に銅像は居場所を与えられたことになる。

あるいはまた、第一銀行敷地から兜稲荷社という「淫祠」が取り払われ、代わりに「銅像」が据え付けられたととらえることができる。この交替劇はいかにも二〇世紀の開幕にふさわしい光景であるが、それから一〇〇年が過ぎた今日では、渋沢栄一銅像もまた兜町を追われ、飛鳥山旧渋沢庭園の一隅にひっそりと、兜稲荷社と向き合うように建っている。

『日和下駄』において荷風が「市中諸処に立つ銅像の取除」をいくら主張したところで、渋沢の銅像はびくともしなかった。ところが、一九三四年（昭和九）のさらなる建て替え、一九七一年（昭和四六）の第一銀行と日本勧業銀行の合併は、この銅像を兜町から世田谷清和園へ、ついで飛鳥山へと、いとも簡単に追いやってしまった。そこに銅像をめぐる力学を学ぶべきである。

これから先では、たっぷりとこの話をすることになるだろう。その前に、せっかく明治の兜町をうろついているのだから、渋沢邸にも立ち寄ることにしよう。

（2）渋沢邸と油絵

すでに述べたとおり、渋沢は第一国立銀行の開業に合わせて兜町に住まいを移した。その後一八七七年（明治一〇）に深川福住町に邸宅を構え、一方飛鳥山にも別邸を設けたが、多忙を極めたためか、一八八八年（明治二一）になると銀行裏手に壮麗な西洋館を建設し、再び兜町へと戻ってきた。

辰野金吾による設計は、日本橋川に面して一層二層ともにベランダを広く取り、水際に建つことを強く意識している。当時の西洋館には比類がないほど明るく開放的なデザインで、アーチでつながる列柱、ほとんどすべてにアーチを施したたくさんの大きな窓が特徴である。それゆえに、ヴェネチアン・ゴシック様式の邸宅と語られてきた。

現代の東京からは想像もつかないが、当時の東京はまさしく水の都であり、日本橋から新橋の間には堀割が縦横に走っていた。日本橋川から楓川に入り、第一国立銀行を左に見ながら進めば、京橋川に出る。上れば外濠、進めば三十間堀川、桜川、亀島川などへとつながっていた。ヴェネチアのたとえは、決して誇張ではなかった。その要となる場所、荷風のいわゆる「東京市内の堀割の中にて最も偉大なる壮観を呈する処」に、渋沢は腰を据えたのである。日本経済のリーダーたらんとする意志が、自邸建設には示されている。

渋沢邸をではなく、渋沢邸から小網町を撮った興味深い写真がある。一九一〇年（明治四三）に栄一の息子篤二によって、河岸に土蔵が隙間なく並んだ様子が撮影された[8]。こうした風景の中で、ひとり渋沢邸が異彩を放っていた。なるほど、対岸で生まれ育った谷崎潤一郎がこんなふうに評したはずである。

私はまた、茅場町の方から渡って、上流の兜町の岸にある渋沢邸のお伽噺のような建物を、いつも不思議な心持で飽かず見入ったものであった。今はあすこに日証ビルディングが建っているが、もとはあの川の縁の出っ鼻に、ぴったりと石崖に接して、ヴェニス風の廊や柱のあるゴシック式の殿堂が水に臨んで建っていた。明治中期の東京のまん中に、ああいう異国の古典趣味の邸宅を築いたのは誰の思いつきだったのであろうか。対岸の小網町河岸には土蔵の白壁が幾棟となく並んでい、あの出っ鼻をちょっと曲れば直ぐ江戸橋や日本橋であるのに、あの一廓だけが石版刷の西洋風景画のように日本離れのした空気をただよわしていた。(9)

邸での暮らしは、いっそう「お伽噺のような」「日本離れのした」ものであっただろう。窓が多いために明るく、それゆえに室内写真が残されている。(10)マントルピース、シャンデリア、円卓、長椅子、絨毯、カーテン、壁紙、天井の漆喰装飾などを揃えたほぼ完璧な洋室が実現、写真に写っていないものは油絵だけである。しかし、いずれかの部屋には、幕末に将来された油絵が飾られていたはずだ。

幕末に至るまで、油絵を目にした日本人はほとんどいない。舶来の銅版画や石版画、あるいは中国渡りのガラス絵などから油絵なるものを想像するほかなかった。それでも油絵を志す画家が登場したこと、教師もなければ手本もないままに学習が始まったこと、それにもめげず、一八六七年（慶応三）にパリで開かれた万国博覧会に日本人の油絵が出品されたことは、高橋由一の『履歴』に明らかである。江戸の開成所に学んでいた由一自身は「日本国童子二人一世那翁ノ肖像画ヲ観テ感アルノ図」を描いた油絵をパリに送り出した。(11)

いうまでもなく、このパリ万国博覧会を機に、渋沢栄一は徳川昭武の随員として初めての渡欧を果たした。博覧会閉幕後もそのままパリに留まり、「各国の巡回で国々の名所旧蹟を遊覧したり、あるいは国王の聘問応答などにて、面白く世話しくその日を送った」(12)というから、各地の美術館で西洋美術にふれたことだろう。

ちょうど渋沢と入れ違うように、内田正雄という幕臣が三年に及んだオランダ留学を終えて帰国した。内田は生来絵画を好み、航海術修学のためにハーグに留学したにもかかわらず、当地の画家に就いて油絵を学んだ。帰国に際しては少なからぬ数の油絵や写真を持ち帰っている。高橋由一がこれを喜び、「推参シテ懇親ヲ結ビ、時々往来シテ絵画ヲ観、又画説ヲ聞[13]」いたのだった。

その後、内田の将来した油絵は、明治初年に東京で開催された博覧会にたびたび出品され話題を呼んだ。小山正太郎や山本芳翠らのちに一家を成す画家たちが、初めて目にする西洋の油絵に大きな刺激を受けたと振り返る。しかし、日本家屋に重い油絵を掛ける壁はなく、どうしても西洋館が必要とされた。兜町の西洋館ほどそれにふさわしい場所はなかった。小山によれば、油絵は渋沢栄一の手に渡ったらしい。

其時分に唯一の手本、先づ標準として進むべき洋画は内田正雄の和蘭から持つて帰られたものなどです。此絵は今渋沢さんの所有に帰して居るものが十枚許りありますが、是は孰れも今日から見ても日本で一寸外にない佳い画です。私なども全く此画を見て洋画を学ぼうと決心したのでした。不思議な縁といふ訳か、之を渋沢氏の所有に帰する時に、私が其保証に立つた様な始末であつた[14]。

再びここで、荷風の登場を願わずにはいられない。

余にしてもしマロック皮の大椅子に横りて図書室に食後の葉巻を吹かすの富を有せしめば、自らピアノと油絵と大理石の彫刻を欲すべし。然れども幸か不幸か、余は今なほ畳の上に両脚を折曲げ乏しき火鉢の炭火によりて寒を凌ぎ、簾を動かす朝の風、廂を打つ夜半の雨を聴く人たり。清貧と安逸と無聊の生涯を喜び、酔生夢死に満足せんと力むるものたり。曇りし空の光は軒先に遮られ、障子の紙を透してここに特殊の陰影をなす。かかる居室に適応すべき美術は、先づその形小ならざるべからず、その質は軽からざるべからず[15]。

このあとの荷風は、小さくて軽い美術、すなわち浮世絵の評価へと話題を転ずる。一方の私は、大きくて重い銅像へと話題を転ずるつもりだが、屋外に建立される銅像ばかりでなく、室内に飾られる銅像、それはむしろ置物と呼ぶべきものかもしれない、その両者をつねに視野に入れていこうと思う。銅像をどこに置くべきか、「市中諸処に立つ銅像の取除を急ぐが至当」とする荷風のような否定的意見をも含めて、疑いなく、それが銅像にとっては大問題だからだ。

二　銅像の時代

銅像の本質は、特定の人物を顕彰するために、本人に似せてつくられた彫刻、すなわち肖像彫刻である。顕彰が第一義であるため、像主は大半が実在の人物であるが、神武天皇のように実在が確認できない人物も、フーテンの寅さんのように架空の人物も銅像になりうる。もちろん、その姿を誰も目にしたことがない神武天皇に似せて像をつくることなどできはしない。そこで、かくあるべしという理想の容貌が求められる。実在の人物をモデルにする際にも、実は同じことが起こる。

銅像とは本人の身代わりである、という表現もできるだろう。本人の不在を銅像が埋めるのである。その場合、究極の不在は死であるから、本人の没後にその姿をこの世にとどめようと願う縁者が集まって銅像を建立する場合が多い。それを待たずに、辞任や退任によって職場を去る場合にも建てられる。また、第一銀行の渋沢栄一像がそうであったように、還暦や喜寿などを祝して建立する場合もある。生前につくられた肖像彫刻は寿像と呼ばれる。これに対して没後のそれは遺像と呼ばれる。

銅像建立に不可欠な者は、第一に像主、第二にその実現を求める施主、第三にそれを製作する作者ということになる。この三者の関係を背景に有することが、彫刻家が自由にモデルを選んで製作する彫刻と決定的に異なっている。もちろん、作者が自らの意志で自らの銅像を建てることもありうるが、そこでも同一人物が三者の役割を演じている。

したがって、銅像を分析する際には、この三者の関係に注意を払わねばならない。このうち第一の像主は必要不可欠であるが、銅像建立が顕彰という動機に発する以上は、第二の施主が最も重要な役割を演じる。たとえ像主が建立を拒否しても実現するのだから、やはり施主の権限は大きいのである。

施主は個人の場合もあるが、一般には、大きな建設資金が必要となるため、それを集めるための建設委員会が組織される。資金調達には建設趣旨の開示が欠かせず、それに対する賛同が実現を左右する。

賛同が得られなければ銅像は実現しない。実現はしたものの、趣旨が忘れられると荒廃する。趣旨が否定される場合もある。すなわち、それが顕彰に値しない人物だと見なされたとたんに破壊、あるいは撤去される。敗戦後の日本では、多くの軍人の銅像が姿を消した。イラク戦争でのバグダッド陥落時に、フセイン大統領の銅像が引き倒されたことは記憶に新しい。ある意味、それは銅像の正しい末路である。

銅像をこのような社会的産物として論じることは、銅像を彫刻家の美術作品として論じることとは位相を異にする。彫刻としての出来不出来を論じることは二の次となる。そもそも、作者とは施主によって指名された第三の存在に過ぎず、施主の意に添わなければ、いくらでも交替可能である。それゆえに、銅像は美術史では長く論じられて来なかった。たとえ論じられたところで、美術作品として鑑賞に値するわずかな銅像が選ばれてきたに過ぎない。

このことは、実は銅像が顕彰のための肖像彫刻であるという本質に触れている。何らかの縁者が施主となるゆえに、像主はもちろん、縁者もまた死に絶えた時、建設趣旨を誰がどのように継承するかという難問が待ち受ける。多くの場合、銅像は忘れ去られ、埃が積もる。往々にして、台座の上の人物がいったい誰なのかがわからなくなる。いくら台座に名前が刻んであったところで、役には立たない。それでもなお銅像が存在し続けるためには、そこに別の価値が見出される必要がある。美術作品としての価値はそのひとつであり、さらに昨今では、地域の文化遺産として地方自治体の台帳に掲載されることも多い。後述するように、深谷市は渋沢栄一の銅像を「市内公共施設美術品」と呼んで、ウェブサイト「ふかやデジタル・ミュージアム」で公開している。

いいかえれば、銅像が建設の趣旨を全うし、現役であり続けるためには、自分が像主とは縁者であると自覚する人びとが必要である。世代交替を超えてその自覚を継承するためには、相応の儀礼が必要となる。一般に、銅像をめぐる儀礼は竣工直後の除幕式のみであり、稀に銅像を墓碑に読み替えて、像主の命日などに祭祀が行われる。あるいはまた、顕彰組織が必要となる。したがって、「渋沢栄一が常に主張し、実践していた「道徳経済合一主義」に基づき、経済道義を高揚することを目的[16]」とする公益財団法人渋沢栄一記念財団が有する渋沢栄一像は例外中の例外、あまたある銅像のうちで幸運中の幸運を享受している。

そもそも、このような顕彰目的の肖像彫刻をなぜ銅像と呼ぶのかについても考えてみたい。肖像彫刻は古くからつくられてきた。唐招提寺の鑑真和上像は、その最も名高いものだろう。没後すぐに弟子たちによってつくられ、鑑真の「御影」として拝まれ、一二〇〇年を超えて大切に祀られてきた。その後、禅宗寺院では亡くなった高僧の肖像彫刻を「頂相」と称して祀ってきた。いずれも当人の身代わりであるために、写実的で、等身大のものが多い。聖人像ばかりでなく、俗人像もつくられてきた。武家のそれは鎌倉時代からあるが、江戸時代になると富裕な町人が先祖の肖像彫刻をつくらせ、祭祀することが広まった。

それらの大半が木造であった。したがって、それらは銅像ではない。しかし、その本質において近代以降の銅像と直結している。幕末から明治初期にかけて、西洋から伝わるさまざまな情報の中に銅像もあった。欧米都市の広場や大通りに建つ肖像彫刻は、銅像の名で次第に人口に膾炙した。

さっそく真似て作り出されるものには石像もあったが、銅像が圧倒的に多かった。それらは、屋外に建立されるという点で、従来の木造肖像彫刻と決定的に異なっていた。なぜなら木造は風雨に耐えず屋根を必要とし、宗教的な儀礼と結びついて、多くは社寺に安置されてきたからだ。銅像はこれを克服し、屋外へと躍り出ることになった。

宗教的な祭祀を必要としない、そのような新たな造形物に銅像の名が積極的に与えられたのである。本来は材質に由来する言葉が、その材質の導入によって開拓された性質を指す言葉に変わったことになる。それゆえに、今日では、石像、セメント像、FRP像などを銅像と呼んでも不思議に思われない。

しかし、屋外のどこに置かれるかは大問題であった。一般には、像主にとってのゆかりの地が選ばれるが、そこが私有地であるか公有地であるかによって、実現にいたるまでの手続きが大きく異なる。私有地であれば、誰の銅像を建てようがどこからも文句は出ない。一方の公有地にはそれぞれに管理者がおり、その認可が不可欠である。認可を得るには銅像の建設趣旨が了解されねばならない。いいかえれば、銅像ではなく顕彰すべき像主の評価が共有されねばならない。共有の範囲は、人類、民族、国民、県民、市民、法人社員、縁者（教え子や友人）、一族、家族という具合にさまざまであり、それらから銅像が有する公共性の度合いを計ることができる。

還暦記念の渋沢栄一像が建てられた第一銀行本店中庭は、たしかに屋外ではあったが、一般に公開された場所ではない。一九〇二年の時点で、そこに銅像を建てることは、第一銀行行員と趣旨に賛同した縁者たちの了解さえあれば可能だった。一九三四年の第一銀行の保養施設たる世田谷清和園への移築は、建物の建て替えによるものであったが、一九七一年の第一銀行と日本勧業銀行の合併時にその了解は崩れた。銅像は清和園を追われ、渋沢青淵記念財団龍門社（現在の渋沢栄一記念財団）の管理する飛鳥山の旧渋沢邸跡地へと移された。

これに比べれば、没後間もない一九三三年（昭和八）に、東京市の公有地である常盤橋公園に建立された渋沢栄一像は、より大きな公共性を有しているといえるだろう。ただし、この銅像建立は生前に米寿記念として企画されており、後述するように、渋沢自身は常盤橋ではなく飛鳥山の邸宅内への建立を強く望んだ。渋沢の希望が通らなかったという事実は、銅像建立に際して、たとえ主役は像主であっても、実権は施主が握っていることを改めて教えてくれる。

さて、このように選択される場所は銅像のスタイルをも規定する。第一に、その場所にふさわしい時期（年齢）

の肖像が選ばれる。第二に、銅像の大きさに影響を及ぼす。第三に銅像の向き、とりわけ視線の向きを決める。そのほかの姿、立つか座るか、洋装か和装か、表情や持ち物などはそれほど場所に縛られず、むしろ施主の意向によって決まるだろう。

それでは作者は施主の言いなりかといえば、決してそんなことはない。施主の意向に応えて最終的に造形化するのは作者、すなわち彫刻家と鋳造家であり、彼らの技術があってはじめて銅像は世に送り出されるからだ。

したがって、銅像が普及するためには、それを実現しうる技術者かつ表現者が育たねばならない。一八八九年（明治二二）に開校した東京美術学校がその役割を果たした。同校は彫刻と鋳造の教育ばかりでなく、開校直後からは銅像依嘱製作事業に積極的に乗り出すことになる。

一八八〇年代にヴェネチアに学んだ長沼守敬は東京美術学校で教鞭をとる傍ら、榊俶像（一八九八年）、エドワード・ダイヴァース像（一八九九年、ともに東京大学に現存）、山尾庸三像（一九〇〇年）、五代友厚像（一九〇〇年、ともに現存せず）を手掛け、第一銀行の渋沢栄一像と取り組んだころには同校を辞職していた(17)。

校長岡倉天心の求めに応じて彫刻科の初代教授となった高村光雲は、もともとは浅草の仏師である。しかし、ちょうど大工だった清水喜助が洋風建築に取り組んだように、一八九〇年（明治二三）ごろから銅像の原型製作に取り組む。ともに住友家が製作を依嘱した松方正義像木型（一八九一年）や広瀬宰平像木型（一八九七年）が東京芸術大学大学美術館に収蔵されている。上野公園の西郷隆盛像（一八九八年）や宮城前広場の楠木正成像（一九〇〇年）など大規模な依嘱製作事業でも、光雲は主任として木造による原型を手掛けた。

こうした経験と自信が、一九〇九年（明治四二）にパリから帰国したばかりの息子光太郎に、「弟子たちとも話し合ったんだが、ひとつどうだろう、銅像会社というようなものを作って、お前をまんなかにして、弟子たちにもそれぞれ腕をふるわせて、手びろく、銅像の仕事をやったら。なかなか見込があると思うが、よく考えてごらん(18)」と誘うことになる。銅像会社設立を目論むほどに、日本社会には銅像の需要が生まれていた。渋沢栄一にとって最初の銅像がつくられた一九〇二年とは、そのような「銅像の時代」が幕を開いた時であった。

三　渋沢栄一像

(1) 渋沢栄一の銅像

第一銀行中庭に還暦記念の銅像が建立されたあと、一九三一年(昭和六)に渋沢栄一が亡くなるまでに少なくとも一一体の銅像がつくられ、さらに没後今日にいたるまでに少なくとも一三体の銅像がつくられている。次頁の表に「渋沢栄一銅像一覧」を示した。

「少なくとも」を繰り返さざるをえないほど、その全貌はつかめない。それほど多くの銅像がそれぞれの縁者によってつくられてきたことを意味するのだが、すでに述べたとおり、銅像が複製可能であること(ゆえにいわゆる孫引きの銅像がいくらでも生まれる)、銅像の定義と範囲が曖昧であること(ゆえに浮彫や卓上の置物まで含めることも可能)、戦時中の金属回収によって失われたものが多いこと、しばしば移築されることなど、銅像特有のいくつもの事情から、全貌がなかなか明らかにならないのである。

ここでは、すでに失われたか現存するかを問わず、また大小を問わず、建立事情が資料によって確認できる銅像を時系列で整理したい。一般に銅像は固有の名前を持たないので、「渋沢栄一像」では収拾がつかない。仮に「第一銀行像」と呼んで、最初の設置場所で区別を図る。

(2) 生前の渋沢栄一像

1　第一銀行像

一九〇二年四月三日、第一銀行本店の新築披露に合わせて、中庭に建つ銅像の除幕式が執り行われた。「此銅像

表　渋沢栄一銅像一覧

		除幕式	建立趣旨	施主	作者	形態	その他
1	第一銀行像	一九〇二年四月三日	還暦	第一銀行行員	長沼守敬	洋装立像。右手に手袋、ポケットに懐中時計	一九三四年多摩清和園に移築、一九七一年飛鳥山旧渋沢邸に移築
2	東京商業会議所像	一九〇六年一〇月二八日	会頭辞任	東京商業会議所議員有志	本山白雲・籾井阿山		
3	御肖像銀銅牌	一九一一年二月	古希	大阪造幣局			
4	家庭用男爵渋沢青淵先生寿像	一九一三年三月	生秀館		渡辺長男・岡崎雪声	洋装立像・洋装胸像	
5	帝国劇場像（大理石像）	一九一五年一〇月一五日	会長辞任	帝国劇場	新海竹太郎	洋装胸像	
6	誠之堂像	一九一六年	喜寿	第一銀行行員	武石弘三郎	洋装胸像浮彫	一九九九年深谷市に移築
7	東京銀行集会所像	一九一六年九月二五日	喜寿	東京銀行集会所	小倉右一郎		
8	如水会館像	一九一七年一〇月二七日	喜寿	東京高等商業学校同窓会	堀進二	洋装胸像	一九二三年九月一日関東大震災で破損、一九二六年一一月一四日再建
9	東京市養育院像	一九二五年一一月一五日		東京市長・助役・市会議員・養育院常設委員・幹事等	小倉右一郎	洋装座像	一九四三年金属供出・コンクリート像作製、一九五七年再建
10	帝国ホテル像	一九二六年七月一三日		帝国ホテル・従業員一同	作者不詳	洋装胸像	
11	東京商科大学図書館像	一九二七年一一月一四日	大学創立50周年	如水会	堀進二	洋装胸像	笑顔
12	理化学研究所像	一九三二年一月二一日	詳細不明				
13	常盤橋公園像	一九三三年一一月一一日	米寿	財団法人渋沢青淵翁記念会	朝倉文夫	洋装立像	一九四三年金属供出、一九五五年一一月一一日再建
14	渋沢史料館像	一九五六年一一月一〇日	渋沢青淵記念財団竜門社創立70周年記念	清水建設	堀進二	洋装胸像	
15	実費頒布像	一九五六年八月	渋沢青淵記念財団竜門社創立70周年記念	同社	立体写真株式会社	原型は家庭用男爵渋沢青淵先生寿像（渡辺長男作）か。洋装胸像	高さ約八寸と約一尺の二種類頒布
16	旧渋沢邸中の家像「若き日の栄一 Eiichi in Paris 1867」	一九八三年一〇月	学校法人青淵塾渋沢国際学園創設記念	渋沢亨三・多歌子	立体写真株式会社	和装立像・手に太刀と笠	フランスで撮影の写真から造型
17	深谷駅前像A	一九八八年三月	駅前区画整理事業完成記念	青淵・渋沢栄一銅像建設協賛会	渡辺長男	洋装立像	深谷市に寄贈、一九九五年一〇月渋沢栄一記念館に移築
18	渋沢神社像	一九九五年四月二八日		杉本行雄	朝倉文夫	洋装立像	渋沢敬三像と一対
19	深谷駅前像B	一九九六年七月			田中昭	和装座像	深谷駅舎竣工に合わせA像と差し替え
20	深谷市役所像	二〇〇一年一二月		深谷市	渡辺長男	洋装胸像	
21	埼玉県渋沢栄一賞副賞像	二〇〇二年		埼玉県	渡辺長男	洋装立像	
22	渋沢倉庫像					洋装胸像	
23	渋沢栄一記念館像					洋装胸像	
24	日本煉瓦史料館像						

は渋沢男爵還暦の節第一銀行行員一同より長沼守敬氏に依嘱して鋳造せしめたるもの」[19]であった。一九三四年、銀行改築を機に兜町を離れ第一銀行の保養施設清和園に移されたが、すでに述べたとおり、第一銀行と日本勧業銀行が合併したためにその地に留まることを許されず、一九七一年になって飛鳥山旧渋沢邸へと移された。石造台座ともに現存している。台座の正面と背面には、それぞれつぎの銘文を記した銅板が嵌る。

第一銀行／頭取男爵／渋沢栄一／君庚子躋／華甲之寿／行員等醵／金鋳造此／銅像置之／庭中以伝／永遠／明治三五／年壬寅四／月十三日

此像旧在兜街第一銀行本／店中庭大正癸亥関東大震／店亦罹災像幸免無幾／更本店為支店頃者改築乃移干／此清和園中誠之堂前以使／行員永欽偉風云／昭和九年十月

渋沢栄一の還暦を祝う園遊会は、前年の一九〇一年一一月二三日に飛鳥山別邸でおよそ一〇〇〇人の来会者を集めて盛大に催された。庭園は「両国八景に擬したる江戸時代の光景を写すの趣向」により、落語・居合抜・売ト者・生人形・辻講釈・髪結床・伝授屋などの余興・芸人が用意され、「宛然旧幕時代の両国広小路の光景を忍はしめ」たという。古いスタイルの余興と野外での園遊会という新しい宴会が交錯する中で、贈られた還暦祝いの筆頭は銅像であった。

これ以前の銅像を知る手掛かりとして、一九二八年（昭和三）に二六新報社から刊行された銅像写真集『偉人の俤』がある。初版は六三二体、翌年刊行の第二版は六五七体の銅像を収録する。その復刻版に寄せた渋谷朋恵「研究資料」によれば、一八八〇年（明治一三）から一九〇二年までの二二年間に建立された銅像は四〇体に過ぎない。その翌年に年間建設件数は一気に一〇件を超えて、高村光雲が光太郎に銅像会社設立を持ちかけた一九〇九年まで

1　第一銀行像，1902 年，飛鳥山旧渋沢邸

の七年間に六六体が建立された。その後は右肩上がりに増えていく[20]。

最初の四〇体の銅像の内訳を見ると、旧大名を含めて政治家が多く、実業家の銅像はわずかにつぎの四体しかない。川田小一郎像（山田鬼斎作）、広瀬宰平像（高村光雲作）、五代友厚像（長沼守敬作）、大島佐平像（大熊氏廣作）。彼らに続く渋沢栄一のそれが「銅像の時代」初期の作例であることは間違いない。

とはいえ、渋沢の第一銀行像は『偉人の俤』に収録されていないのだから、同書から漏れている銅像は数多くあるはずだ。新聞『日本』は、すでに一八九一年という早い時期に銅像の流行を話題にし、開設されたばかりの国会にまずは佐倉宗五郎の銅像を建てるべきだと揶揄している。また『読売新聞』は一八九三年七月三〇日の紙面に、故岩崎弥太郎に黄泉の国から銅像不要論を語らせるつぎのような戯文を載せている。

近来娑婆にては針の尖きほどの名も手柄もな

きものに対しヤレ銅像とかヤレ紀念碑とか種々のものを建立することが流行致すやにて片腹痛き事に思ひ居候処足下方まで此の熱に浮されんとはさて〳〵見下げ果てたることに候尤も名も手柄もなきものに取りては紀念碑建立の事或は必要可有之候得共徒手を振ふて立ろに幾千万の富を累ね海運に鉱山に其の他壮大の事業を一手に引受けて天下を睥睨し日本国中はおろか海外にまで岩崎弥太郎の名を轟かしたる拙者の為めには紀念碑の必要少しも無之(芋之丞)

渋沢栄一と岩崎弥太郎の関係を語る際には、一八七八年(明治一一)の隅田川船中での会談が常に持ち出され、両者の経済観は真っ向から対立し、相容れないとされてきた。渋沢側から見れば、岩崎は「富の独占者」である。「幾千万の富を累ね」たがゆえに、銅像不要論を説く(説かされる)岩崎は、相変わらずこの図式の中にあるようだ。

生前の岩崎弥太郎に銅像はなく[21]、渋沢栄一には十指に余る銅像がある。やはり「銅像の建設は近頃の流行物」を話題にし、「渋沢男のも商業会議所の玄関前に建つそうだが、渋沢男のはまだしも、東京裁縫女学校長渡辺某迄が自分の銅像を建てんと企てて居るので余儀なく寄附金を出して蔭で苦情を言つて居る門下生もあるさうだ」と報じる『読売新聞』(一九〇五年二月一〇日付)によれば、銅像流行の時代を迎えて、渋沢が銅像に値する人物であることは衆目の一致するところであっただろう[22]。

第一銀行像はおそらく等身大で、右手に手袋を持ち、左手を腰に当てる。他の渋沢栄一銅像に比べれば、若々しい壮年の姿である。懐中時計の鎖を身体から離した表現は古風で、その後の彫刻はこうした方法をとらない。鎖に限らず付属物は身体と一体化するからだ。その点で、この銅像は、人形に衣服を着せ持ち物を持たせる人形製作に似ており、イタリアに学んだ長沼守敬でさえ肖像彫刻を模索した第一世代の彫刻家であることを示している。

2　東京商業会議所像

一九〇五年（明治三八）一月に渋沢栄一が東京商業会議所会頭及び議員を辞任したことを記念し、感謝状を贈り、銅像を建設、同年五月に同会議所正面階段室に設置した。建設委員長を大倉喜八郎が務めた。ただし、日露戦争中であったがため、除幕式は翌年一〇月二八日にまで持ち越された。

製作に際しては、監督を高村光雲、作型を本山白雲、鋳造を籾井阿山が担当した。白雲はその名からも明らかなように光雲の門下であり、のちに長沼守敬から西洋彫刻も学んで、政治家の銅像を数多く手掛けた。光雲は「今では銅像専門の立派な技術を持った人」と評する。(23) まさしく光雲が「銅像会社」構想を相談した「弟子」のひとりと見なしてよいだろう。銅像は後身の東京商工会議所に現存せず、それがどのような姿をしていたかはわからない。ただし、階段室への設置から、立像ではなく胸像であったと考えられる。

3　御肖像銀銅牌

一九一一年（明治四四）二月一三日、帝国ホテルにおいて「青淵先生七十寿祝賀会」が催された。佐々木勇之助、星野錫、八十島親徳ら三人を常任委員とする発起人二〇人が呼びかけて同祝賀会を組織し、賛同者二百数十名が集まった。渋沢に贈る記念品には紀念写真帖・銀花瓶・蒔絵料紙箱・硯箱・文台とともに御肖像銀銅牌が選ばれた。これは二年前の渡米時に贈られた大統領肖像記念牌にヒントを得たもので、大阪造幣局に製作を依嘱した。「然るに造幣局にても肖像入紀念牌を鋳造するは今回が始めての事なればとて、態々技師を東京に派遣し、親しく青淵先生に就きて入念に真影を模写し、昵近の人々の注意をも参酌して銀銅二種の紀念牌を鋳造したるものなり」という。(24) 渋沢史料館に現存する。

4・20・21　家庭用男爵渋沢青淵先生寿像・深谷市役所像・埼玉県渋沢栄一賞副賞像

一九一三年（大正二）三月から二種類の「鋳銅製家庭用男爵渋沢青淵先生寿像」が一般向けに販売された。立像は台ともに高さ一尺八寸五分、価格は七五円（一括払いなら七〇円）、胸像は台ともに高さ一尺一寸、価格は二五円（一括払いなら二三円五〇銭）で、いずれも原型渡辺長男、鋳造岡崎雪声によるものであった。銀座三丁目に事務所を構える生秀館が製作販売にあたった。

その宣伝文によれば、「某紳士、自らに福禄寿の徳相を兼ね備へたる先生の寿像をば床間或は書斎に安置し以て坐なから先生の俤を偲ばんとの真情」より生秀館に製作を依頼した。「世には某紳士と所感を同ふする人も少からざるべし」と考えた同社は、一般販売に踏み切ったとのことだ(25)。

「家庭用」であることが、これまでに見てきた銅像とは決定的に異なる。銅像の目的があくまでも渋沢栄一の顕彰であり、人物評価を共有する者に支えられている点では変わらないが、その範囲は、第一銀行や東京商業会議所といった関係者の枠を越えて一挙に広がった。それは誰にでも開かれた公共空間に建つ銅像へとつながる道だが、対極的に、この小さな銅像は私的な空間に置かれることを想定していた。

4　家庭用寿像，1913年，渋沢栄一記念館

背景には、おそらく明治天皇銅像の一般販売があった。一九一二年（明治四五）七月三〇日に明治天皇が亡くなった直後から、「家庭用」銅像の販売合戦が起こったからだ。読売新聞社は早くも八月一七日の紙面に自らが主催する「先帝御銅像頒布」を広告し、八月二四日の紙面では博通社の広告「先帝御銅像」を掲載している。前者は、原型米原雲海、鋳

造阿部胤齋の手になる高さ一尺三寸の立像、価格七〇円、後者は高村光雲の手になる高さ六寸一分の胸像、価格青銅色合金製五円、青銅製二五円、純銀製二〇〇円であった。さらに九月一三日の大葬当日に乃木希典陸軍大将が殉死すると、間髪置かず、読売新聞社は一五日の紙面に「乃木大将銅像製作」の広告を打ち、原型本山白雲、鋳造阿部胤齋の手になる高さ八寸五分の胸像を一八円で売り出した。米原雲海も本山白雲同様に高村光雲の弟子であった。

ところで、渋沢栄一像販売宣伝文中に「先帝を始め奉り名たゝる貴顕紳士の鋳銅原型を製作して世の称賛を博したる渡辺長男先生」とあるとおり、渡辺もまた明治天皇像に手を染めている。これは一般向けではなく、田中光顕の依頼に応じたもので、一九一四年に立像を完成させ、皇室に献上した。等身大ではあったが、屋外には設置されなかった。『偉人の俤』の巻頭を飾るこの銅像は、明治神宮や田中が創設した常陽明治記念館（現在の大洗町幕末と明治の博物館）に現存する。

明治天皇の銅像建立を求める声もまた死後すぐに上がった。八月三日の『読売新聞』は「御銅像を建設せよ」と題し、『東京朝日新聞』は「先帝御銅像建立議」と題して、板垣退助の提唱を紹介する。しかし、すぐに反対意見も出され、明治神社の創建か銅像の二者択一が争点のひとつになった。なお、同日の『読売新聞』によれば、女婿である阪谷芳郎東京市長を助けて、「渋沢男爵も明治神社奉祀の件に付き各方面に奔走」している。

「鋳銅製家庭用男爵渋沢青淵先生寿像」が何体販売されたかは不明であるが、実物は渋沢栄一記念館の資料室で目にすることができる。しかし、それは歴史的史料、ガラスケースの中の展示物に収まらず、今なお活用されている。のちに詳述するように、一九八八年（昭和六三）には一〇倍の大きさに引き伸ばされて深谷駅前に設置された。埼玉県が深谷市と渋沢栄一記念財団とともに二〇〇二年に創設した渋沢栄一賞では、受賞者に副賞としてこの立像が贈られる。また、二〇〇一年一二月には、新井家光深谷市長によって市役所玄関脇に、引き伸ばされた胸像がつぎのような理由で建立された。

20　深谷市役所像，2001 年

碑文

郷土の偉人渋沢栄一翁の顕彰とその偉大な功績を後世に伝えるとともに、渋沢栄一翁が生涯の規範とした「忠恕のこころ・まごころと思いやり」をまちづくりの基本理念として市政の発展と深谷らしい個性あるまちづくりを推進するためここにこの像を建立しました。

題字揮毫　深谷市長　新井家光

原型制作　　　　　渡辺長男

平成十三年十二月吉日

5　帝国劇場像（大理石像）

一九一五年（大正四）一〇月一五日に、帝国劇場正面玄関にて胸像の除幕式が執り行われた。前年に渋沢が同劇場の取締役会長を辞任したことを記念し、後任の大倉喜八郎が中心になって胸像を建立した。大理石になるもので、新海竹太郎が手掛けた。新海もまた、数多くの銅像製作に携わった売れっ子の彫刻家であった。

帝国劇場には、六年後に、やはり新海の手になる大倉喜八郎の胸像が加わった。大倉はこれを指して「正面に二人、屋根にもまた一人、翁三人《みたり》を飾る帝劇」[26]という狂歌を残した。一九一一年に開業した帝国劇場の建物は、パリのオペラ座をモデルにし、それゆえに屋根の上に沼田一雅の手になる翁の銅像を設置した。銅像が地上を離れ、公共建築の屋上に置かれた嚆矢といってよいかもしれない。それが翁の像であったのは、もともと歌舞伎の顔見世興行に劇場の正面に三番叟の翁の人形を飾る伝統を意識したと思われる。その後、関東大震災で帝国劇場は焼失し、渋沢栄一像は行方不明となった。

6　誠之堂像

一九一六年（大正五）に、喜寿を迎えた渋沢栄一は第一銀行頭取を辞任した。これを記念・祝賀して、第一銀行行員は同行の保養施設であった世田谷の清和園に煉瓦造の建物一棟を建設し寄贈、同年一一月一二日に帝国ホテルで催された賀寿の宴席で開館式が行われた。設計は清水組技師長であった田辺淳吉が担い、庭に面した木造バルコニーをゆったりととったイギリスの農家風のデザインにまとめ上げた。しかし、ステンドグラスや一部の煉瓦積みなど随所に東洋風の意匠が施されている。渋沢自身によって、『中庸』から採り「誠之堂」と命名された。暖炉の上部に、渋沢の浮き彫り胸像が嵌め込まれ、広間に集う人を見下ろしてきた。その上には、つぎの銘文が記されている。

大正五／季丙辰／青淵先／生躋喜／寿第一／銀行諸／員胥議／新築一／堂於清／和園祝／之請先／生命名／曰誠之／又刻此／像表敬／愛之至／情云

佐藤功一編『田辺淳吉氏作品集』（洪洋社、一九二一年）に「正面煖爐上のブロンズ・レリーフは青淵渋沢子爵の肖像で、武石君の作と聞いて居る」と説明があることから、作者は武石弘三郎であるとわかる。武石はベルギーに留学し、帰国後は売れっ子の肖像彫刻家であった。『渋沢栄一伝記資料　別巻第十写真』が掲載する「武石弘三郎

6　誠之堂像，1916年

のアトリエにて（大正五年一〇月）」と題された一葉の写真は、この肖像の製作時に撮影されたものだろう。

一九九九年に誠之堂は深谷市に移築され、二〇〇三年に国の重要文化財に指定された。現在は深谷市教育委員会によって管理され、一般に公開されている。

なお、同じく喜寿の祝いに、清水組は飛鳥山別邸内にやはり田辺淳吉の設計になるバンガロー式小亭を寄贈し、渋沢はこれを自作の漢詩「蘭花晩節香」から「晩香盧」と名付けた。そのまま同地に現存し、二〇〇五年に国の重要文化財に指定され、渋沢栄一記念財団によって公開されている。

7　東京銀行集会所像

渋沢栄一が理事会長を務める東京銀行集会所も、渋沢の喜寿を記念して胸像の建立を決定し、一九一六年九月二五日に、麴町区永楽町における集会所の新築落成式に合わせて除幕式が行われた。なお、喜寿を機に、渋沢は理事会長も第一銀行頭取も辞任した。彫刻家は小倉右一郎、胸像の写真は『渋沢栄一伝記資料　別巻第十写真』に収録されている。同集会所の後身である東京銀行協会に現存する。

8　如水会館像

東京高等商業学校同窓会も、渋沢栄一の喜寿を祝い、胸像の建立を決定した。これまでの作例と異なる点は、「渋沢男爵胸像彫刻競技」を実施したことである。国民美術協会が委託を受け、石川確治、堀進二、建畠大夢、藤井浩祐、北村西望ら五人の彫刻家による指名コンペとなった。石膏像が提出され、一九一七年（大正六）五月一二日に、同校において渋沢男爵寿像原型審査会が開かれた。審査員は、渋沢栄一のふたりの子息正雄と秀雄、ふたりの彫刻家新海竹太郎と朝倉文夫、ふたりの画家黒田清輝と久米桂一郎、胸像を設置することになる如水会館の設計者中条精一郎ほか、渋沢家事務所職員、同窓会如水会役員ら総勢二〇人が務めた。審査の結果、堀進二が選ばれた(27)。

鋳造家大峡光胤の手を経て完成した胸像は、同年一〇月二七日に同校講堂で除幕式を迎えた。席上で行われた如水会役員堀光亀の式辞は「渋沢男爵閣下の御銅像は国内に其数甚だ少くはないけれども、恐くは吾々が茲に造らむとする銅像程、御本人に肖通つて居り、威愛並び具つた名作はなかろう。斯う云ふことに一致して居つたのでございます」と審査の経緯を明かす(28)。専門家を交えたものの、実態は縁者による投票であったから、肖似性が強く求められることは避けがたかった。

如水会館の竣工はなお一年先であったため、同校御大典記念図書館の中の同窓出身者閲覧室に仮り置きされた。なぜ開館を待たずに銅像をつくったのかという理由を、つぎに祝辞を述べた同窓会代表者成瀬隆蔵がつぎのように語った。すなわち、「此寿像を早く皆様のお目に触れるやうにして、閣下の高恩を感ずると同時に、又此寿像に接して間接に感化を受くる所の資料となしたいと云ふ趣旨」だという(29)。

この当時には、銅像が本人の身代わりであることを、何の疑いもなく語る、少なくともそのような語り口が銅像を評する常套句となっていることがわかる。まただからこそ、喜寿の祝いに、三体の銅像が別々につくられもするのである。

その後、この銅像は一九二三年（大正一二）九月一日の関東大震災で破損したため、一九二六年（大正一五）一一月一四日になって再建された。如水会館に現存する。また、渋沢史料館玄関ホールに置かれた胸像は、一九五六年（昭和三一）に堀進二の原型から鋳造したもので、清水建設によって寄贈された。

9　東京市養育院像

一九二五年（大正一四）一一月一五日に除幕式が行われた東京市養育院の銅像は、座像であることと際立って大きなことが、従前の渋沢栄一像と異なる。除幕の紫紐を引いたのは当時一一歳だった孫の昭子で、その時の写真で銅像の大きさは一目瞭然である。浮浪者救済のための養育院は一八七二年（明治五）に創設され、渋沢栄一はその翌々年から経営に関与した。一九二二年（大正一一）には創立五〇周年を迎えた。養育院長としての半世紀に及ぶ功績を讃えた銅像建立の企てはそのころに始まるが、一九二四年（大正一三）に渋沢が病に倒れたことで一気に具体化した。東京市長、助役、市会議員、養育院常設委員、養育院幹事らから成る渋沢養育院長銅像建設会が組織された。社会事業に対する顕彰であるがゆえに、醵金を広く一般に訴え、翌年一月には新聞に「渋沢養育院長銅像建設醵金募集」の広告が打たれた(30)。一口五円で目標金額三万円としたが、六五〇〇人の醵金者を集めて易々と達成した。

洋装で椅子に座る姿が、彫刻家小倉右一郎によって表現された。小倉は東京銀行集会所の胸像をも手掛けている。銅像の高さは一〇尺あり、後述の常盤橋像は立像で一二尺だから、もし立ち上がれば東京市養育院像の方が高い。さらに高さ一六尺の台座が加わる大きさは、従前の銅像に比べて、この銅像が屋外のより開かれた場所に設置されたことの反映である。第一銀行や東京商業会議所、東京銀行集会所や如水会館など、それなりに閉ざされた場所に置かれ、縁者の目にふれるだけの銅像とは性格を異にしている。

おそらくはそれゆえに、渋沢は銅像となることを固辞した。除幕式の席上で述べた祝辞の中で、自らつぎのように語っている(31)。

9　東京市養育院像，1925 年，東京都健康長寿医療センター

> 元来私の持論として、銅像なり或は碑なりを作つて、其功績を表彰せらるゝことは、国家的に異常の功労のあつた人々に於て初めて意義あるものと云ふべきで御座いますが、然かし日本の現状より見ますると、左迄必要もなき者にまで之れを建てると云ふ有様で、寧ろ濫設の嫌ありはせぬかと思つて居ります。

それにもかかわらずに受け入れたのは、「此渋沢を皆様の総代として、本院事業発展の喜びを永遠に記念せらるゝものであるかも知れぬ」と自らを納得させたからであった。

しかし、二〇年も経たないうちに「永遠に記念」への期待は破られてしまう。一九四三年（昭和一八）一二月二一日、金属回収に応じるために、銅像は台座から外された。翌日の読売新聞は、その様子を写真入りで「慈父渋沢さんも征く」、「この日千八百名の在院者代表と職員が手に手に日の丸の小旗を振つてタワラ、マキンの仇を討てとわれらが慈父を決戦場へと送つたのである」と報じた。この時、セメントで原型を保存したため、一九五七年（昭和三二）に再建が成った。

10　帝国ホテル像

一八九〇年に開業した帝国ホテルの取締役会長を、渋沢栄一はおよそ二〇年にわたって務めた。その後、帝国ホテルは火災で初代の建物を失ったが、一九二三年にフランク・ロイド・ライト設計によって再建された。渋沢の多年にわたる功績を讃えて、同ホテル及び従業員一同は胸像を建立し、一九二六年七月一三日にその除幕式が行われた。『渋沢栄一伝記資料　別巻第十写真』は、胸像の前に立つその日の渋沢の写真を収録する。同ホテルに現存するものの、彫刻家は不詳。

11　東京商科大学図書館像

商法講習所（のちに東京商業学校・東京高等商業学校など）に始まる東京商科大学が創立五〇周年を記念し、同窓会である如水会が渋沢の胸像を建立し、同校に寄贈した。除幕式は一九二七年（昭和二）一一月一四日に同校講堂で行われた。上述のとおり、ちょうど一年前にも、同じ講堂で如水会による除幕式が行われたが、さらに新たな胸像を加えたのは、一ツ橋から国立への移転を見越してのことであった。その後、一九三〇年（昭和五）に開館した附属図書館に設置され、今日に至っている。堀進二による如水会館像を原型とするが、堀自身が修正を加え、こうした銅像には珍しい笑顔が表現されている。[32]

（3）没後の渋沢栄一像

12　理化学研究所像

詳細不明

13　常盤橋公園像

天保一一年（一八四〇）二月一三日生まれの渋沢栄一の米寿祝賀会は、一九二七年二月から翌年一〇月までの間に、渋沢事務所、早稲田大学維持員会、八基村、竜門社、実業界有志などによりたびたび催された。その中には、深川の養魚家秋山吉五郎が米寿祝いとして二万五〇〇〇尾の鯉を贈り、それを宮城の濠に放すというユニークな催しもあった。

掉尾を飾ったものが、一九二八年一〇月一日に帝国劇場で開かれた子爵渋沢栄一閣下米寿祝賀会である。そして会の最後に、記念事業として銅像建立が決議された。この時点で、建立地は「子爵に御縁の深い、然も市民が日常親しみ得る所にしたいと思ふて居ります。東京市当局に於ても、此計画に満腔の賛意を表され、出来得る限りの便利を計るゝ筈で御座います」[33]と、発起人総代郷誠之助によって説明された。これに至る段階で、日本橋畔を候補地としていたが、渋沢自身に打診したところ、建立そのものを固辞、どうしても建立する場合は飛鳥山の庭園を希望した。[34]

しかし、敷地決定に時間がかかり、銅像の実現を待たずに渋沢が亡くなってしまった。没後に財団法人渋沢青淵翁記念会が設立されると、銅像建立が同会の事業の筆頭に置かれた。そして三回忌に合わせて、一九三三年一一月一一日に常盤橋門址公園で除幕式が執り行われた。朝倉文夫の手に成る高さ一二尺の立像が、高さ四尺の露壇、一三尺の台座の上にそびえ立った。その視線は日本橋方向に向けられている。同記念会が出版した『渋沢青淵翁銅像建設経過並工事概要』によれば、ほかに坂本公園、大塚公園、日比谷公園が候補地に挙がったようだが、記念会は常盤橋門址を公園として整備し、銅像、噴水池とともに東京市に寄贈した。[35]

除幕式では、遺族を代表して渋沢敬三が挨拶し、栄一が遺したつぎの言葉を披露した。

余ハ今病ヲ獲、遂ニ百歳ノ寿ヲ保チ国運ノ進展ニ竭ス能ハズ、国家益々多事ナラントスルノトキ諸君ノ奮励ヲ望ムコト甚ダ切ナリ、余ハ仮令幽明境ヲ異ニスルトモ、魂魄ハ永久ニ地上ニ留マツテ諸君ノ健康ト財界ノ隆昌トヲ護持セント欲ス[36]

13　常盤橋公園像

常盤橋公園像遠望

銅像とは、まさしく魂魄を永久に地上に留めるための新たな肉体であった。しかし、国家の多事多難は銅像にさえ出征を求めることになる。わずかに一〇年後、一九四三年三月九日の『読売新聞』は、「先見の言そのまゝ、真ツ先に渋沢翁、〝鋳潰してお役に〟今こそ実現」と見出しを掲げ、「銅像五百体の応召」を報じた。記事には、渋沢秀雄のつぎのような奇妙な談話が載っている。

父はあの銅像が建つたときも、俺は銅像になるほどの人間ではないし、趣味からいつても街頭に雨ざらしにされるのは嫌だと、冗談にいつたのを覚えてゐます。公益優先に貫かれてゐた父の生涯を知つてゐる私たちは、いまあの銅像が口を利いたら、なぜ早く鋳潰して御役に立てぬかといふに違ひないとは思ひます（後略）

敗戦からわずか一〇年のうちに再建が成った。同じ原型を用いた銅像の除幕式は、一九五五年（昭和三〇）一一月一一日に行われた。

14　渋沢史料館像

一九五六年に渋沢青淵記念財団竜門社創立七〇周年を記念して、如水会館像（堀進二作）の原型から鋳造し、清水建設によって寄贈されたものの詳細不明。

15　実費頒布像

戦時下の金属供出で姿を消した銅像の再建を別にすれば、戦後最初の渋沢栄一像は、一九五六年八月に、渋沢青淵記念財団竜門社創立七〇周年を記念し同社が実費頒布したものだろう。立体写真株式会社に依嘱し、高さ約八寸と約一尺の二種類の胸像を製作した。前者を一万五〇〇〇円（定価二万八〇〇〇円）、後者を二万一〇〇〇円（定価三万八〇〇〇円）の特別価格で売り出し、一〇個以上注文の場合はさらに格安になると広告している[37]。立体写真株式会社の創業者盛岡勇夫は、像主を三六〇度の角度で撮影した写真から機械的に肖像彫刻を作り出す技術を開発し、それを「立体写真」と名付けた。彫刻家を介さないために安価で、銅像の需要に応えて市場を開拓した。一九三三年に立体写真像株式会社を設立し、今日に至っている。渋沢本人の代わりに、一九一三年に販売された家庭用男爵渋沢青淵先生寿像を原型にした可能性が高い。

なお、この胸像は、やはり渋沢青淵記念財団竜門社創立七〇周年を記念して刊行された渋沢秀雄『渋沢栄一』（同社、一九五六年）の巻頭口絵にしばらく使われていた。初版では常盤橋像が使われ、現在は肖像写真に代わっている。伝記に肖像写真ではなく肖像彫刻が用いられた珍しい例である。

14　渋沢史料館像

16　旧渋沢邸中の家《なかんち》像

渋沢栄一の生地（深谷市血洗島）には、埼玉県指定旧跡として「旧渋沢邸「中の家」」が保存・公開されている。正門を入るとすぐ左手に、主屋を眺めるように羽織袴姿の渋沢栄一像が建つ。火事で焼失した主屋は栄一の妹てい（貞子）の夫市郎によって一八九五年（明治二八）に再建されたものであり、厳密にいえば渋沢の「生家」ではないものの、渋沢が生まれ育った血洗島村の養蚕屋敷農家の姿をよくとどめている。

市郎とていの孫になる渋沢亨三とその妻多歌子は、一九八三年（昭和五八）に、この地に学校法人青淵塾渋沢国際学園を開設した。敷地内には学生寮も建設し、外国人留学生の日本語および日本文化研修施設として、二〇〇〇年の法人解散までに、四三カ国、延べ六七九人の留学生が学んだという。

渋沢栄一像は同学園創設を機に建立された。開園の趣旨にふさわしく、栄一がはじめて渡欧した際に、フランスの写真館で撮影された肖像写真をもとにしている。まだ髷を落とさず、左手に太刀、右手に傘を持った到着間もないころの若々しい姿は、世界各地からやって来た留学生に重ね合わされている。台座には「若き日の栄一 Eiichi in Paris 1867」と記したプレートが嵌め込まれ、さらに銅像本体の背後、袴の裾には、「栄一曾孫　渋沢亨三　多歌子作之 1983-10」と「立体写真像　発明者盛岡勇夫作Ⓒ」と記されている。先述の立体写真株式会社の製作になる。

17・19　深谷駅前像A・B

深谷駅前像を語るためには、深谷市における渋沢栄一顕彰事業の中に銅像建立をとらえなければならない。血洗島を含む豊里村を深谷市が編入したのは一九七三年（昭和四八）のことである。これ以降、深谷市は「郷土の偉人」として渋沢栄一を語る資格を得た。

しかし、銅像建立が具体化するためには、駅前土地区画整理事業が進展する必要があった。市域拡張、人口増加を受けて一九七〇年（昭和四五）の都市計画確定で始まったこの事業は、駅前商業業務地の整備、南北自由通路の建設、駅舎の新築などを柱とし、四〇年後の今日もなお進行中である。

一般に、駅前の再開発は高度経済成長を背景に一九六〇年代に始まる。第一に、一九六四年（昭和三九）の東海道新幹線開通が在来線の駅と新駅との関係構築を求め、それが駅前再開発のモデル像を提示した。第二に自動車の増加が鉄道駅と道路との関係構築を求め、駅前に自動車のためのロータリーが建設されることになった。その結果、駅前では車道と歩道が区分され、バスやタクシー乗り場が区分され、ロータリーの中央には利用可能な空間が生じることになった。全国各地の駅前で、この空間はあたかも玄関のような性格の広場としてとらえられ、その土地を

旧渋沢邸中の家

16　旧渋沢邸中の家像,
1983 年

17　深谷駅前像A，1988年，渋沢栄一記念館

表現するさまざまな構造物が置かれた。それは土地の名物・名産を訴える看板に始まり、噴水や花壇や記念碑や銅像や現代彫刻など多岐にわたった。

　深谷駅では、一九七九年（昭和五四）に駅前暫定広場がつくられ、一九八五年（昭和六〇）に自由通路が竣工することで、鉄道によって断絶されていた南北地区がつながった。これを受けて、翌年には深谷市と国鉄の間で駅前広場の造成協定が締結され、広場は「青淵広場」と名付けられ、その中心に渋沢栄一像（深谷駅前像A）が建立された。除幕式は一九八八年三月一四日に執り行われた。

　深谷商工会議所が中心となり、青淵・渋沢栄一銅像建設協賛会の最初の発起人会が開催されたのが前年八月一八日、目標金額五〇〇〇万円を掲げて寄附金募集開始が一一月一日であったから、実現までの準備期間は一年に満たない。しかし、肝心の銅像製作に十分な時間を費やさなかったことが、後に思わぬ事態を招くことになる。

　青淵・渋沢栄一銅像建設協賛会は竣工後に『青淵・渋沢栄一銅像建設記念誌』（一九八八年）を刊行した。銅像の寄贈を受けた小泉仲治市長は同誌に挨拶を寄せ、「深谷駅前に翁の銅像が建立され、完成間近い駅前区画整理事業に花を添えていただきました。首都改造に意を用い、都市計画に造詣の深い翁を思うとき最適な場所に建設され感慨もひとしおであります」と述べている。ここからも銅像建立が駅前土地区画整理事業の一環であったことがわかる。

このことは、何よりもまず、銅像の大きさと向きに反映した。高さ四メートル二〇センチの台座の上に四メートル二二センチの銅像が置かれたため、渋沢の顔は地上八メートルの場所に位置した。その視線は、自由通路の上にやがて建設される新深谷駅に向けられていた。逆に、自由通路から見ても違和感がない高さを銅像に求めたと思われる。あるいは単純に、常盤橋像のサイズに倣っただけかもしれない。

誤算は、高さ四メートルを超える銅像の原型に高さ四〇センチに満たない渋沢栄一像を選んだことにある。それは先述の渡辺長男の手に成る家庭用男爵渋沢青淵先生寿像であり、もともとは「床間或は書斎に安置し以て坐ながら先生の俤を偲ばんとの真情」よりつくられたものであった。富山県高岡市の株式会社竹中製作所が、それを一〇倍の大きさに引き延ばした。

銅像は空間に合わせて製作されるべきであり、このことを念頭においた彫刻家が十分な時間をかけて造形すべきだが、はじめに彫刻ありきで、室内空間向けであった銅像を単純に拡大して屋外空間に置いたことから無理が生じた。細やかな表現がすべて引き延ばされて、のっぺりとしたものに変わってしまった。明らかな誤算であるが、そもそもは駅前を「玄関」にたとえたことに起因しているともいえる。

深谷市が一九九二年に刊行した小冊子『深谷駅前土地区画整理事業　深谷の顔、咲きました』では、駅前広場に建つ渋沢栄一像が表紙を飾っているが、次第に不評をかこったようで、一九九六年、東京駅を真似た駅舎竣工に合わせて銅像は外され、新たな座像（深谷駅前像B）に差し替えられた。立像であった初代銅像の在位期間はわずかに八年、これまでに見てきた渋沢栄一銅像のどれよりも短く、かなり特異な事例である。

座像は、日展に所属する彫刻家田中昭が手掛けた。羽織袴姿の渋沢栄一は椅子に深く座り、手にした論語を左膝の上に置いている。椅子の肘掛けの部分には、生家近くの諏訪神社の獅子舞を好んだという逸話から、獅子頭が表現されている。二代目の深谷駅前像は、少しだけ深谷との関係を盛り込んだものになった。座像であるがゆえに高さは二メートル四〇センチとほぼ半減したが（むしろそれを狙って座像が選ばれたのだろう）、台座は当初のもの

19　深谷駅前像 B

をそのまま継承したため、青淵公園に立つと相変わらず見上げるように高い。なお、台座背面に嵌め込まれた碑文も当初のままであり、すぐ下に「建立　一九九六年七月吉日　渋沢栄一座像　田中昭作」と記したプレートが加えられた。

　銅像と同時に出現した駅舎は東京駅をモデルにデザインされた。これは東京駅に用いられた煉瓦が、渋沢が深谷に設立した日本煉瓦製造会社の製品であったことにちなむ。深谷市は「渋沢栄一翁の顕彰とレンガを活かしたまちづくり」をスローガンに掲げ、市長交替後も継承され、今日に至っている。二〇〇六年には「深谷市レンガのまちづくり条例」を制定した。その第二条が定義する「レンガ等」とは「レンガ及びレンガ調タイル」である。条例制定以前ではあるが、皮肉なことに、深谷駅は自由通路の上に建設された橋上駅であるがゆえに軽量性が求められ、レンガ造ではなくレンガ調タイルに依らざるをえなかった。「渋沢栄一翁の顕彰とレンガを活かしたまちづくり」のシンボルとして、深谷駅前銅像は深谷駅とともに語られることが多い。

　一方、駅前から追われた銅像は、一九九五年に開館した渋沢栄一記念館に引き取られた。建物の背後に設置され、深谷駅の代わりに、血洗島の生地からつづく青淵公園を、さらにはその先の赤城山を見渡している。ちなみにこの公園は二〇一〇年三月に開園し、それを記念して、同記念館で「栄一翁そっくりさん大会」が開催された。参加者一七人は、渋沢の姿を描いた絵看板から顔を出してそっくり度を競ったという。むろん彼らは銅像ではないが、一瞬動きを止めて、肖像の一端を担ったことはいうまでもない。

18　渋沢神社像

最晩年の渋沢栄一の秘書、その後は敬三の秘書兼執事を務めた杉本行雄は、青森県三沢市に古牧温泉を経営、「北の観光王」と呼ばれた。[38] 取り壊しの危機に瀕した旧渋沢敬三邸を引き取り、東京三田綱町から温泉敷地内へと移築した。一九〇八（明治四一）に深川から移した旧渋沢栄一邸に、一九二九年（昭和四）になって洋館を増設した豪邸であった。戦後すぐに、敬三はこの邸を財産税代わりに国に物納していた。三沢への移築には、一二億円の巨費を要したという。

併せて、邸内にあった稲荷神社も移し、渋沢稲荷神社と名付けた。さらに、飛鳥山の晩香盧を模して四倍に拡大した晩香盧観光センター、栄一・秀雄・敬三三代の資料を展示する渋沢文化会館を建設し、古牧温泉渋沢公園として公開した。

その後一九九四年になって渋沢神社を創建し、あたかも拝殿前の狛犬のように栄一の立像と敬三の胸像が設置された。前者は常盤橋の銅像のコピーであり、後者は新たにつくられたものであった。両者が揃った一九九五年四月二八日に除幕式が執り行われた。明治天皇没後、神社創建と銅像建立の二者択一が争点のひとつになったことを彷彿とさせるが、ここでは両者が何の疑いもなく共存している。

22　渋沢倉庫像

詳細不明

23　渋沢栄一記念館像

詳細不明

24　日本煉瓦史料館像

詳細不明

（4）「青淵塾出世ぼーや」とは何か

青淵塾渋沢国際学園は「青淵塾出世ぼーや」という丁髷和装のキャラクター人形を製作し、配布したことがある。これはいはじめから肖像性を求めないいわば立体化されたマンガであり、学園創設時に建立された立体写真像になぞらえるならば、立体マンガ像ということになる。身近な場所に置くという性格は「家庭用男爵渋沢青淵先生寿像」に通じるものがあるが、それが銅像でも肖像写真でも肖像画でもなく、マンガやフィギュアであることを、渋沢栄一像の一〇〇年を超える変遷をたどって来た以上は無視するわけにいかない。

近年の地方自治体は、行政サービスに求められる親しみ易さを、地元の特産物を人格化したキャラクターに託す傾向がある。いずれも丸みを帯びたイラストや着ぐるみが好まれ、みうらじゅん命名の「ゆるキャラ」はすでに市民権を得た[39]。渋沢栄一の着ぐるみは寡聞にして知らないが、深谷市が製作した「郷土の偉人渋沢栄一　埼玉県深谷市」と記すクリアファイルや「渋沢栄一生誕一七〇周年記念　論語の里　渋沢栄一のふるさと　深谷市」というリーフレット（二〇一〇年）には、渋沢のイラスト（和装・洋装の二種類）が大きく描かれている。二〇センチメートルほどの大きさの「青淵塾出世ぼーや」も含めて、それらは「ゆるキャラ」化された渋沢像にほかならず、柔らかさにおいては一連の渋沢銅像の対極に位置するものの、その掉尾に連なり、きわめて現代的な産物であり、まさしく「地元の特産物」である。

それがどこに設置されるのかが銅像の大問題であると冒頭で指摘した。この点においても、場所を選ばない「ゆるキャラ」は銅像の対極にある。置物のように室内に置かれることからも自由になり、ストラップやマスコットとして持ち主の身体に寄り添って運ばれることを好む。

第一銀行像の銘文が示すように、銅像は永遠と結びつけて語られてきた。したがって不動産と思われがちだが、これまで見てきたように、実は簡単に移動する。移動とはその役割を再確認する機会でもある。あるいは新たな役割が生まれる機会でもある。生前と没後の銅像の間には一線が引かれてしかるべきではあったが、渋沢栄一のように没後八〇年が経過すれば、銅像は忘却、無関心、放置、撤去、破壊の危機に常にさらされる。それに耐えるためには顕彰母体の存在が不可欠であり、渋沢栄一記念財団と深谷市に支援される渋沢栄一像は希有な存在である。同様に、渋沢栄一ゆかりの建物の移築保存がこれだけ多く実現したことも希有である。

しかし、銅像を巡る旅の最後に出会った渋沢栄一のゆるキャラは「銅像の時代」の幕引きとして登場してきたと思われてならない。

出世ぼーや，渋沢栄一記念館

注
(1) 連載は翌一九一五年六月まで続き、年内に籾山書店より単行本として上梓された。野口冨士男編『荷風随筆集　上』岩波文庫、一九八六年所収、七一―一〇二頁。

(2) 同前、一四六、一七五、一九六頁。
(3) 堀越三郎『明治初期の洋風建築』小瀧文七、一九二九年が、取壊し時の実測図と写真をもとに竣工時の復元図を掲載する。
(4) 初田享『都市の明治』筑摩書房、一九八一年、九〇頁が、解体前の「兜社」の写真を掲載し、そこに「三井組の和洋折衷建築にかける意気込み」を指摘している。三囲神社には第一国立銀行の姿を描いた絵馬が奉納されており、その様子を藤牧義夫が「隅田川絵巻」に記録している。
(5) 竜門社（現在の公益財団法人渋沢栄一記念財団）によって長く保存されてきたが傷みが進み、一九六六年（昭和四一）に解体され、今は旧渋沢庭園の一隅に基壇と灯籠と狐像を残すのみである。
(6) 『竜門雑誌』第一三二号、一八九九年五月。
(7) 同前、第一六七号、一九〇二年四月。
(8) 渋沢敬三編『瞬間の累積――渋沢篤二明治後期撮影写真集』渋沢敬三発行、非売品、一九六三年、二三一―二三二頁に「兜町事務所より小網町を望む」「兜町事務所より江戸橋方面を望む」を掲載。渋沢青淵記念財団竜門社編『渋沢栄一伝記資料　別巻第十写真』同社、一九七一年、二六五頁は「兜町邸より見た小網町方面の風景」のみを掲載。
(9) 谷崎潤一郎『幼少時代』岩波文庫、一九九八年、七三頁。
(10) 『瞬間の累積――渋沢篤二明治後期撮影写真集』一一〇―一一一頁。『渋沢栄一伝記資料　別巻第十写真』二六五頁。
(11) 柳源吉編『高橋由一履歴』一八九二年（青木茂・酒井忠康編『美術』日本近代思想体系一七、岩波書店、一九八九年、一七二頁所収）。
(12) 渋沢栄一『雨夜譚』岩波文庫、一九八四年、一三五頁。
(13) 『高橋由一履歴』（『美術』一七六頁所収）。
(14) 小山正太郎「先師川上冬崖翁」『美術新報』一九〇三年八月五日号（青木茂編『明治洋画史料　懐想篇』中央公論美術出版、一九八五年所収、七六頁）。
(15) 永井荷風「浮世絵の鑑賞」野口冨士男編『荷風随筆集　下』岩波文庫、一九八六年、一六七―一六八頁。
(16) 公益財団法人渋沢栄一記念財団の公式ウェブサイト。
(17) 長沼守敬とその時代展実行委員会『長沼守敬とその時代展』図録、同委員会、二〇〇六年。
(18) 高村光太郎「父との関係」『芸術論集　緑色の太陽』岩波文庫、一九八二年、四一頁。

(19)『竜門雑誌』第一六七号。
(20) 渋谷朋恵「研究資料」北澤憲昭・田中修二監修『銅像写真集　偉人の俤』ゆまに書房、二〇〇九年、四〇七―四五三頁所収。
(21) 近年になって二体の銅像が郷里の安芸と長崎に建立された。前者は生誕一五〇周年を記念し、安芸市商工会議所により、安芸市江ノ川公園に一九八六年七月一二日に設置された。彫刻家は浜田浩造。後者はＮＨＫ大河ドラマ「龍馬伝」放映に合わせて、長崎歴史文化博物館に二〇一〇年一月三日に設置された。その後、二〇一一年一月一九日に三菱長崎造船所史料館に場所を移した。作者は山崎和国。
(22) 東京裁縫女学校長渡辺辰五郎像は人見幾三郎『京浜所在銅像写真　附伝記』第一輯、諏訪堂、一九一〇年に大きく掲載されている。ちなみに、同書に渋沢栄一像はない。
(23) 高村光雲『光雲懐古談』(『幕末維新懐古談』岩波文庫、一九九五年、四三二頁)。
(24)『竜門雑誌』第二七三号、一九一一年二月。
(25) 同前、第二九七号、一九一三年二月。
(26) 円城寺清臣編『帝劇二十年』帝劇旧友会、一九六一年、七頁。
(27)『東京高等商業学校同窓会誌』第一一一号、一九一七年六月、一一―一四頁。
(28) 同前、第一一四号、九―一六頁。
(29) 同前。
(30)『読売新聞』一九二五年一月二五日付。
(31)『竜門雑誌』第四四八号、一九二六年一月。
(32)『如水会会報』第四九号、一九二六年一二月、七―九頁。
(33)『竜門雑誌』第四八一号、一九二八年一〇月。
(34)『(増田明六) 日誌』一九二七年三月一八日条(『渋沢栄一伝記資料』第五七巻、一九六四年、三一二―三一三頁所収)。
(35)『渋沢栄一伝記資料』第五七巻、八三五―八三六頁所収。
(36)『(財団法人渋沢青淵翁記念会) 第一回報告書　昭和八年度』(『渋沢栄一伝記資料』第五七巻、八三五―八三六頁所収)。
(37)『青淵』第八九号、一九五六年八月。
(38) 笹本一夫・小笠原カオル『挑戦　五五歳からの出発・古牧温泉杉本行雄物語』実業之日本社、一九九三年。

(39) みうらじゅん『ゆるキャラ大図鑑』扶桑社、二〇〇四年。

本稿をまとめるに際して、渋沢史料館井上潤館長、渋沢栄一記念館吉岡二朗館長、篠田鼎一郎解説員、本書編者の平井雄一郎・高田知和氏の両氏からは数々のご教示を賜った。お名前を記して感謝の意を表したい。

*肖像写真・肖像画

渋沢栄一、流通する肖像

菊池哲彦

一　流通と資本主義と渋沢栄一

(1)　流通する渋沢栄一の肖像

いわゆる「ゼロ年代」から次の新たな一〇年期《ディケイド》に突入しようとするころ、出版界に「渋沢栄一ブーム」が訪れた。長引く経済不況とグローバル経済の浸透による市場競争の激化、早くから渋沢の経営哲学を評価していたピーター・ドラッカーの経営管理論ブームなどを背景に、渋沢が唱えた道徳経済合一主義が注目をされたのであろう。渋沢栄一の著作(現代語訳を含む)、彼をテーマにした関連書籍、彼の特集を組んだ経済雑誌などが書店の店頭に多数並ぶ。これらの表紙や帯には渋沢の肖像が大きく印刷され、私たちの目をしばしば惹きつける。現代における渋沢の肖像の拡散は止まるところを知らず、彼の生地である埼玉県深谷市の深谷ネギを使用したネギ醤油味のスナック菓子(二〇〇八年五月下旬から九月末までの期間限定発売)のパッケージにまで印刷されて販売された(1)。

渋沢栄一の肖像は、没後八〇年を越えたこんにちの日本社会に遍く行き渡っている。しかし、後に詳しく検討するように、渋沢の肖像は、現代の渋沢ブームにおいて急に拡散したわけではなく、渋沢が存命し実業家として活躍した、明治から昭和初期という日本の近代が立ち上がってきた時代にこそ大量に流通していた。本章が問題にするのは、その肖像が大量流通する日本近代のなかで、渋沢栄一という人物とそのイメージとの関係がどのようなものとして現れていたのか、という点である。

（2）日本資本主義の父・渋沢栄一と「流通」

渋沢栄一は、幕末から明治期において大蔵官僚や実業家として近代日本経済の基礎を築き、「日本資本主義の父」とも呼ばれるが、彼が近代日本において実現しようとした経済システムの中心に据えたのが「流通」である。渋沢は、社会のなかで資本を流通させることによって利潤を生み出し続けることが資本主義の本質であることを正しく見抜いていた。だからこそ、流通している資本を預金というかたちで結集し融資というかたちで再流通させるために日本における近代銀行制度の確立に尽力したのだし、五〇〇社に及ぶといわれる企業設立に関わったのも、資本を再投入しさらなる利潤を生み出すための新たな産業を興すためだった。そもそも、彼が実業家の態度として説いた道徳経済合一主義も、「私利に対する公益の優先」を説くというよりも、私利＝営利活動と公益＝道徳とが相反しないことを強調し、資本の流通によって利潤を生み出す営利活動が公共の利益の増進と表裏一体であることを主張している。だからこそ、渋沢は、資本が円滑に流通し利潤を生み出し続けるため、国際平和や公共の福祉が資本を滞留させない必要不可欠な条件であるという立場から、実業の第一線から退いた後に民間外交や社会事業にも力を注いだのである。

（3）渋沢の肖像をめぐるイメージ文化

渋沢が近代日本の経済システムに持ち込もうとした「流通」は、経済システムの問題だけに留まらず、近代社会における経験と知覚の変容の問題でもある。映像学研究者のトム・ガニングは、情報、モノ、身体、資本を高速度で循環させる流通システムによって支えられた近代社会において、指示対象と分離したイメージを生み出す複製技術が、個人のアイデンティティの不安定化に関与する一方で、不安定化されたアイデンティティの再構築にも関与するという二重性を持っていることを指摘しながら、近代社会の流通のシステムが、複製技術によって生み出されたイメージの知覚・経験に新たな様相をもたらしたことに目を向けた(2)。本稿が捉えようとするのも、この流通システムがもたらしたイメージの近代的経験である。

このような関心に基づく研究としては、政治的儀式と結び付いた明治天皇の肖像である「御真影」の流通と受容が、日本近代の政治空間を形成していった過程を「イメージの政治学」として丁寧に検証した多木浩二の『天皇の肖像』が記念碑的な著作であろう(3)。しかし本章は、多木が問題にしたような、イメージの流通による政治空間の形成よりも、イメージの流通が形成する社会空間がどのようなものかを、「流通」という様相に注目しながらイメージ文化の問題として検討を試みる。日本の近代におけるイメージの流通のなかから立ち上がってくる社会空間の在り様を描き出してみたい。そこで、本章が注目するのが、流通を基盤に近代日本の経済システムを構想した渋沢栄一、その当人の肖像の流通である。こんにちにおける渋沢の肖像の氾濫という文化状況は、渋沢が活躍した明治期から昭和初期にかけて、彼の肖像が流通することによって形成されたイメージの社会空間の延長線上で考えられる。日本近代のメディア環境が整備されていくなかで、日本近代を代表する実業家・渋沢栄一の肖像の流通が、どのようなイメージの社会空間を形成していったのか。渋沢栄一の肖像とその流通に注目して、日本近代におけるイメージ文化の一様相を描き出すことが本章の目的である。

二　渋沢栄一の肖像をめぐるメディア環境

（1）出版メディアのなかの渋沢の肖像

個人の肖像が社会のなかに広く流通していくためには、各種メディアの存在が重要である。それは過去においても現在においても同様である。そして、渋沢栄一が政界・財界での活躍を重ねその社会的存在感を高めはじめた明治期こそ、日本近代のメディア環境が形成されていった時期にあたる。まず最初に、この当時のメディア環境を渋沢の肖像との関連で整理しておきたい。

「肖像」というと明治になって日本に持ち込まれた洋画の伝統に沿った肖像画や江戸末期に日本に持ち込まれた写真術による肖像写真を思い浮かべがちだが、日本の肖像には、江戸期の錦絵や死絵といった浮世絵の伝統があり、その伝統は室町時代以前まで遡ることができるという[4]。こうした日本の伝統が、明治期に入ると、急激に流入してきた西洋文化や新たなメディア環境の形成と結びついていった。特に出版メディアは、明治初期から積極的な図版の導入で視覚化を推進し[5]、一八七四年（明治七）頃には新聞記事に錦絵を添えた錦絵新聞が[6]、一八七五年（明治八）には絵入り新聞が発行されている[7]。このように活字と図版とが結び付いていく出版メディアのなかで渋沢の肖像も流通していくことになる。

明治期に登場した挿絵入り大衆雑誌でも渋沢栄一の肖像はしばしば採りあげられた。たとえば、北沢楽天が一九〇五年（明治三八）に創刊した漫画雑誌『東京パック』では、「驚くべき食欲」（第三巻六号、一九〇七年）、「桐油紙の如き渋沢男」（第三巻一一号、一九〇七年）、「渋沢男の三面大黒」（第四巻五号、一九〇八年）（図1）などの風刺漫画記事に渋沢の肖像が描かれている。

また、渋沢の肖像との関連で興味深い出版メディアに「異種百人一首」がある。『義烈百人一首』（一八五〇年）

のような歴史上の人物を扱った百人一首が幕末に広く読まれていたが、明治に入ると幕末志士を集めた『義烈回天百首』（一八七四年）のように同時代の人物を扱うようになった(8)。百人一首を蒐集していた法学者であり渋沢の孫でもある穂積重遠は、渋沢をとりあげた明治期の百人一首を四種確認している(9)。この四種は『明治英名百詠撰』（一八七九年）、『現今英名百首』（一八八〇年）、『明治英名百人首』（一八八一年）、『愛国民権演説家百詠選』（一八八二年）とされており(10)、これらはいずれも、とりあげられた人物の肖像と総ルビの詩歌、略伝から構成される大衆向けの出版物である（図2）。

穂積によれば、添えられた略伝の信憑性は低く、掲載された詩歌と渋沢との関係も定かではない(11)。しかしそれでも、渋沢の肖像が掲載された大衆向け出版メディアの存在は、「当時の人々が如何に維新の元勲、時代の先覚者を見て居たか而して青淵先生〔渋沢〕に対してどう云ふ見解を下して居たかを知る一つの好資料」である(12)。これらの百人一首が刊行された一八七九年（明治一二）から八二年（明治一五）という時期は、渋沢が予算編成をめぐる大久保利通らとの対立から上司の井上馨とともに大蔵省を辞し、自らが設立に尽力した第一国立銀行の総監役に就任（一八七三年）したのをきっかけに実業家として活躍を続けていた時期と重なっている。農民から日本を代表する実業家にまで登りつめた「渋沢栄一」という人物は、「当時の人心に大いなる刺激を与へまた世人から讃仰さられたることが深

図1　渋沢男の三面大黒

『東京パック』第4巻5号，1908年（早稲田大学中央図書館蔵）

図2　『現今英名百首』で描かれた渋沢の肖像

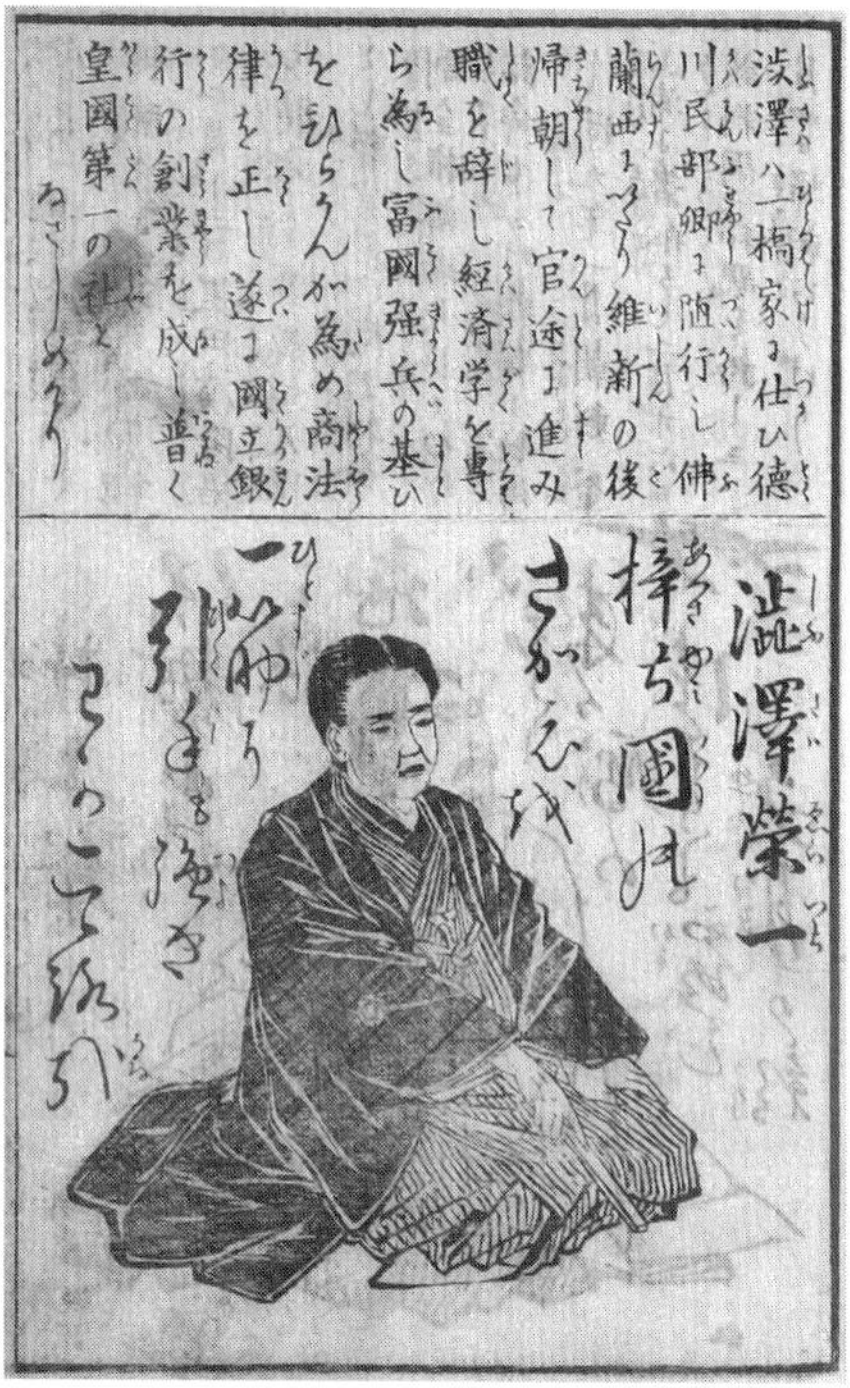

『現今英名百首』（国文学研究資料館蔵）

かったので、従ってこうした小伝附き肖像画入りの小冊子が一般から歓迎された」のである[13]。

（2）　渋沢の肖像写真とその流通

明治期における出版メディアの視覚化と平行するかたちで、新たな視覚メディアが日本社会に現れ浸透しはじめていた。写真術である。ヨーロッパにおいて、一八二〇年代には既に撮影に成功していた写真術であるが、銀板写真とも呼ばれるダゲレオタイプの発明が公表された一八三九年八月が公式の発明の日付とされている。この銀板写真が日本に渡来したのは一八四八年（嘉永元）である[14]。その後、一八五〇年代になって銀板写真より取り扱いが簡便な湿版写真が日本にも持ち込まれ、写真は急速に日本社会に普及していく。一八六二年（文久二年）には、上野彦馬が長崎で、下岡蓮杖が横浜で、それぞれ写真撮影を専門とする「写真師」として写真館の営業を開始している[15]。明治に入ると写真師も増加して写真撮影が普及しはじめるとともに、一八七四年（明治七）頃には撮影を行わない写真販売店も流行しはじめる[16]。こうした写真販売店である「写真舗」が、既製写真を複製し廉価で販売することを通して、明治二〇年代までの写真の大衆化を支えていた[17]。写真をめぐるこのような状況のなかで、肖像写真が名刺判写真という商品として流通していくようになる。

自身の豊富な古写真コレクションをもとにした石黒敬章の『幕末明治の肖像写真』によれば、渋沢栄一の肖像写真も商品として販売されていたようだ。[18] たとえば、渋沢は一八七三年（明治六）の大蔵省辞職直後、明治天皇も撮影した写真師の内田九一によって肖像写真を撮影されているが、それが商品として一般に流通していたようで、明治一〇年代初めに蒐集されたと推定される名刺判写真アルバムにこの肖像写真が含まれている（図3）。[19] また、土産用肖像写真を集めた「高名人アルバム」にも渋沢の肖像写真が含まれている。このアルバムに収められた「高名人」の肖像写真の多くは、印刷局写真館で一八七八年（明治一一）から八六年（明治一九）に撮影されたものと考えられる。[20] 渋沢が実業家として活躍する以前、この印刷局の前身である紙幣寮の初代頭を勤めていたことは偶然であったとしてもなかなか興味深い。

緒川直人は、写真撮影よりも写真販売に重きを置いて営業していた写真舗が、安定的な需要が見込まれる定番商品の供給だけでなく、新奇性と有名性に富む商品を投入していたことを示したうえで、特に肖像写真においては世間で話題に上る人物の既製写真がスターシステムのように積極的に複製販売されていたことを指摘している。[21] 明治一〇年代に渋沢の肖像写真が商品として流通していたらしいことを石黒のコレクションは示しているが、この時期も、百人一首が渋沢をとりあげた時期、すなわち渋沢が実業家として精力的に活動し、世間の注目を集めていた時期に重なっていることは強調しておきたい。

図3　内田九一撮影の渋沢の肖像写真（1873年頃）

石黒敬章氏蔵

（3）写真製版の普及と渋沢の肖像

明治一〇年代には出版メディアと写真という映像メディアがそれぞれ渋沢の肖像を流通させていたが、明治二〇年代に入るとこのふたつのメディアが出合うことになる。写真製版の普及である。一八七八、七九年頃には、写真が紙面・誌面に直接貼り付けられていた[22]。一八九〇年（明治二三）には、一八八〇年にアメリカで開発された網目写真版による写真の印刷が日本でも可能になり、『毎日新聞』付録の衆議院・貴族院議員の肖像写真で採用された[23]。明治三〇年代に入ると出版メディアにおける写真の需要の高まりとともに写真製版所も増加し、日刊の新聞本体も明治三七年頃から網版写真の掲載を開始している[24]。明治期における日本を代表する実業家としての渋沢の積極的な活動を考えると[25]、彼の肖像写真がしばしば新聞に掲載されたであろうことは想像に難くない。

しかし、写真が出版メディアと結び付いていったこの時代に渋沢の肖像の流通を促したものとして新聞以上に注目したいのが「経済雑誌」である。経済雑誌は、渋沢栄一をはじめとする実業家たちの社会的な存在感を高めていくうえで重要な役割を担ったメディアである。

明治日本に登場した近代的実業家は、前近代的道徳観の影響が強かった明治初期においては、その営利追求の姿勢や蓄財による資産の突出が非難の対象になっていた。しかし、こうした実業家批判の反面で、実業家を肯定的に評価する流れが現れるようになった。一八八〇年（明治一三）一月六日付の『東京日日新聞』は、海外来賓の接待で渋沢をはじめとする当時の有力実業家たちが活躍した一八七九年（明治一二）を実業家躍進の年として総括している[26]。こうした社会的評価の上昇を追い風に、実業家は「新時代のリーダー」として社会に肯定的に受け取られるようになる。

日本経済を先導する実業家とその予備軍を結集するメディアとして一八七九年に創刊された日本最初の経済雑誌が『東京経済雑誌』である[27]。その後、何誌かの経済雑誌の刊行があったがいずれも長くは続かなかった。しかし、一八九五年（明治二八）に創刊された『東洋経済新報』は、経済の現状分析や政治家・官僚、実業家たちの意見を掲載することによって実業やそれに携わる人間のあり方を積極的に提示し、日本における「実業界」の社会的地位をさらに向上させていった。[28] そして、一八九七年（明治三〇）に創刊された『実業之日本』は、『東洋経済新報』の路線を引き継ぎつつ、さらに社会的成功を目指す非エリート層の読者にとっての教育・啓蒙のメディアとして機能した。大衆的経済雑誌としての『実業之日本』は、実業家の伝記や自伝も多数掲載することにより、実業家を社会的成功者のモデルとして提示し、日本社会において目指すべき人間像へ上昇させた。さらに同誌は、実業家の家族や、私的生活などのゴシップ記事までも掲載し、実業家はさながら映画スターのように扱われた。[29] こうした編集方針は、永谷健が指摘するように、「理想的な実業家像に卑近さと〝人間味〟を加えることで、模範的成功者に対する読者の共感を生み出し[30]」、実業家に対する読者の関心を高めるものであった。

実業家に対する読者の関心を煽りその欲望を受け止める経済雑誌は、実業家の肖像を積極的に掲載する。代表的な経済雑誌の創刊期にあたる明治二〇年代から三〇年代が、日本に写真製版技術が浸透していった時期と重なっていることも、経済雑誌における実業家の肖像の掲載を後押しした。たとえば、一八九八年（明治三一）三月発行の『実業之日本』第一巻一〇号は「農商工高等会議長渋沢栄一氏肖像」と題して、写真師であると共に写真製版技術者でもあった小川一眞による渋沢の肖像を巻頭に掲載している（図4）。

この『実業之日本』と渋沢栄一はとりわけ関係が深い。『実業之日本』を発行していた実業之日本社初代社長の増田義一とは個人的な親交もあり、渋沢は、日本経済の現状に対する意見、時事評論、自らが唱える道徳経済合一説にもとづく処世術や体験談などを同誌に多く寄稿しているし、彼の関連記事も多く掲載されている。[31] 渋沢の肖像写真は『実業之日本』を中心とした経済雑誌の隆盛と合流しながら、明治後半の社会に広く流通していった。

ほかにも、渋沢の肖像の流通に関係する写真製版を活用したメディアがある。渋沢は自身を語った自叙伝や回顧録を刊行している。これらの著作は、いうまでもなく、経済雑誌による実業家への関心の高まりを背景にしており、『論語講義』（全二巻、一九二五年）、『青淵回顧録』（全二巻、一九二七年）、『渋沢栄一全集』（全六巻、一九三〇年）などは、渋沢の肖像写真を巻頭に収録している。また、渋沢邸に寄宿していた書生たちの勉強会から出発し、渋沢が唱える道徳経済合一主義のもとに実業に関わる知識や徳性の向上を目指して活動した組織「竜門社」も多くの渋沢関連の刊行物を発行している。それらのなかで渋沢の生前に刊行されたものに限ってみても、渋沢の還暦を記念して同社が編纂した『青淵先生六十年史』（全二巻、一九〇〇年）に彼の肖像写真が掲載されたのはもちろんのこと、一八八六年（明治一九）から一九四八年（昭和二三）まで発行された会誌『竜門雑誌』にも渋沢の肖像写真はしばしば掲載されている。

渋沢の肖像は、明治一〇年代初頭の「実業家」への社会的な関心の高まりのなかで、ここで採りあげたような各種メディアを通して社会に流通しはじめ、実業家の社会的地位の向上とともに社会に広く浸透していったと考えることができる。次にわれわれが考えなければならないのは、こうした渋沢の肖像の流通が、どのようなイメージの社会空間をかたちづくっていたかという点である。

図4　農商工高等会議長渋沢栄一氏肖像

『実業之日本』第1巻10号，1898年（早稲田大学中央図書館蔵）

三　記号化する肖像

（1）抽象的記号としての渋沢の肖像

明治期のメディア環境は、渋沢栄一の肖像を広く流通させたが、それは、渋沢に対する社会的な関心の高まりと同時に進行した。より正確にいうならば、渋沢の肖像が社会的に広まっていくことと、渋沢という人物に対する社会的な関心の高まりとは、車の両輪のようにお互いを高め合いつつ進行していく。こうした状況のなかで、渋沢の肖像写真とその被写体である渋沢栄一との関係はどのようなものとして現れてくるのか。

山田登世子は、一九世紀パリのメディア環境に流通したヴィクトール・ユゴーの文学的栄光の物語が、そのテクストの内容に対する関心以上に、その存在に対する熱狂的な崇拝者や模倣者を生み出したこと、そしてさらに、その名が人びとの欲望を組織化する抽象的な記号として流通していったことを指摘する。(32) 抽象的に記号化された存在としての「天才ユゴー」は、粉末カルシウムやインクの広告やラベルにまで使用されて流通したという。(33) この一九世紀パリの状況は、先に見てきた、明治期のメディア環境のなかでの「実業家・渋沢栄一」に対する社会的関心の高まりとその肖像の流通と重なり合っているように見える。明治期のメディア環境とそのなかにおける渋沢の存在感の高まりは、その名やその肖像を「抽象的な記号」として流通させていったと考えられる。

渋沢栄一の肖像が「抽象的な記号」として流通するとはどういうことか。この「肖像の記号化」について、「エフェジー」と「ポートレイト」という肖像画の分類から考えてみたい。バーナード・ベレンソンによると、装飾を手段として個を描写するもの、社会的地位と共に内的人間の個を描写するものがポートレイトであり、人物の社会的類型（「らしさ」）を強調するのがエフェジーである。(34) 渋沢の肖像が、そのモデルである個別的なひとりの人間である渋沢栄一から切り離されて、その「日本を代表する実業家（らしさ）」という社会的類型、「実業家・渋沢栄一」のイメージとして流通していく。渋沢と直接面識を持たず、メディア環境のなかで大量に流通している肖像を介してのみ「実業家・渋沢栄一」という存在を「知って」いる多くの人びとは、個別的人間としての渋沢栄一と出会うことなく、「記号化されたイメージ」としての渋沢のエフェジーと出会っているのである。明治のメディア環境のなかで広く流通した、複製図像としての渋沢の肖像は、まさに、「指示対象を欠いた記号」だったのである。

(2) 抽象的記号としての貨幣の肖像

ところで、「指示対象を欠いた記号」としての肖像をめぐって、渋沢自身が関わった興味深いエピソードがある。渋沢が深く関わっていた一八七二年(明治五)の貨幣改鋳に際し、日本造幣寮の造幣工場長・トマス・キンドルは天皇の肖像を新貨幣に刻むことを建議した。その主旨は、世界各国では貨幣に国王の肖像を模刻するのは一般的であるから、この貨幣改鋳に際し、貨幣に天皇の肖像を刻むことによって、君主の国民に対する仁愛を示し、国民の君主に対する尊敬の念と貨幣尊重の気持ちを高める、というものである。この建議に対し、渋沢は上司である大蔵大輔・井上馨と共に賛同し、建議採用を正院に申し入れるが、宮中の反対によって許可されなかった。不許可決定後、渋沢は井上馨と連名で、造幣権頭・益田孝に宛てて遺憾の意を伝えている[35]。天皇の肖像の模刻が不許可になったのは、神聖な天皇の肖像が貨幣として民衆の手で触れられることに宮中が反対したためだとされている[36]。

このエピソードが示しているのは、天皇の肖像に対する宮中と渋沢たちのあいだの認識の断絶である。宮中にとって、貨幣に刻まれた天皇の肖像は単なる肖像ではなく、天皇という個別的存在と同一化した呪術的な肖像である。天皇の肖像が刻まれた貨幣を民衆が手で触れることが「不敬」であるのは、この肖像が天皇の実在(天皇の個別的身体)と重ね合わされているためである。それに対して、渋沢たちにとって、貨幣に模刻された天皇の肖像は、流通することによって国民が天皇を身近な存在として受け入れるための、その実在からは切り離された記号であり、だからこそ、貨幣に天皇の肖像を刻むことに「不敬」を感じ取ることの方が遺憾なのである。渋沢にとって、貨幣に刻まれた天皇の肖像は「指示対象を欠いた記号」だったのである。

ところで、渋沢が天皇の肖像を刻もうとしていた貨幣こそ、近代社会における「指示対象を欠いた記号」の典型である。貨幣の価値（額面金額）は、モノ（金属片や紙片）としての貨幣そのものが持つ価値ではなく、それが記号として持っている価値である。その意味で、貨幣は実体を欠いた記号である。貨幣は実質的価値を欠いた記号であるからこそ、その流通を円滑克つ迅速なものにする。そして、リリアーヌ・ワイズバーグが指摘するように、「指示対象を欠いた記号」であるからこそ広範に流通するのが貨幣と肖像であり、その両者が重なり合っているのが「貨幣の肖像」なのである。(37)

（3）渋沢と／の紙幣の肖像

日本の近代経済の礎を築いた功労者である渋沢は、これまでに二度、紙幣の肖像の候補に挙がっているが正式に採用されたことはない。(38) 最初は、連合軍占領下の一九四六年（昭和二一）に計画されたB券シリーズの候補に挙げられたが、GHQによって候補から除外されている。(39) 二度目は、一九六二年（昭和三七）のC券シリーズで、このときは一〇〇〇円札の肖像として伊藤博文と共に最終候補まで残り、試作券まで作成されたが結局は不採用となっている。(40)

だが、一九〇二年（明治三五）から一九〇四年（明治三七）にかけて、第一銀行が大韓帝国で発行した三種類（一円・五円・一〇円）の第一銀行券には、同行の当時の頭取であった渋沢の肖像が印刷されている（図5）。この銀行券は、正式には、同額の日本通貨に換金できる一覧払い約束手形であるが、実質的には紙幣として流通した。紙幣の肖像には、一般的に、故人を採用することが多く、存命中の人物が採用されることは少ない。しかし、存命中に事実上の紙幣の肖像として採用されたからこそ、この紙幣の肖像は渋沢栄一という存在を抽象的な記号として流通させることになった。この第一銀行券について、雑誌『雄弁』に掲載された次のような記事が、『青淵回顧録』

図5　第一銀行が大韓帝国で発行した第一銀行券（10円券）

渋沢史料館蔵

に収録されている。

> 第一銀行は朝鮮に於いて紙幣を発行し、其の紙幣面には武内宿禰の代わりにお恵比寿様の従兄見たいな青淵老人〔渋沢〕の写真を印刷してあつたので、朝鮮人は甚だ畏れ多い話だが、朝鮮王のお顔は知らなくとも、青淵老人の顔はチヤンと見覚えてゐたさうだ。[41]

それ自体は価値を持たず価値の記号として流通する紙幣と同じように、紙幣に描かれた渋沢の肖像は、渋沢栄一という個別的な存在からは切り離されて「ただのイメージ・記号」として流通している。だからこそ、朝鮮の人びとは、「青淵老人の顔」を「見覚えてゐ」る「だけ」で「その人物の人となり（その人物そのもの）」を理解してはいない。渋沢の肖像は、日本近代のメディア環境のなかで、渋沢栄一という実在の人物との結びつきを失いながら「渋沢栄一の記号」として大量かつ広範に流通していく。

四　人格化する肖像

（1）渋沢の肖像写真をめぐる親密な関係

日本近代のメディア環境のなかで流通していった渋沢の肖像を「記号化する肖像」としてとらえてきた。しかし、流通する渋沢の肖像には記号とは別のもうひとつの様相も見出すことができる。記号としての肖像は、肖像画の「エフェジー」としての側面から捉えられたが、肖像画には、もうひとつ、「ポートレイト」としての側面があった[42]。被写体の個性まで捉えた（ポートレイト的）と高く評価される第二帝政期フランスの写真家ナダールの肖像写真は、「社会的類型」を表現する（エフェジー的）同時代の肖像写真のように、書き割りの背景や小道具で用いて大げさなポーズをとる全身像ではなく、小道具や絵画的な装飾性を極力排した無地の背景を用い、自然でくつろいだポーズをとった膝から上の四分の三身像や上半身像が多い[43]。ナダールのポートレイト的肖像写真は、商品としての貨幣的関係というよりも、被写体との親密で個人的な関係から生み出されるものであった[44]。

渋沢の肖像写真は誰がどのような関係のなかで撮影していたのだろうか。『渋沢栄一伝記資料』（以下、『伝記資料』）の写真資料編である別巻一〇巻を繙いてみると、渋沢の肖像写真も多く収録されている。そのなかには、栄一の長男で写真を趣味としていた篤二によって撮影されたスナップ写真もいくつか収録され、それらのなかで渋沢はくつろいだ姿で写真に収まっている（図6）。しかし、同書に収められた多くの肖像写真は、撮影年が不明なものも多く、撮影者も明記されていないものがほとんどである。

図6　渋沢篤二撮影の渋沢栄一のスナップ写真（1922年）

渋沢史料館蔵

図7　五十嵐与七撮影の渋沢の死に顔写真（1931年）

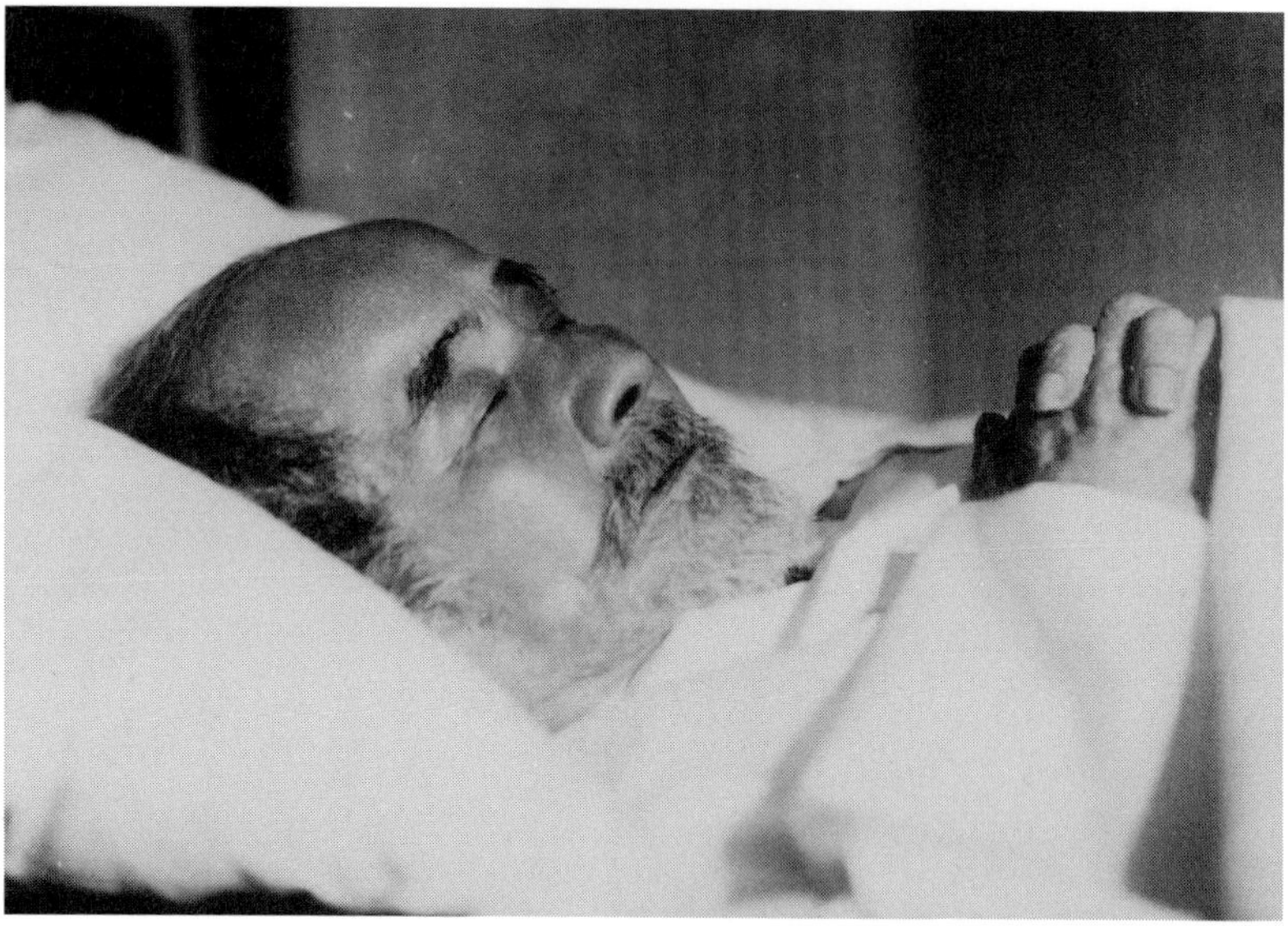

渋沢史料館蔵

渋沢の肖像写真の撮影者について、いくつかの史資料をあたってみると、江木写真店の五十嵐与七が渋沢家の「御用写真師」だったことが示唆されている。[45]江木写真店は、江木保男・松四郎兄弟が一八八〇年（明治一三）に神田淡路町で開業、一八九一年（明治二四）には新橋に支店を出すまでになり、華族や富裕層を顧客にして繁盛していた。[46]しかし、相次ぐ競合写真店の開店によって、明治末頃には経営は思うようにいかなくなっていたようだ。[47]そうしたなか、一九一三年（大正二）に、アメリカでの写真修行から帰国した五十嵐が「写真師」として江木写真店に入店し、避暑に訪れる西洋人を相手とする夏季限定の写真スタジオを軽井沢に開設する。[48]この軽井沢で、五十嵐は栄一の三男・正雄の知遇を得て渋沢家と親密に関わるようになり、渋沢家の御用写真師として渋沢栄一の肖像写真を撮影していくことになる。[49]渋沢家との繋がりから実業家、政治家、文化人へと人脈を拡げていった五十嵐は、戦前日本の上流階級を顧客とする肖像写真家として成功を収めた。[50]ともあれ、五十嵐は、栄一をはじめとする渋沢家との非常に親密な関係のなかで渋沢の肖像写真を撮影していた。だからこそ、栄一逝去に際して、渋沢家の親族会議から依頼されて栄一の死に顔（図7）を撮影したのも五十嵐だったのである。[51]

（2） ポートレイトとしての渋沢の肖像写真

また、『伝記資料』別巻一〇巻の二六〇頁に掲載されている渋沢の肖像は、現在も渋沢の肖像としてしばしば使用される肖像写真である（図8）。『伝記資料』では、「撮影年次未詳」とされ、撮影者も記載されていない。帝国劇場で開催された渋沢の米寿記念祝賀会を記録した『子爵渋沢栄一閣下米寿祝賀会記念録』にこの肖像写真と同一の写真が掲載されている。[52] この肖像写真は、オリエンタル写真工業が製作し祝賀会場に展示した全紙三倍大の大肖像写真の縮小版で、[53] 写真製版による印刷ではなく、ネガから焼き付けられた印画紙がこの『記念録』の頁に貼り付けられている。そしてさらに、この肖像写真の詳細な撮影データが付されている。その「撮影要項」によると、この肖像写真の撮影者は菊地東陽で一九二八年（昭和三）九月二一日に瀧野川町の渋沢邸（現在の飛鳥山公園）で撮影され、オリエンタル写真工業の国産乾版・人像用オリエンタルプレートと、ヴァンダイクブラウン印画紙が使用されている。[54]

これらのデータから、この肖像写真が「親密で個人的な関係から撮影された」肖像写真であることが推測される。撮影者である菊地東陽は、写真館を家業とする家に生まれ、アメリカに渡って当地の写真館で肖像写真の修行を積んだ「写真師」であるとともに、写真乳剤を研究する技術者でもあった。乾版や印画紙といった写真用感光製品の国産化を目指した菊地はオリエント写真工業を設立し取締役技師長に就任するが、同社の設立に際して渋沢栄一が支援している。[55] この肖像写真自体、渋沢の米寿記念祝賀会に際して、オリエント写真工業が、設立に尽力した渋沢に対して「祝意の微衷を表する為め同社製乾版并にブロマイド印画紙を以てこの御写真を調製し謹んで贈呈」するという、[56] 感謝と親愛の情を込めたものだった。さらに、菊地の周辺には渋沢の人脈が見え隠れしている。菊地の化

図 8　菊地東陽撮影の渋沢の肖像写真（1928 年）

渋沢史料館蔵

学知識についての協力者だった高峰譲吉は、渋沢を社長に立てて東京人造肥料会社を設立した技術師であったし[57]、また乳化剤実験を菊地と一緒に行った勝精《くわし》は、渋沢が家臣として仕えた徳川慶喜の十男（勝海舟の孫養子）であり渋沢と関係の深い浅野セメントの監査役でもあった[58]。また、菊地のオリエント工業設立の支援を渋沢に要請したのも高峰である[59]。菊地も、五十嵐与七同様、渋沢の人的ネットワークのなかに組み込まれていた写真師だったのである。

渋沢との親密な関係のなかで撮影された菊地の肖像写真はどのような写真なのか。菊地の写真師としての側面に言及した池田陽子・細江英公・久保走一の研究によると、彼はアメリカでの修業時代に、「ホームポートレイト」と呼ばれる、富裕層向けの出張撮影による肖像写真のスタイルを身につけている。菊地の肖像写真は、「背景にはインテリアが使用されることもあったが、基本として黒布が使用された。これによりネガで素抜けとなる背景部分には、伊藤龍吉〔菊地の協力者でアメリカにおいて独自の写真修整術を確立した写真修整の専門家〕が手描きの背景を創作した。東陽の写真技術と、同じものが二つとない手描きの背景とが肖像写真の評判を高めたという。また、黒幕の背景は当時の撮影レンズのフレアー〔光源がレンズで乱反射して画像のコントラストが下がり白っぽくなる現象〕を軽減することにもよい効果を示したであろう[60]」。また、「採光は典型的なレンブラント・ライティング〔被写体の鼻筋に対して上方斜め四五度から光を当てて立体感を強調する照明法[61]〕であり、「印画の階調はいわゆる「白の中の白」「黒の中の黒」が見事に表現され、画面に躍る玲々たる光により醸し出される暖かく柔らかな雰囲気[62]」のなかに人物が配置される。被写体の存在を強調して浮かび上がらせるような菊地のスタイルは、ナダールのポートレイト的肖像写真に非常によく似た印象を受ける。菊地による渋沢の肖像写真は、渋沢を記号として提示するというよりも、渋沢の個性を表現しようとするものだったといえる。

図9　和田英作による渋沢の肖像画（1923年）

『竜門雑誌』第544号，1934年

図10　清水良雄による渋沢の肖像画（1923年）

『竜門雑誌』第547号，1934年

（3）渋沢の肖像画をめぐって

一方、渋沢の肖像画について『伝記資料』などを中心に調べてみると、少なくとも七点の肖像画が公式に制作されている。和田英作によるものが三点。一点は、一九一三年（大正二）三月一日に制作依頼と写真撮影を実施し、一九一四年（大正三）一月二九日から三〇日に兜町の渋沢事務所で和田のモデルになったもの[63]。渋沢はこのときが絵画のモデルとなる最初の機会だったようで、そのときの緊張した様子を栄一の四男・秀雄が証言している[64]。もう一点は、一九一九年（大正八年）に、第一銀行の依頼により大磯の明石別邸にて描かれたもので、兜町の渋沢事務所に所蔵されていたが一九二三年（大正一二）九月の関東大震災で焼失している[65]。和田による三点目は、一九二三年（大正一二）の震災前に渋沢事務所での姿をもとに描かれたものである（図9）[66]。次に、洋画家としてだけでなく、童画家としても活躍した清水良雄によるもの。清水は、一歳年少の渋沢秀雄と油絵を通して一緒に写生旅行に出かけるなどの親しい交流があった[67]。清水も、渋沢栄一の肖像を三点

図 11　清水良雄による渋沢の肖像画（1927 年）

『竜門雑誌』第 544 号，1934 年

図 12　清水良雄による渋沢の肖像画（1930 年）

深谷市立渋沢栄一記念館蔵

描いている[68]。一点目は、震災後の一九二三年（大正一二）九月から一二月にかけて和装の渋沢を描いたもの（図10）[69]。二点目は、一九二七年（昭和二）に描いた洋装のもの（図11）[70]。三点目は、埼玉県出身の学生・生徒対象の育英団体で渋沢を初代会頭として設立された埼玉学生誘掖会から渋沢の米寿記念として依頼され、一九三〇年（昭和五）に制作されたもので（図12）、この肖像画は、誘掖会から渋沢に贈呈された後、誘掖会寄宿舎の集会室に掲げられた[71]。最後は、南薫造が一九一六年（大正五）に制作した和装の一点で（図13）、一九一七年（大正六）二月三日に帝国ホテルで開催された渋沢栄一の喜寿祝賀会を兼ねた早稲田大学春季校友大会で掲示され、その後大学でも掲示されることとなったものである[72]。

渋沢の肖像画について考察するにあたって興味深いのは、『竜門雑誌』が渋沢の三回忌に際して企画した、渋沢をモデルとした美術家たちを招いた座談会である[73]。参加者は、洋画家で渋沢の肖像画を描いた和田英作と清水良雄、そして渋沢の銅像を制作した堀進二、渋沢の娘婿で第一銀行社長の明石照男、

図13　南薫造による渋沢の肖像画（1916年）

早稲田大学會津八一記念博物館所蔵

渋沢秀雄、竜門社の評議員であった尾高豊作、渋沢関連企業の役員などを務めた野口弘毅の七名。この座談会において、参加者たちは作品の制作過程や日常生活のなかで垣間見えた渋沢の「人となり」を語っている。たとえば、清水は、公の場における渋沢の印象と制作過程における交流から受けた渋沢の印象との違いを次のように語っている。

本当に好々爺と云ふ感じですネ。尤も銀行集会所で演説して居られる時のは、なんだか豪傑と云ふ気分が現れて居ましたネ。[74]

また、尾高も、「（体の大きく見えると云ふことは）、即ち人格が大きいからそれが現れる[75]」とか、「〔渋沢〕先生の大礼服姿は、或は威容そのものとも云ひ得るかも知れないが、併しアレは何うも先生らしくない[76]」というように、日本を代表する実業家としての渋沢の「外見」と渋沢の実際の「人となり（人格）」とのあいだに生じている齟齬を指摘している。そして、和田は、渋沢の「人なり」の表現についても踏み込んで語っている。

〔渋沢〕子爵の真相を現すには、寧ろ画のポーズでないとき——画の時はモデルに過ぎないのですから、全く平常のときの方が宜しいと思いますネ。[77]

和服では何うも〔渋沢〕子爵の本当の感じが出ませぬよ。アノ古い蝶結びのネクタイでフロックを着て居られるのが、一番好いやうですネ。(78)

カリカチュア〔対象の特徴を大げさに強調して描く戯画〕としては、本当にその人の性格を現し得るやうな環境なり条件なりが、ピッタリと合はなくてはいけない。(79)

この座談会の参加者たちの語りが示しているのは、肖像画（や銅像）のような表現形式は、渋沢の外見を忠実に表現するよりも、渋沢という「人物そのもの」を表現しようとする様相も持っていた、ということである。

(4) 人格化する肖像

ところで、映像文化史家のジェフリー・バッチェンは、写真が、被写体の外面を写しとった単なる映像としてではなく、触覚・身体感覚と結び付いたモノとして扱われてしまうような文化的様相に注目し、それを民衆的・民俗的文化に根ざした「ヴァナキュラー写真」として分析した。(80) ヴァナキュラー写真とは、たとえば、亡くなった人物の写真が、単に故人の姿形を示すものとして見られるだけでなく、故人の遺髪などと組み合わされた装身具のようなかたちで日常的に身につけられることで、故人「その人の存在」と分かちがたく結び付いた呪術的な「モノ」として感受されるような写真である。渋沢のある種の肖像画が、単なる被写体の記号としてではなく、被写体その人の存在を感知させるものとしてそれを見る人に受け取られてしまうのは、渋沢の肖像がヴァナキュラーなものとして感受されていたということである。

もちろん、同じものが二つとない「一点もの」の肖像画であれば、その唯一無二性が、「その人の存在」という唯一無二性と重なり合って受け取られると考えることができなくもない。しかも、渋沢の肖像画は、たしかに渋沢

図 14　誘掖会寄宿舎集会室に掲げられた渋沢の肖像画

『財団法人埼玉学生誘掖会百年史』2004 年より転載

事務所や誘掖会寄宿舎集会室のような、一般の人の目に触れにくい場所に掲げられ（図14）、渋沢と特に関係が深く彼の「人となり」にも通じた人びとだけが目にしていて「流通」しているとはいえないかもしれない。

しかし、ここで肖像画が渋沢の外見のみではなく人となりそのものを描こうとしていたことを確認したのは、一点ものの肖像画が捉えようとしたものと複製され流通する肖像写真が捉えようとしたものが重なり合っていることを強調するためでもある。複製可能な肖像写真も「被写体の個性」を浮かび上がらせてしまうのだ。渋沢栄一の四男・秀雄が父の一周忌に際して『竜門雑誌』に寄稿したエッセイには、渋沢の肖像をめぐる次のような一節がある。

今年になつてから、私は偶然にも父のとても好もしい写真を手に入れた。其写真は、私の読み上げる本に聞き入つて呉れた父の顔でもあり、私に画の本式な勉強を勧めて呉れた父の顔でもあった。私は其写真を基にして父の肖像画を描き始めて見た。けれども未熟な現在の私には、はかない記憶を辿つて父の皮膚の色を描き出すことは出来なかつた。(81)

春陽会の展覧会に入選するほどの玄人はだしの画家であった秀雄が、栄一の個性的存在(「私の読み上げる本に聞き入つて呉れた父の顔」「私に画の本式な勉強を勧めて呉れた父の顔」)を捉えた肖像写真をもとに肖像画を描こうと試み、そこに現れている父の個性を充分に描きされないことを嘆いている。秀雄が入手した栄一の肖像写真が

図 15　東京銀行集会所講堂に掲げられた渋沢の肖像写真

『竜門雑誌』第 530 号，1932 年

どの写真であったかは明らかではない。しかし、少なくとも、秀雄はその肖像写真に栄一の「存在そのもの」を感受し、その存在を肖像画として捉え直そうとした。

たしかに、渋沢の肖像写真も、肖像画と同様、彼の「人となり」をよく知る人びとが集う場に掲げられていた[82]。渋沢の肖像写真は、たとえば、銀行業者の親睦を図ると同時に利害関係を協議する場として彼が設立した東京銀行集会所の講堂にも掲げられている（図15[83]）。しかし、渋沢の肖像は、そこに現れる彼の「人となり」をよく知る人びとを超えて、彼と直接面識のない人びとにすらその「人格」（それが実際の人格と同じであるかどうかはさておき）を欲望させてしまう側面を持っている。だからこそ、経済雑誌は、渋沢の肖像写真を、読者の共感を引き起こすような「人間味」を加えるような彼の伝記や自伝、私生活記事と共に掲載するのである。渋沢の肖像画と肖像写真とは、どちらも、そのイメージにモデルである渋沢の個別的存在を浮かび上がらせることを求められてもいたのだ。渋沢の肖像は、写真であれ絵画であれ、そのイメージに渋沢その人の「人格」を帯びて「流通」していく側面も持っているのである。

五　渋沢栄一の肖像をめぐるイメージの社会空間

渋沢栄一の肖像は、日本近代のメディア環境のなかで流通していくことによって、渋沢とそのイメージとの関係を相反した二つの方向に引き裂いていく。一方は、被写体の存在がそのイメージである肖像から分離され、肖像を「渋沢の記号」として流通させる方向性。もう一方は、渋沢の肖像が単なるイメージであることを超えて、渋沢という存在そのものを招き寄せ、人格を帯びた肖像として流通していく方向性。前者を肖像のシミュラークル化、後者をフェティッシュ化と呼ぶことができるかもしれない。この相矛盾する方向性を抱え込んで形成されたのが日本近代におけるイメージの社会空間である。

ともあれ重要なのは、この相反する二つの方向性が、それぞれ独立して進行していくのではなく、一方が進行することによって他方を進行させてしまうという、相補的な循環のなかで被写体とイメージの関係を二極化していくということだ。肖像は被写体の存在から切り離され、指示対象を欠いた記号的イメージとして流通するからこそ、その被写体の存在を（時には過剰なほど）召喚しようとする。しかし、肖像が広範に流通すればするほど、イメージを前にする人びとと被写体そのものとの関係が薄れてしまうため、肖像にその存在そのものを十分に召還することができず、ますます被写体との結びつきを欠いたイメージとして流通させてしまう。日本近代におけるイメージの社会空間は、被写体との関係を欠いた記号を大量に溢れさせている。にもかかわらず／だからこそ、大量に流通するそうしたイメージは、被写体そのものの存在をも同時に呼び寄せてしまいうるのである。

渋沢栄一という人物は、日本近代を先導した官僚および実業家として、こうしたイメージの社会空間の基盤である「流通」システムの形成に積極的に関与しながら、自身の肖像をそのなかに流通させてきた。大量のイメージが流通するなかで、渋沢の肖像は、そこに写し込まれた人物の存在との結び付きをますます切り離しつつ、同時に、その人そのものへの欲望も強く招き寄せてきた。渋沢が活躍した時代、彼の存在はその肖像の流通を通して、そのように受容されてきた。その意味で、渋沢は日本近代におけるイメージの社会空間をつくりつつ、そのなかで生きてしまった人物だったといえるのではないか。

注

※渋沢青淵記念財団竜門社編『渋沢栄一伝記資料』（本編全五八巻・別巻全一〇巻）渋沢栄一伝記資料刊行会については、煩雑さを避けるため『伝記資料』と略記し、引用に際しては巻数・頁数を示す。また、史資料からの引用にあたって、正漢字・カナ表記を改めたところがある。

（1）『毎日新聞』（埼玉県版）、二〇〇八年五月三〇日。

（2）Tom Gunning, “Tracing the Individual Body: Photography, Detectives, and Early Cinema”, Leo Charney and Vanessa Schwartz（eds.）, *Cinema and the Invention of Modern Life*, Univ. of California Pr., 1995, pp. 15-45（トム・ガニング／加藤裕治抄訳「個人の身体を追跡する――写真、探偵、そして初期映画」長谷正人・中村秀之編訳『アンチ・スペクタクル――沸騰する映像文化の考古学』東京大学出版会、二〇〇三年、九七―一三五頁）。

（3）多木浩二『天皇の肖像』岩波書店（岩波現代文庫）、二〇〇二年（原著一九八八年）。

（4）加藤秀俊・前田愛『明治メディア考』河出書房新社、二〇〇八年（原著一九八〇年）、一六九―一七〇頁。

（5）同書、一八―一九頁。

（6）石井研堂『明治事物起原』四巻、筑摩書房（ちくま学芸文庫）、一九九七年（原著一九四四年）、四一六頁。

（7）同書、三九六―七頁。

（8）谷川恵一「『現今英名百首』解題」沼尻絓一郎編『現今英名百首』国文学研究史料館（リプリント日本近代文学三〇）、二〇〇五年、一一一頁。

（9）穂積重遠「百人一首中の青淵先生」『伝記資料』別巻八巻、二六三頁（『竜門雑誌』第四三六号、一九二五年一月に初出）。なお、初出では掲載されていた渋沢の肖像の図版は『伝記資料』収録にあたって省略されている。

（10）ここで『現今英名百首』とした百人一首は、穂積の文中では『明治百人一首』とされている。しかし、編者を沼尻絓一郎、出版人を力石安之助とするその書誌情報の記述から、『現今英名百首』のことだと判断できる（『明治百人一首』（一八八〇年）は名倉重三郎によって編まれたもので渋沢は採用されていない）。『現今英名百首』はリプリント版が刊行されている（前掲）。『明治英名百人首』は、山本武利・有山輝雄監修の『新聞史資料集成第三巻新聞記者論I』（ゆまに書房、一九九五年）に復刻収録されている。また、ここで挙げられた四種の異種百人一首は、国立国会図書館が公開している近代デジタルライブラリーで閲覧可能（http://kindai.ndl.go.jp/ 二〇一三年七月三一日最終閲覧）。

（11）前掲穂積、二六五頁。

（12）同前。ただし、〔　〕は引用者による補足。

（13）同前。

（14）小沢健志『幕末・明治の写真』筑摩書房（ちくま学芸文庫）、一九九七年、二〇―二一頁。

(15) 同前、八六頁。
(16) 前掲石井、六巻、一九二―一九四頁。
(17) 緒川直人「明治中期迄の写真舗顧客と写真蒐集家斎藤月岑――写真の大衆化の「受け手」論的一考察」『マス・コミュニケーション研究』第八二号、二〇一三年。
(18) 石黒敬章『幕末明治の肖像写真』角川学芸出版、二〇〇九年、一九八頁。
(19) 同前、一九七頁。
(20) 同前、二四〇頁。
(21) 緒川直人「写真舗清新社時代の桑田正三郎――明治中期迄における写真の大衆化の一側面」『史學研究』第二七四号、廣島史學研究會、二〇一二年、六五頁、および、同「政治写真の誕生――自由民権期・写真舗・スターシステム」緒川直人・後藤真編『写真経験の社会史――写真史料研究の出発』岩田書院、二〇一二年、二〇〇―二〇二頁。
(22) 前掲石井、六巻、二〇三―二〇四頁。
(23) 紅野謙介『書物の近代――メディアの文学史』筑摩書房(ちくま学芸文庫)、一九九九年(原著一九九二年)、一六一頁。
(24) 小林弘忠『新聞報道と顔写真――写真のウソとマコト』中央公論社(中公新書)、一九九八年、三九―四六頁。
(25) 大蔵省を辞して実業界に参入し(一八七三年(明治六))、古稀を期に第一線から退くまで(一九〇九年(明治四二))、あるいは喜寿を期にした実業界からの完全引退まで(一九一六年(大正五))という渋沢が実業家として活躍した期間はほぼ明治期に重なっている。
(26) 永谷健『富豪の時代――実業エリートと近代日本』新曜社、二〇〇七年、三三頁。
(27) 同前、一九二―一九七頁。
(28) 同前、一九七―二〇四頁。
(29) 同前、二〇四―二〇七頁、および、第八章。『実業之日本』における「映画スターとしての実業家」については、E・H・キンモンス/広田照幸・加藤潤・吉田文・伊藤彰浩・高橋一郎訳『立身出世の社会史――サムライからサラリーマンへ』玉川大学出版部、一九九五年、一五六頁も参照。
(30) 前掲永谷、二三五頁。
(31) 同前、二三四頁。

(32) 山田登世子『メディア都市パリ』筑摩書房（ちくま学芸文庫）、一九九五年（原著一九九一年）、九五頁。
(33) 同前、九六頁。
(34) バーナード・ベレンソン／島本融訳『美学と歴史』みすず書房、一九七五年、二三〇頁。
(35) 『伝記資料』三巻、五一六―五一八頁。
(36) 大蔵省造幣局編『造幣局百年史』大蔵省造幣局、一九七六年、二九頁。
(37) Liliane Weissberg, "Circulating Images: Note on the Photographic Exchange", Jean-Michel Rabaté (ed.), *Writing the Image After Roland Barthes*, Univ. of Pennsylvania Pr., 1997, pp. 124-129.
(38) 渋沢の出身地・埼玉県深谷市で、「青淵会」という渋沢を顕彰する団体が、渋沢の肖像を印刷した一〇万円札を開運札として制作して販売するなど、渋沢の紙幣肖像採用運動を二〇〇三年頃から展開している。また、二〇〇七年一二月に開かれた埼玉県議会定例会の一般質問において渋沢の紙幣肖像化に対する県としての取り組みを問われた上田清司知事は、紙幣の図柄は財務省の管轄としながらも、県議会議員や国会議員と連携しながら運動していこうとする考えを示している（http://www.pref.saitama.lg.jp/s-gikai/gaiyou/h1912/19121021.html 二〇一三年七月三一日最終閲覧）。
(39) 植村峻『紙幣肖像の歴史』東京美術（東京美術選書）、一九八九年、一八二頁。
(40) 同前、二〇五―二〇六頁。なお、渋沢の肖像が描かれたＣ一〇〇〇円試作券は以下にカラー図版が収録されている。『図録お札と切手の博物館』大蔵省印刷局記念館、一九九七年、一〇九頁。
(41) 渋沢栄一述、小貫修一郎編著『青淵回顧録』上巻、青淵回顧録刊行会、一九二七年、三九五―三九六頁。ただし、〔 〕は引用者による補足。
(42) 前掲ベレンソン、二三〇頁。
(43) 菊池哲彦「精神の共和国とコミュニケーション・ネットワーク――第二帝政期フランスにおける写真の社会性について」『国際交流研究（フェリス女学院大学国際交流学部紀要）』第五号、二〇〇三年、八三頁。
(44) 同前、八五―八六頁。
(45) 庄司栄助編『オリエンタル写真工業株式会社三十年史』オリエンタル写真工業、一九五〇年、二〇頁。
(46) 江木五十嵐写真店百年の歩み刊行委員会編『江木五十嵐写真店百年の歩み』江木五十嵐写真店、一九八五年、七―一二頁。
(47) 同前、三四頁。

(48) 同前、三四―三八頁。
(49) 同前、三八頁、および、布川周二『五十嵐与七物語――ある肖像写真家の一生』叢文社、一九六六年、八四頁。また、五十嵐の評伝である、布川の『五十嵐与七物語』の監修が栄一の四男・渋沢秀雄であることも、五十嵐と渋沢家との親密な関係を示している。五十嵐自身も、一時期、毎夜のように渋沢家に呼ばれて栄一、正雄、秀雄らと花札に興じていたことなど、渋沢家や栄一との思い出を文章に残している。五十嵐与七「ある日・あるとき」執筆年不明、前掲江木五十嵐写真店百年の歩み刊行委員会編、一二七―一二九頁所収。
(50) 前掲江木五十嵐写真店百年の歩み刊行委員会編、三八頁、および、前掲布川、八〇―八一頁。
(51) 五十嵐与七「話の夕ネ板――名士撮して五十年」『文藝春秋』一九五一年一一月号（第二九巻一五号）、一六二頁。なお、この死に顔の写真は、『伝記資料』別巻一〇巻の二七五頁に「五十嵐与七撮影」として掲載されている。
(52) 著者不明『子爵渋沢栄一閣下米寿祝賀会記念録』出版社不明、出版年記載なし（一九二八年？）。早稲田大学中央図書館蔵。
(53) 前掲庄司編、一二三頁。
(54) 前掲『子爵渋沢栄一閣下米寿祝賀会記念録』（頁記載なし）。
(55) 前掲庄司編、一―二三頁、二七六―二七七頁、および、池田陽子・細江英公・久保走一「写真師および乳剤技術者としての「菊地東陽」考」『東京工芸大学芸術学部紀要』第一号、一九九五年、七―一三頁。
(56) 「渋沢子爵御写真解説」前掲『子爵渋沢栄一閣下米寿祝賀会記念録』（頁記載なし）。なお、前掲の『オリエンタル写真工業株式会社三十年史』には、この肖像写真撮影の際に撮られた、渋沢、撮影者の菊地、そしてオリエンタル写真工業常務取締役の渡邊恒太郎が一緒に収まった記念写真が掲載されている。前掲庄司編（頁記載なし）。
(57) 前掲池田・細江・久保、八―九頁。
(58) 前掲庄司編、二七八―二七九頁。前掲池田・細江・久保、九頁。
(59) 同前、一六頁。
(60) 前掲池田・細江・久保、八頁。ただし、〔　〕は引用者による補足。
(61) 同前。ただし、〔　〕は引用者による補足。
(62) 同前。
(63) 『伝記資料』五七巻、八七一頁。

(64) 和田英作・堀進二・清水良雄・明石照男・渋沢秀雄・尾高豊作・野口弘毅「青淵先生にポーズをお願いして――美術家諸氏を中心としての座談会筆記録」『竜門雑誌』第五四三号、一九三三年、七二頁における渋沢秀雄の発言。なお、同記事は、『伝記資料』第五七巻、八七一―八七三頁に抄録されている（本稿では『竜門雑誌』に掲載された元記事から引用）。
(65) 『伝記資料』五七巻、八七一頁、および、前掲和田・堀・清水・明石・渋沢・尾高・野口、六六頁における渋沢秀雄の発言。
(66) 前掲和田・堀・清水・明石・渋沢・尾高・野口、六五頁における和田の発言。この肖像画は、『竜門雑誌』第五四四号、一九三四年（頁記載なし）に掲載されている。
(67) 渋沢秀雄「私の角度より見た父」『竜門雑誌』第五三〇号、一九三二年、四八頁。
(68) 「私は〔渋沢栄一〕先生を二度描きました」という清水の発言が記録に残っているが（前掲和田・堀・清水・明石・渋沢・尾高・野口、七一頁、ただし〔 〕は引用者による補足）、史資料にあたる限り、本文中で示すように、清水はこの座談会が設けられた一九三三（昭和八）年までに、渋沢の肖像画を、少なくとも三点、描いていたと考えられる。
(69) 清水良雄「偉大なる包容力それ自体が美術」『竜門雑誌』第五四七号、一九三四年、五九頁。なお、この肖像画は、『竜門雑誌』第五四七号、一九三四年（頁記載なし）に掲載されている。
(70) 『竜門雑誌』第五四四号、一九三四年（頁記載なし）に掲載された肖像画とそのキャプションを参照。
(71) 『伝記資料』第四五巻、二七六―二八〇頁。なお、『学生寄宿舎の世界と渋沢栄一――埼玉学生誘掖会の誕生』渋沢栄一記念財団渋沢史料館、二〇一〇年には、この肖像画（四二頁）とこの肖像画を掲げた誘掖会寄宿舎集会室の写真（四三頁）が掲載されている。本書の編者・高田知和氏によれば、氏が誘掖会寄宿舎に在舎していた一九八〇年代当時、この肖像画は集会室から移されて舎監室に掲げられていたという。
(72) 『伝記資料』第四五巻、三二六―三二七頁。なお、この肖像画は早稲田大学文化資源情報ポータルでも閲覧可能（ID: 0140）(http://www.enpaku.waseda.ac.jp/db/cr/portal/ 二〇一三年一〇月二日最終閲覧)。
(73) 前掲和田・堀・清水・明石・渋沢・尾高・野口。
(74) 同前、七〇頁における清水の発言。
(75) 同前、六九頁における尾高の発言。（ ）は原文ママ。
(76) 同前、七八頁における尾高の発言。〔 〕は引用者による。
(77) 同前、六五頁における和田の発言。〔 〕と傍点は引用者による。

(78) 同前、六六頁における和田の発言。〔 〕と傍点は引用者による。

(79) 同前、六八頁における和田の発言。〔 〕と傍点は引用者による。

(80) Geoffrey Batchen, *Forget Me Not: Photography and Remembrance*, Princeton Architectural Press, 2004; Geoffrey Batchen, "Ere the Substance Fade: Photography and Hair Jewellery", Elizabeth Edwards and Janice Hart (eds.), *Photographs Objects Histories: On the Materiality of Images*, Routledge, 2004, pp. 32-46.

(81) 前掲渋沢秀雄、五五頁。

(82) 『伝記資料』別巻一〇巻の二八七頁に、渋沢の逝去直後の一九三一年（昭和六）一二月一四日に丸之内の渋沢事務所で撮影された、陽明学会主催の追悼会出席者の集合写真が掲載されている。この集合写真には、事務所の壁に掛けられた渋沢と思われる肖像画ないし肖像写真が確認できる。また、この追悼会を主催した陽明学会は、渋沢栄一が講演を行うなど運営に関与し評議員を務めた団体で、この集合写真に写っている追悼会の参加者は、多くが陽明学会員だと推定される。『伝記資料』二六巻、二六―二七頁、および、同、五七巻、八一九頁を参照。

(83) 渋沢の肖像写真が東京銀行集会所講堂に掲げられている写真（図15）を掲載した『竜門雑誌』第五三〇号、一九三二年（頁記載なし）のキャプションによれば、この肖像写真は一九一二年（大正二）撮影とされている。この肖像写真は、その服装などから、『伝記資料』別巻一〇巻の二五三頁に掲載されている「撮影年次未詳」とされた肖像写真と同一のもの、あるいは同じ機会に撮影されたものだと判断できる。

＊ すべての図版の二次使用を禁ずる。図9、10、11、15は渋沢史料館蔵『竜門雑誌』より転載した。

＊伝記・歴史小説

渋沢栄一の「事実／真実」から「存在の謎」へ

平井雄一郎

一　「歴史学」と「文学」、あるいは「事実」と「真実」

『広辞苑』をひもといてみると、「伝記：個人一生の事績を中心とした記録」、「歴史小説：過去の時代を舞台にとり、もっぱらその時代を描こうとする小説」とある。一方、文学事典には「伝記小説」という項目もあり、「ある人物の生涯を、仮構をまじえず事実に即して叙述した文学作品」と記されている[1]（以上、傍点すべて筆者）。これらのベーシックな定義に依拠した上で、「伝記」はそもそも「記録」と「小説」に分岐し、かつ後者は「歴史小説」にも帰属する、と考え、図1のような概念図を描いてみることは一応許されよう。ロシア史家・菊地昌典がその卓抜な歴史小説論においてくり返し強調した、「伝記」は「歴史家」と「作家」の競合領域である[2]、という見解はこの概念を裏打ちしてくれる（『広辞苑』に「評論をまじえた伝記」としてある「評伝」も、この意味では「伝記」と同じものとして取り扱って差し支えないであろう[3]）。だが、同時に菊地は、「同一の史実を前にした作家と歴史家

図1

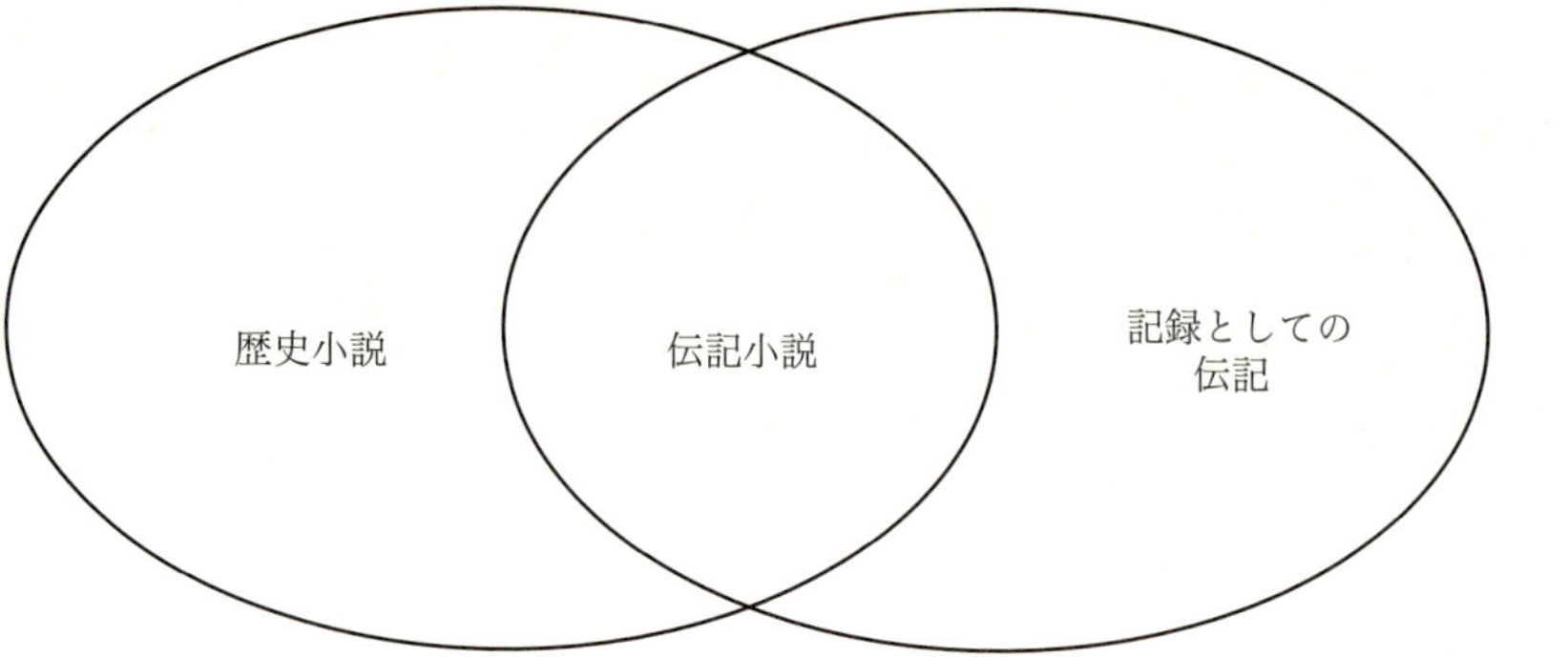

のイマジネーションのちがいは、作家・歴史家の職業的差異に由来するというより、むしろ、一人の人間に無意識に形成された史観（略）によって、大きな制約と影響をうける」という点にも注意を喚起しており、[4] そこに、日本中世史家・黒田日出男の、「歴史小説の魅力のかなりの部分が伝記的叙述にあるとすれば」その「あり方について根本的な考察を行って然るべき」であるのに、「議論が歴史家の間でなされることはあまりにも少ない」という嘆き[5]を重ね合わせてみると、私たちは、古今東西数多くの論点が差し出されてきた、あのお馴染みの問題系に否応なく突きあたることとなる。

歴史家が書くならば「記録としての伝記」、作家が書くならば「伝記小説」、ということではけっしてない。それはトートロジーであって、問われるべきはむしろ逆である。たとえば、「小説」という言葉をめぐる〈神話性〉――「novel」の訳語として設定された時点では、近世の「正史」／「稗史」並立以来の伝統を受け継いで、かならずしも「フィクション」性という負荷を帯びておらず、したがってある時期までは、広義の「biography＝伝記」との区分すら曖昧、困難であった[6]――などを引き合いに出すまでもなく、「記録としての伝記／評伝／伝記小説／歴史小説」というジャンルの境界群（図1における輪郭）はけっして明瞭ではない。そのことから、書き手としての「歴史家」と「作家」、あるいは彼らの立場を保証するディシプリンとしての「歴史学」と「文学」――これらの根本的範疇までもが再審に導かれてしまう契機が、ここにはあるのである。

本章は、個別のジャンル分類はいったん宙づりにした上で、「身体的存在としての渋沢栄一のライフヒストリーを語り、書き、再・現前化しようとする行為を中心として構築されたテクスト＝書物」全般を便宜的に「渋沢伝記」と総称し、それら「伝記」において、どのような「内容」の渋沢像が、どのような「形式」をもって叙述されてきたか、ということを時系列にそって検討することをまず目指すものである。だが、右に述べた問題系についても、あわせてささやかながら思索していくために、古今東西の諸論点の中から一つだけ、フランス史家・遅塚忠躬が提唱し、こだわり続けた「事実／真実」概念を選び取り、予め少し参照しておきたい。

遅塚によれば、歴史学の営みが史料によって「論理的に」知りうるのは外面的な「事実 fact」の領域のみであり、それら「事実」をいくら積みかさねてみても、人間の内面的精神世界に代表されるような「真実 truth」の領域に「直感的に」立ち入ることは原則としてできない。立ち入ることができるとすれば、それは芸術としての文学の営みである、という[7]。歴史学を営む歴史家は「事実」に忠実であろうとし、「真実」への接近については慎重な態度をとるが、それに対し、文学を営む作家は「事実」に忠実である以上に、「真実」へと接近する欲望を強く抱くのだ。歴史学と文学、歴史家と作家は、このような位相において相対的な差異を有するのであって、菊地が「歴史家」と「作家」を分かつものとして措定した「史観」の違いとは、おそらくは遅塚が言うところの「事実」と「真実」、この二つのベクトルを交差させてみればそこに現出する、四象限の中の何処に各自の史観が配置しているのか、という「違い」に相応するのであろう。遅塚の知見を準拠枠とする以下の考察は、「渋沢伝記」というテクスト群の各「配置」を見定める作業といってもよい。

二　一九三〇年代と「渋沢伝記」

野依秀市編『青淵渋沢栄一翁写真伝』（実業之世界社、一九四一年）五三―五四頁の「青淵先生編著書並に伝記類

目録」に五三冊、明石照男編『青淵澁澤榮一――思想と言行』（渋沢青淵記念財団龍門社、一九五一年）一二一―一三頁の土屋喬雄「青淵澁澤榮一伝目録」に六冊、山口平八『渋沢栄一』（平凡社、一九六三年）巻末一八六頁の「青淵先生伝記類刊行物」に一三冊、東京大学経済学部付属日本産業経済研究施設伝記資料目録編集委員会編『東京大学経済学部所蔵　近代日本経済人伝記資料目録』（東京大学出版会、一九八〇年、以下『東大目録』と略す）一一二―一一三頁に五〇冊、とすでに三〇年前の時点で優にのべ一〇〇冊を超える渋沢の「伝記」がリストアップされている。しかしこれらには『渋沢栄一伝記資料』、あるいは渋沢の口述記録を発展させたものである『雨夜譚』（一九〇〇年）[8]、岡田純夫編『渋沢翁は語る――其生立ち』（斯文書院、一九三二年）、渋沢栄一述・小貫修一郎編『渋沢栄一自叙伝』（偉人烈士伝編纂所、一九三七年）などに加えて、『東大目録』にいたると『渋沢栄一滞仏日記』（日本史籍協会、一九二八年）をはじめとする渋沢自身の「著作」群から、はては渋沢が関係した社史・団体史の類まで含まれている。『雨夜譚』系列のテクストは、「他伝 biography」と明白に区別されるところの事実上の「自伝 Autobiography」として取り扱われるべきだと思うが、その一方で、のちに詳述する大佛次郎や城山三郎の「伝記小説」（「歴史小説」）が除外されているところを見ると（幸田露伴の『渋沢栄一伝』は必ず取り上げられている）、右記のリストは「伝記 biography」の根源的な定義づけということにあまり自覚的ではなかったようだ。そこから「伝記」概念の無限膨張に歯止めが効かなくなったものであろう。

一応断っておくが、筆者の関心は、これら膨大な「伝記」群を網羅的に取り上げ、整理・分類・一覧していくことにより、「趨勢」や「傾向」のたぐいを抽出しようとする方向――「量的」アプローチ――には、ない。「伝記」として「渋沢像」を「叙述する」という制作行為を構成している政治的・経済的・文化的諸「権力」を微細に穿つことをあくまで目指しているのであって、必然的に、個々のテクストに対してピンポイントで解釈の集中砲撃を加えていく「質的」アプローチを選択することとなる。そこでこの際、広範な読者層の手元に届けられ、社会に一定程度のインパクトを与えたであろうテクスト、ようするに同時代から後世にわたって「よく売れ、よく読まれた」

表1　渋沢栄一「七大伝記」の書誌情報，およびテクスト「形式」・「内容」にかんするメモ

	著　者	土屋喬雄	幸田露伴	大佛次郎	城山三郎	山本七平	土屋喬雄	鹿島　茂
	書　名	渋沢栄一伝	渋沢栄一伝	激流：渋沢栄一の若き日	雄気堂々（上・下）	近代の創造：渋沢栄一の思想と行動	渋沢栄一	渋沢栄一（Ⅰ算盤篇，Ⅱ論語篇）
書誌情報	初出媒体とその連載期間・回数			『日本経済新聞』 1951/10/1～1952/2/8 全130回	『毎日新聞』 1971/1/1～1971/12/23 全353回	『Voice』 1984/1～1986/3 全26回		『月刊公論』→『諸君！』 1995/5～1996/6，1999/8～2004/10 全77回
	挿絵提供画家			木村荘八	中一弥			
	単行本版元	改造社	岩波書店	文芸春秋新社	新潮社	PHP研究所	吉川弘文館	文藝春秋
	単行本刊行年月	1931/11	1939/6	1953/8	1972/8～9	1987/3	1989/5	2011/1
	（初版）定価	50銭	1円50銭	25円	上・下各巻980円	2100円	1860円	Ⅰ・Ⅱ各巻2100円
	刊行時著者年齢*1	34歳	71歳	55歳	45歳	65歳	（刊行前に91歳で死去）	61歳
	現在入手可能版	（絶版）	（絶版）	未知谷，2009年刊	新潮文庫，1976年刊	祥伝社，2009年刊	原版刊行継続中	原版刊行継続中
	書誌情報備考	「偉人伝全集」中の1冊	1939/5，財団法人渋沢青淵翁記念会から豪華愛蔵版（非売品）を先行して刊行 1939/9，文部省一般推薦図書に指定	連載時題名はたんに「激流」	連載時題名は「寒灯」		「人物叢書」中の1冊	連載時題名は「サン＝シモン主義者　渋沢栄一」 単行本では「スエズ運河に何を思ったか」「人形と日米親善」の章を追加
形式	分量（400字で概算）	550枚	420枚	370枚	1230枚	970枚	390枚	1700枚*3
	会話文の有無	○	△（間接話法）	○	○	×	○	△*4
	テクスト内物語世界における渋沢の呼称	栄二郎→篤太夫→渋沢（たまに渋沢子）	栄一*2	栄二郎→篤太夫	栄一	栄一	栄一	栄一 or 渋沢
	テクスト内物語世界の時間的終点	渋沢の実業界引退	渋沢の死	静岡での起業決意	妻・千代の死と，三菱との海運競争終結	第一国立銀行設立	渋沢の死	渋沢の死
	その他形式上の特徴	巻頭に「天之道人之道」の書画 全編総ルビ	章・節の区切り無し				巻頭に「義利両全」の書画 巻末に家系図・年表	巻末に家系図・年表
内容	渋沢の身体描写の有無	○	×	×	◎（きわめて詳細）	×	○	×（引用などだけにとどめる）
	主たる渋沢関係参照文献（先行伝記は除く）	青淵先生六十年史，渋沢栄一全集，青淵回顧録，雨夜譚会記録，渋沢男爵実業講演集，航西日記，人間渋沢栄一	「渋沢家編纂所の伝記稿本」，雨夜譚，藍香伝，航西日記	（明記無し）	（明記無し―ただし，穂積歌子『はゝその落葉』を参照していると思われる個所あり）	渋沢栄一伝記資料，雨夜譚，雨夜譚談話筆記，渋沢栄一伝稿本，青淵先生伝初稿，昔夢会筆記，航西日記，論語講義，第一銀行五十年史稿	渋沢栄一伝記資料，渋沢栄一滞仏日記，青淵百話，論語と算盤，論語講義，渋沢栄一全集，雨夜譚，渋沢栄一訓言集	左記先行「伝記」で参照されたものの多くに加えて，渋沢栄一事業別年譜，穂積歌子日記，はゝその落葉，新藍香翁，実験論語など。また，渋沢研究の学術書も多数参照。

＊1　比較のために満年齢で統一した。
＊2　幼名「市三郎」についての簡略な説明がある。
＊3　単行本「あとがき」における著者自己申告による。
＊4　原則無しだが，一部，あえて小説形式で叙述している個所がある。

と推測されるテクストを、とりわけ重要性の高いものとして「渋沢伝記」群総体の中からセレクトし、それらを重点的に読み解いていきたいと思う。「推測」の根拠は、テクストを公に露出させた媒体《メディア》の質や規模について個々に言及していくことによって自ずとあきらかにできると思うが、単行本化されたもの、かつ（本書の基本的なコンセプトにしたがって）渋沢没後に刊行されたもの、という条件も加味してセレクトした七つのテクストが表1である。これらの書誌情報はこの表をもって代える。

（1）「渋沢伝記」の誕生

渋沢存命中に刊行された龍門社編『青淵先生六十年史　一名近世実業発達史』（龍門社、一九〇〇年）[9]、生駒粂造『渋沢栄一評伝』（有楽社、一九〇九年）、大瀧鞍馬『子爵渋沢栄一』（渋沢子爵伝記刊行会、一九二五年）、長沼依山『渋沢子爵　実業王となるまで』（荻原星文館、一九三〇年）などは、著者および版元の性格、知名度、ステータスなどからして、相対的に限定された読者の手元にしか届かなかったと思われる[10]。そうした「渋沢伝記」の歩みの中で、土屋喬雄の『渋沢栄一伝』（一九三一年）が一大転機をもたらしたことは間違いない。すなわち、賀川豊彦『死線を越えて』をはじめとする数々のベストセラー、「円本」ブームの先駆けとなった『現代日本文学全集』、論壇を席巻した総合誌『改造』などを世に送り出し、一時代を築いた出版社＝改造社、その改造社により「偉人伝全集」全二四巻が企画され、第一回配本（一九三一年七月）の菊池寛『ナポレオン伝』以下、在野の作家とアカデミズムに所属する研究者とが共存する錚々たるラインナップに混じり、東京帝大経済学部助教授にして当時の「経済史学界の新進」[11]の手をもって「渋沢伝記」が世に送り出されたのである[12]。これは、それまで渋沢の身内や在野の無名な好事家達によってのみ発信され、それゆえ限定された読者層にのみ受容されてきたであろう「渋沢像」が、権威ある著者および有力なメディアを得たことで、より広く一般的な空間に向けて解き放たれたことを意味する。もちろん「広く一般的」とは言っても、戦後のマスメディアに初出したいくつかの「渋沢伝記」に較べればたかが知れたものであったろうが、それでもとにかく、渋沢が没したわずか九日後に刊行され、「序」に「渋沢子爵の薨去を悼みつつ」と記されている[13]この土屋テクストに、「渋沢伝記」がはじめて市販単行本のかたちで一定の大衆性を獲得した点において、その記念碑的な意義を認めたい。

さて土屋はその「序」にこう述べる。「資料の関係から前篇と後篇とに分かち、各々の叙述方法を変えることにした」。すなわち、「退官以前は、（略）「雨夜譚」のもつ史料的価値とその多くの読者に与えるであろうところの興味を無視すべきではないと考えたので、多少個人的生活に渉りすぎる嫌いはあるが、前篇に多くの頁を割」き、そして「後篇においては、日本資本主義史上の渋沢栄一の役割、地位を一応明かにするという、本書本来の目的のみを果たすに止めた」と（四―五頁）。「前篇」は、一八四〇年生まれの渋沢が一八七三年に大蔵省を「退官」するまでの足跡を約一九〇頁費やしてたどっていくという、まさに「伝記」的叙述であるのに、一方「後篇」は、明治期日本経済の発展史を約一二〇頁程度で多少駆け足的にめぐりながら、「発展」に対する渋沢の関与・貢献を適宜盛り込み、そして一九一六年の第一銀行頭取辞任をもっての「実業界隠退」でストーリー構成を締めくくったことに対する、著者の弁明である。しかし、執筆中にはまだ存命であった渋沢について、その「死」まで描き切ることはもちろん物理的に不可能であったとはいえ、九〇歳を過ぎて依然として社会的に「現役」であった人物の「伝記」的叙述が、三〇代半ばの壮年期で実質的に途絶えているというのは、相当に奇異な構成であり、出版社と読者の期待に応えるものでなかった可能性は十分に考えられる。

だがここで、土屋が選択した（せざるをえなかった）戦略を個別に検討しても仕方がない。というのは、表1に「テクスト内物語世界の時間的終点」として整理したように、「永く伸張しすぎる青（壮）年時代」とその反面としての「異様に圧縮された、（場合によっては不在の）後半生」という、物語内の時間配分は、土屋にかぎらず、その後の主要な「渋沢伝記」にほぼ共通して観察される現象であり、したがってそれは「渋沢伝記」が宿命的に抱え込み続けたアポリアであるかもしれないからである。「渋沢伝記」の物語世界の中で、渋沢という存在の「後半生」

とりわけ「死」は非常に道のり遠く、なかなか手が届かない。それはなぜなのか。

ところで土屋は「序」にもう一つ、こうも述べている。「「人間渋沢栄一伝」は私の能くし得る所でないから、専ら「日本資本主義の最高指導者渋沢栄一伝」を試みようと思う」（三頁）。「人間」そのものの内面的精神的世界、すなわち「真実」の領域を描くことなど到底できない、だから自分は、あくまで日本資本主義の生成・発展という客観的因果法則が支配する世界の中で自己実現をなした渋沢栄一の姿を論理的に描ききるのだ、という意思表明なのであって、確かに、表1に示したものを含めて膨大な文献（史料）で基礎付けして記述を組み立てていく土屋は、「事実」のみに忠実な実証主義史家としての態度を貫いているように見える。だが土屋は、起きたに違いない「事実」だけではなく、ありえたかもしれない「真実」への接近の欲望も心の奥底深く宿していたようなふしもうかがえる。その点については続く露伴テクストと比較考察しながら述べよう。

（2）土屋喬雄から幸田露伴へ、二つの『渋沢栄一伝』

白石喜太郎『渋沢栄一翁』（刀江書院、一九三三年）および Kyugoro Obata, *An Interpretation of the life of Viscount Shibusawa* (Tokyo: Zaidan Hojin Shibusawa Sei-en O Kinen Kai, 1937) という二人の元・渋沢秘書による「渋沢伝記」刊行、土屋の『渋沢栄一伝記資料』編纂主任就任（一九三六年）などを経て、土屋テクストから八年後、幸田露伴こと幸田成行による『渋沢栄一伝』が登場した。このテクストの成立過程については露伴の愛顧を受けた編集者・小林勇の詳しい証言がある。出版企画は財団法人渋沢青淵翁記念会が岩波書店に委嘱したもので[15]、仲介者の小林は、老文豪が巨額の執筆料（財団が提示した総予算額は五万円）[14]に目がくらみ、財界人肝煎りの団体が持ち込んだ仕事に飛びついたのではないか、と世間に解釈されるのを危惧もしていたという[16]。だが、ともに『論語』に生涯をつうじて傾倒し、その学び取ったエートスを各々の職業的実践に活かそうとした点において、渋沢と露伴は共通の土俵に立つ思想人であり、また露伴には『修省論』『努力論』など商業道・実業道を正面から論じた著作もあり、したがって『渋沢栄一伝』は不純な金銭的動機のみに由来する著作ではけっしてない[17]。露伴が執筆にとりかかったのは一九三四年。同年内に書き上げる予定だったのが、小林がくり返し申し訳なさと後悔を吐露しているように、筆は遅れに遅れて露伴をして長きにわたって悩ませる仕事となり、一九三九年四月になってようやく脱稿した。五年かかっての刊行は結果的に渋沢生誕一〇〇年を記念するものとなった[18]。

さて露伴テクストの基本的構成は、藩札整理、藩債・宮方負債の処分、租税制度確立など経済史的トピックの記述に土屋テクスト以上に贅を尽くしながら、渋沢の誕生から（正確には渋沢一族発祥の由来から）死までをオーソドックスに時間軸の進行に沿ってたどるものとなっているが、その全編三七〇頁の八割以上を経過した地点で、渋沢の大蔵省辞任に触れ、「又ここに栄一の一生の前半は終り、後半はこれより初まると云っても可なるのである」（三二三頁、以下引用は渋沢青淵翁記念会版より）と述べる。このアンバランスな区切り方、すなわち「後半」を端折ったことに対して[19]、同時代の著名なレビューアー達――土屋、山口和雄、関口泰、仲郷三郎など――から示し合わせたように同趣旨の批判が集まった。たとえば山口はこう述べる――「退官以降を単に附録的に取り扱った点に於いて」「其人の事業に対する客観的評価を通じて其人を評伝するという見地に欠くる点に於いて、なんとなく物足りぬように思われる[20]」。だがこの批判は、山口の師である土屋が、さきに指摘したように、「退官後」の「後篇」については伝記的叙述から逃避してテクストを構成したことにも跳ね返るものであろう。その土屋はというと、少なくとも三つの媒体で露伴テクストをレビューするという力の入れようであるが、うち一つで、「批判」をフォローするかのように「退官以後の彼の事歴を充分に叙述することは、何人にとっても至難であって、この故を以て深く著者をとがむべきではあるまい[21]」と述べている。これは、自身がかつて「充分に叙述」しえなかったことをひそかに認める発言にも聞こえる。

露伴自身は、執筆の遅れを心配する小林に対して「〔渋沢の晩年は〕沢山な事業に関係しているけれども、そんなものを一々書いてみたところで面白くない」し、「弟の成友がやった資料もどうも年譜のようにならべたててあるばかりで面白くない」としきりに愚痴をこぼしていた。老文豪のこうした評言に、柳田泉の「渋沢栄一の生涯は永い。九〇何年の長丁場をのべつ幕なしに編年体やら記事本末体でやられてはたまったものではなかろう[22]」という擁護の弁を重ね合わせてみると、渋沢栄一の「後半生」は、いかに叙述に工夫を凝らそうとも平板な事業年譜＝編年史スタイルをもって構成するしかなく、したがって文学者・小説家の詩的欲望に応えうる素材では到底ない、という結論が導かれてくるであろう。極論すれば、「後半生」は書いても読んでもまったく面白くない、退屈な代物だ、ということだ。

ところでここで、羽仁五郎による最も好意的なレビュー中の「真実の小説の文学」という賞揚の言葉を引き[23]、それに土屋の、自著に対する「「人間渋沢栄一伝」は私の能くし得る所でない」（前出）および露伴テクストに対する「秀でたる一大詩篇[24]」という二つのコメント、そして露伴自身の「人間渋沢を書くより他はないので、まあ随筆風にやることにしたよ」という発言をならべて考量する時、土屋テクスト＝歴史学、露伴テクスト＝文学、というコントラストが一見明瞭に映し出されるかのようである。だが、ことはそう単純ではない。露伴テクストは、素朴実証主義の批判者・羽仁をして「頌徳に堕すことな」い「史実に忠実なる史書」とも称えせしめており、まさにその評言どおりに、渋沢の人格と行動を禁欲的かつ誠実に記述していくのであって、そこには「人間」の「内面」への「直感」的立ち入りという意味での「真実」という機制は――少なくとも土屋テクストと比較してみて――それほど強く働いてはいない。むしろ、たとえば学術的な歴史書と歴史小説、両叙述を分かつ通俗的なメルクマールとされる「会話文」の取り扱いにかんして、露伴が原則として間接話法で処理しているのに対して、土屋は明白に「地の文」と区別されるかたちで用いており（表1）、そうした「形式」の選択のレベルでは後者の方が、「人間」という「真実」への指向性が強いと言えるだろう。身体性を直接帯びたオーラルな過去の痕跡というものは、予めその採取を目的として記録された資料をもってしなければ、ダイレクトな表象は不可能であり、したがって、そのような資料を欠いた状態でテクスト上に書き記された会話文などというものは書き手の「直感」、いや「想像力」による構築物でしかない。「想像上」の会話文に加えて、土屋テクストには、渋沢の母・栄が隣家の「癩病患者」が温泉に入るのを介助してやった（二〇頁）などという、資料的根拠が薄弱な逸話[25]も散見される。対照的に、露伴テクストには資料と叙述の対応関係において管見のかぎりほとんど隙がない。

一方で露伴は、渋沢・井上馨ら明治新政府の開明派官僚達が「民」の福利によく心を砕いたがゆえに「改革」を成し遂げたことについて論じる際、建武新政の失敗を引き合いに出して、遠回しに皇国史観を批判してもいる（二三七―二三九頁）。翌一九四〇年、津田左右吉と岩波茂雄が不敬罪で起訴された際の反対署名にまっさきに応じたりもしているが、露伴のそうしたリベラルさとはまた対照的に、土屋はというと、この時代のアカデミズムに所属する保守的な実証史家らしく、渋沢という〈過去〉の叙述に政治的アクチュアリティを持ち込むことを慎重に回避している。そうした立ち位置の違いは制度的な意味での「文学者」と「歴史家」のそれであるかもしれないが、述べてきたように、「事実」への忠実さと「真実」への欲望という、二つの位相からそれぞれのテクスト＝『渋沢栄一伝』を切り分けてみた場合、そこに歴史学／文学というジャンルの境界を見出すことはきわめて困難である。二つのテクストのあいだの屈折した関係は、「歴史」そのもののあり方が大きく問われた一九三〇年代の思潮の一断面でもあり、また「歴史叙述における人間」という課題としては戦後に引き継がれていく。

三　戦後史と「渋沢伝記」

（1）復興期と大佛次郎

一九四〇年代に入ると、渋沢の四男・渋沢秀雄による『攘夷論者の渡欧――父・渋沢栄一』（双雅房、一九四一年）、野依秀市編『写真伝』（前出）が刊行された。秀雄本と同年の後者には露伴が「序」を寄せ、「我邦の伝記の一体」の「絵詞伝」の伝統に連なるものとして「写真伝」を位置づけ、その現代的意義を論じている。ところで、秀雄、渋沢の五女・愛子の婿である明石照男など、出版企画にかかわった渋沢近親者や龍門社の間では、漢文調の露伴本は難解であり、したがって、あらたに誰でもやさしく読める「大衆版」的伝記が欲しい、といった意見が徐々に巻き起こってきた。そこで秀雄・明石らは当の露伴に「新執筆者」の選定を相談したのである。それに対して露伴が推薦したのが大佛次郎こと野尻清彦であった。大佛にまで至る一連の交渉は敗戦後間もない頃であったらしく、秀雄は大佛に「〔渋沢の〕郷里へ連れて行く」とか「渋沢の兜町の事務所の焼跡に案内する」とかの便宜を図ったが[26]、大佛が実際に『激流』と題して「渋沢伝記」を活字にできたのは、一九五一年に至っての『日本経済新聞』での連載であった（原稿料を負担したのも日経ではなく、渋沢サイドであった可能性が高い[27]）。土屋と露伴のテクストは、時代の先端を行く出版社の叢書シリーズの一冊であるとか、あるいは大文豪の著作であるにしても、書き下ろしであり、その意味では「受容層」は一定の範囲で閉じられたものであったろう。しかし、日刊の全国紙が初出となるとまた事情は違ってくる。この時代の『日経』発行部数は約七〇万部[28]。約四ヶ月、一三〇回にわたった連載期間中、この「七〇万」読者のうち確実に何割かは日々の連載を楽しみにして読みふけり、また何割かは木村荘八の端麗な挿画に目を奪われたりなどしてたまに端読みし、そして残りの何割かは「作家・大佛次郎が描く渋沢栄一の生涯」というテクストの試みが進行していることを心に留め置いたであろう。さらに全国紙という「マスメディア」は断片的にではあれ物質的な循環・増殖をくり返すのであるから、何処かで誰かが思いもよらぬかたちで大佛テクストに接触していた可能性もある。つまりこの『激流』は、「渋沢伝記」の読者空間を劇的に拡大させたという点で、また一つの画期をなしたテクストであったと言えよう。ちなみに当時の『日経』は「「小説のない新聞」として話の泉の話題に挙げられたほど[29]」であったが、これが同紙における戦後初の連載小説となった。

大佛テクストで主に再構成されたのは、文芸春秋新社からの単行本刊行時（一九五三年）にあらたに付された「渋沢栄一の若き日」という副題に示されるように、一八六九年、フランスから帰国した渋沢が、静岡に隠退した徳川慶喜のもとで起業を決意するまでの時空間である。大蔵省「退官」をさらに遡る時期で完結してしまっているわけであり、したがって、くり返し指摘してきた「渋沢伝記」におけるアポリアはまたも解決されていない。だが、『鞍馬天狗』などいわゆる「時代小説」（≠歴史小説）で名の知れた作家による新聞連載小説に対し、渋沢の生涯をその終焉までバランスよくしっかり見届ける正攻法な「伝記」的作品を期待する気持ちは周囲ではさほど強くなかったのではあるまいか。『激流』は、「語り手」である「私」が、大正中期の一高寮生時代に「渋沢の妾」の噂を耳にしたことを想起しながら、語る「現在」の時点で飛鳥山を訪れる逸話をもってその幕を開ける。土屋や露伴がけっして触れえなかった渋沢の秘められた「私生活」をプロローグとして招き入れ、「聖人君子」ではない人間臭い老人像を予め提示してしまう大佛にはなから「後半生」のことなど眼中に無かったに違いない。筆者の個人的な読後感としても、大佛テクストには、締切や枚数の制約、膨大な資料群を前にしての困惑、当初の構想の見込み違いなどから、執筆途中で構成を無理矢理に屈曲させたような印象はまったく受けない。子どもでも読み下せるような平易な文体で、のちの大偉人の「青春」――著者の意図は別にして、読者は戦後復興期の日本という「青春」をそこに重ね合わせることも可能であろう――それ自体を一つの見事完結した小宇宙として描ききった作品である。

土屋、露伴と較べた場合に、内容面で大佛テクストが際立つのは、渋沢の内面に、すなわち「真実」の領域に深く立ち入っていることである。『激流』の渋沢は心の中で常に喜び、怒り、哀しみ、そして楽しむ。だが一方で、その「真実」のために、外面的な「事実」を、つまりそれを支えるところの記録性と実証性への配慮を、けっして疎かにはしていないこともまた強調しておかねばならない。このテクストで試みられたのは、「事実」の制約を厳しく自らに課して「歴史其儘」をよく心がけながらも、「歴史離れ」して「人間」描写にも果敢に挑むことであったのだろう。大佛は、渋沢の行動を追うだけでなく、適宜、坂下門外の変などその時代背景をなす事件の叙述を巧妙に挿入している。したがってここに私たちは、「伝記」というジャンルを超えて、鷗外以来追求されてきた「歴史小説」の一つのささやかな完成形を見ることもできよう。

（2）高度成長期と城山三郎

一九五〇年代から六〇年代にかけての「渋沢伝記」は、渋沢秀雄『父渋沢栄一』上巻・下巻（実業之日本社、一九五九年）[30]、山口平八『渋沢栄一——日本民主自由経済の先覚者』（平凡社、一九六三年）が目立つ程度である。渋沢家・龍門社側による伝記企画の動きが途絶えたのは、一九五五年四月から『渋沢栄一伝記資料』の刊行が再開されたことが関係していよう。また、「伝記」ビジネスの世界で「渋沢栄一」の商品価値が少々低迷していたこともあるのかもしれない。そうした、やや熱の冷めた雰囲気が二〇年ほど続き、高度経済成長の世もそろそろ峠にさしかかろうとした頃、歴史的視点をもってふりかえれば一大衝撃をともなう巨編、城山三郎こと杉浦英一（この本名は「栄一」に因む）による『雄気堂々』が出現した。

なぜ一大衝撃であるのか。まず、『毎日新聞』は当時『朝日』『読売』とならぶ全国三大紙の一つとして、公称発行部数五〇〇万部超[31]（大佛連載時『日経』の七倍以上）を誇り、この巨大媒体の朝刊小説欄に約一年間（一九七一年一月一日〜一二月二三日）の長期にわたって連載された（推定執筆枚数は露伴の約三倍）のである。翌一九七二年には連載時のタイトル『寒灯』を『雄気堂々』に変更して新潮社から上・下二巻で刊行された。筆者の手元にはその一九七八年発行版があるが、それぞれすでに一八刷・一七刷となっているのを確認できる。このハードカバー版と平行して、一九七六年五月、文芸文庫として日本人にはもっとも親しまれている「新潮文庫」に加えられ、それが現在（二〇一四年）も刊行継続中で上・下巻ともに五二刷を数えている。これらのデータを、大佛の項で論じた新聞メディア「循環・増殖」の方程式に投入してみるだけでも、城山テクストによって「渋沢伝記」が、土屋・露伴・大佛の時代には思い及びもしなかったような、途方もなく広大な領域＝読者空間に投げ込まれてしまったことを思い知ることができよう。そして、こうした客観的側面に加えて、当時の文化状況も考慮に入れておかなければならない。すなわち、NHKの「大河ドラマ」放映開始（一九六三年）、中央公論社版『日本の歴史』シリーズの発刊（一九六五年）とその好調な売れ行き、そして〈歴史小説家〉司馬遼太郎のブレイクと、一九六〇年代は「歴史ブーム」であった。それだけにはとどまらない。右肩上がりの経済成長を背景としての「明治百年」の祝祭ムードも加わり、間違いなく当時の大衆は「幕末維新の偉人」達に熱狂的に飢えていた。〈市場〉としての〈歴史・日本近代史〉においてドラスティックに需要／供給の均衡が崩れた結果、自ら「経済史は弱いけど[32]」と謙遜していたように、当時はまだ「歴史小説家」としてのイメージは希薄であった城山までもが執筆者として引っ張り出されたのである。ようするに、土屋、露伴、大佛とは違い、この城山テクストは時代の「大衆」の欲望によってプロデュースされたとも言えるのであり、その意味でまさに社会現象だった。

さて城山は連載の予告でこう述べた。「わが国屈指の実業家渋沢栄一を材料にはするが、単なる伝記小説ではない。現代と同様、価値観の動揺する時代に生きて、ひとりの若者にとって人生は何であるか、ひとりの壮年にとって人生は何であるか、さらに、ひとりの老年にとって人生は何であるか、しぶとく問いつめてみたい[33]」（傍点筆者）。傍点部分にほのめかされているように、城山は当初あきらかに渋沢の「生」をその最終地点まで描くことを構想していた。ところが、連載の最終回を飾ったのは一八八二年のコレラ流行による最初の妻・千代との永遠の別れの場面であった（物語内時間的終点としては最終回に先立ち、一八八三年の共同運輸設立による三菱・岩崎との海運戦争終結のエピソードが挿入されている）。つまり、城山は「圧縮」どころか、大蔵省「退官」後一〇余年ほどの地点で「後半生」の描写を完全に放棄してしまったのである。これが、作者にとり不本意な連載途中での構想変更であったこともまたあきらかである。というのは、城山テクストも渋沢の行動にほぼ密着するかたちで構築されていくのだが、連載が八割近くまで進行した時点で、第一国立銀行頭取に就任（一八七五年）した渋沢がいったん姿を消し、その後は延々と（単行本で約三〇頁相当）西南戦争についての平板な叙述が続いていくという、普通の読者であれば困惑するしかない、プロット構成における唐突で不自然な屈曲がそこに出現するからである。おそらく城山は「後半生」の征服を目指して意欲満々に執筆にとりかかったのであろう。だがある時点で、先達の露伴と同様に、その征服すべき題材が詩人の美学的欲望におよそ応えうるものでないことを悟ったに違いなく、そこで苦肉の策として、時代背景をなす一大イベントをもってして姑息に枚数稼ぎをし、辻褄を合わせる方策を選択したものと思われる。城山自身が如何ともし難い限界を感じたのか、あるいは連載期限に焦慮を感じたのかまでは定かでないが、かくして城山テクストは、家族の物語、夫婦愛の物語としてみれば大団円であるが、「渋沢伝記」としては文字どおり竜頭蛇尾な結末に終わった。(34)(35)

ただし「内容」面から考量してみると、そもそも城山は余計な物を積み込みすぎたために、息切れしたのかもしれない。故郷・血洗島村での青年時代、水戸から真田範之助が道場破りにやってくる（五一―五九頁）――この逸話自体もフィクションである可能性が高い――が、その相棒役として登場する「小腰平助」は全く架空の人物である。小腰はその後、渋沢の行く先々に執拗に出現し、渋沢を翻弄し、全編を通して狂言回しを演じる。〈周縁〉的なキャラクターをトリックスターとして縦横無尽に活躍させることにより、物語の〈中心〉を活性化するのは小説家・城山の十八番であるが、やはり血洗島村で母・えい（栄）に寄り添って幽鬼のごとくしばしば登場する「癩病」の女性「りん」もまた実質的には同じ類のキャラであろう。ここで想起されてくるのは、「〔事実だけを追っていってしまうと〕権力者の歴史の追随になってしまう。そうじゃなくて、さまざまにある可能性がどうしてひとつの現実になっていったか、そこまで追うべきで、そのときには民衆レベルの迷いや悩みやさまざまな人生の結び目に着目する必要が出てくるにちがいない。そういう発想が消えてしまうのはまずいと思う」という、リクールの「歴史と混じり合うフィクションの機能の一つは、歴史的過去の実現されなかったある種の可能性を、あとからふりかえって解放することである」というテーゼとも共鳴する、城山の一種の〈歴史哲学〉である。ようするに、「事実」の中に（実質的には「虚」である）「真実」を自由自在に、くり返し巧妙に紛れ込ませていくことにより、読者をしていつしか両者の弁別を不可能にさせ、そして「現実態」と「可能態」がついには完全に一体化してしまった〈過去〉の小宇宙を提示することが、〈文学者〉城山の戦略だったのであろう。そうした性質を帯びたテクストが「渋沢伝記」として最もよく読まれているということが、幸福であるのか、はたまた不幸であるのかは、筆者(36)(37)(38)

の判断の域を超える問題である。

（3）バブル期と山本七平、そして土屋テクストの「書き換え」

一九七〇年代半ば以降、日本経済の低成長化と比例するかのように、あらたな「渋沢伝記」の生産は再び伸び悩んだ。城山本のインパクトのために「需要」が飽和状態に陥ったのかもしれない。そして一九八〇年代も後半に入って、山本七平の『近代の創造――渋沢栄一の思想と行動』（一九八七年）が刊行された。戦後の保守派論壇を代表する評論家である山本による「渋沢伝記」が最初に活字になったのは、PHP研究所発行、すなわち松下幸之助肝煎りの雑誌『Voice』における連載であった。この山本テクストには、大蔵省「退官」の際に渋沢・井上馨が連名で提出した「建言書」中から、明治新政府の財政膨張主義を批判した下りを引いて、「無税国家」論を称える箇所がある（六一六頁、以下引用は祥伝社版より）。「無税国家」構想と言えば、松下の提唱になるものが有名であるが、ある意味日本史上最強の「民」活論者であった渋沢の「思想と行動」の軌跡をたどるテクストが、「無税国家」に象徴される新自由主義的思想の宣伝媒体の期待に応じるかたちで組み立てられていった可能性は一応想定されてよいだろう。もちろん、山本は儒教思想にも造詣が深く、そこで当時の「バブル＝強い日本経済」を背景にして一世を風靡したアジア経済「儒教文化圏」論を、やはりかつて一世を風靡した日本文化論『日本人とユダヤ人』の「著者」として独自に吸収した結果としての、「論語と算盤」の人・渋沢栄一への主体的着目であったのかもしれない。推測に推測を重ねてしまったが、こうした思想的背景は、山本テクストでしばしば引用され、先行「伝記」として最も敬意を払われているようにみえる『渋沢栄一伝』の著者・露伴のケースと似て興味深いところではある。

山本テクスト内の終着点は第一国立銀行設立である。大蔵省「退官」直後の出来事というのは実質的に土屋・露伴と同様の区切り方であり、やはり「後半生」には到達しえていないが、新聞連載という隘路の中で収拾がつかなくなってしまった城山よりは、人間形成の途上にある渋沢にしか最初から興味がなかった大佛の方に近い印象を受け、その点で山本テクストの構成は潔い印象の仕上がりになっている。だが〈文学〉ではなく、歴史書としては基本的に守られるべきルールが守られておらず、問題が散見される。というのは、表1に示したように数多くの文献を参照し、それらから直接引用を数多く行っているのだが、出典が明記されていないものが目立つのである。たとえば、いわゆる「賤民廃止令」の大蔵省主導説[39]についての〈直感的〉指摘自体は被差別部落研究史上、画期的なことではあるが、その典拠とされる『龍門雑誌』は肝心の巻号が欠落している（五八一頁）。文字資料に加えて、旧・血洗島村の「古老の話」なども〈証言〉として数多く利用されるが、それらもすべて匿名で、取材源があきらかにされていない（そもそも若き日の渋沢やその父・市郎右衛門のことを直接記憶している「古老」など当時現存しているはずもなく、いずれにせよこれは民俗学・人類学的伝承譚の類でしかない）。ようするに山本テクストは一見ノンフィクショナルな「評伝」形式をとってはいるが、レファレンスの恣意性、およびそこから類推される史実の操作性ゆえに、およそ歴史書の体を成していない遺憾な代物なのである。それでもあえて取り上げたのは、それまでの伝記・歴史小説では得られなかった新鮮な人間・渋沢観を打ち出している点が魅力的であるらしく、渋沢研究者の間で高く評価され、よく引用されてきたからである[40]。

そして山本本の翌々一九八九年、歴史書の老舗・吉川弘文館の「人物叢書」中の一冊として土屋の『渋沢栄一』が刊行された。土屋はその前年一九八八年八月に九一歳の長寿を全うしているが、このテクストは、一九八七年九月付になっている巻頭「はしがき」に「『渋沢栄一伝記資料』の刊了した今日故、詳細な『渋沢栄一伝』を著作したいと思ったが、紙数に限りがあるため、改造社版『渋沢栄一伝』を土台としてある程度の改訂を加えたものとして、出版させていただいた」と述べられているように、半世紀以上前の『渋沢栄一伝』の「書き換え」であった。

「書き換え」における土屋の主眼は文体・レトリックの現代的モードへの置換にあったらしい。旧テクスト「別篇」中の「朝鮮に於ける渋沢栄一」の章が削除され、代わりに新テクストでは、旧「別篇」に相当する「第三」に「社会公共事業事歴」の章が置かれるという、「渋沢伝記」を書く行為におけるポリティクスとして重大な改変が一部なされてはいるものの、全体の構成面では旧・新に大きな相違はない。そしてこの土屋の元原稿が「規定よりかなり多量であったので、引用の文章などを中心に大幅に縮減をし、多少の補正をした」（「あとがき」）のが山口和雄、かつて露伴テクストに嚙みついた土屋門下生の山口であった。この、隠れたもう一人のテクスト作者として措定されるべき山口は、師の著述といえども容赦なく批判的検証を加えたらしく、たとえば母・栄と「癩病患者」のことなど「真実」的領域に属する逸話は徹底的に削ぎ落とされており、結果的に、より「事実」に忠なるテクストへと錬成された。ただし山口による削除は少々勇み足なところもあり、「幼少年期には市三郎・栄治郎・栄一郎などと呼ばれ、士官時代には篤太夫・篤太郎と称したこともあったが、本書ではすべて栄一に統一した」（「あとがき」）として、土屋を含めて歴代の「渋沢伝記」作者達が心を砕いて記述してきた渋沢の「呼称＝名」の変遷（表1）は無残にも斬り捨てられてしまっている。「名乗り」はその人の主体的な「生」の行き方と相即不離の関係にある。その意味においてこの土屋（新）テクストは、渋沢栄一という対象を単なる客体に落とし込み、それゆえその「存在」としての移り変わりを平板な軌跡にそってしかたどりえないため、客観的な〈記録〉を超出する「人間」の部分からはより遠ざかってしまった、と言えるだろう。

四　ポストバブル／ポスト戦後と「渋沢伝記」

バブル崩壊の一九九一年に刊行された木村昌人『渋沢栄一』（中公新書）は、露伴テクストに対して関口泰が浴びせた「日米問題と国際平和について、異常の熱心とよき理解を併せもった晩年に触るる処なきは、国際的に成長した時代を描くに物足らぬ[41]」という批判に半世紀を経て応じたかのように、民間経済外交史の叙述に同伴させるかたちで渋沢の後半生に大きく踏み込んだ瞠目すべき著作であった。ある意味木村によって堅い壁に風穴が開けられたのであり、これに続くかのように、鹿島茂による気の遠くなるような長大なプロジェクト＝『渋沢栄一』（I、算盤篇）（II、論語篇）へと至る歩みが踏み出された。

鹿島は「一九九二年頃」電通総研の「企業文化研究会」で長幸男の講演に接したのがきっかけで渋沢に関心を抱き、やがて自身の渋沢論を「電通総研の雑誌」に掲載した。だが、ここからが長い。単行本化を前提にＰＨＰ研究所の編集者が仲介の労をとってくれて、「サン＝シモン主義者　渋沢栄一」の連載が実現するのだが、掲載誌は『月刊公論』（財界通信社）→『諸君』（文芸春秋）と渡り歩き、最終回までに一〇年を費やした。その後さらに七年、紆余曲折を経て、二〇一一年一月、通算連載七七回分に書き下ろしの二章を加えて、全二巻の単行本としてようやく上梓されたのである。(42) 構想段階から約二〇年、執筆枚数一七〇〇枚超（「あとがき」より推定）は城山テクストの約一・五倍に相当し、「『大菩薩峠』級」の「ライフワークのひとつ」（「あとがき」）というのはあながち大袈裟な表現ではないだろう。なお、テクスト成立過程において電通、松下電器といった現代巨大企業の影がちらつき、そして当時の保守（右派？）陣営の最有力論壇誌と目された『諸君！』にサポートされたということはポストバブルのこの時代、商品としての「渋沢栄一」にあらたな付加価値と意味合いが加わり、またそれをめぐる環境に変化が生じたことを示しており、改造社版・土屋テクストの時代からの隔たりを感じさせる。

この一大巨編の内容を一言で要約すれば、雑誌連載タイトルそのままに、渋沢は若き日の滞仏時代にサン＝シモン主義（的資本主義）の薫陶を受け、そしてその思想的体験が帰国後の大蔵省時代、長い実業家時代、さらに晩年の協調会時代に至るまで経済人としての多方面にわたる活動の隅々に、陰に陽に影響を及ぼし続けたのではないか、ということである。サン＝シモン主義自体は簡潔には、「産業人」としてのあらゆる階層の「協同」によって生産＝社会的富の最大限の拡大をはかり、そして得られた利潤の調和的な分配をめざす思想原理、として定義される（I、一五三―一五四頁）。鹿島のこの壮大な仮説がはたして確実に論証されえたかどうかは別にして、少なくとも本書は「渋沢伝記」の歴史において、二つの「限界」を突破しえたという点で大きな意義を有している。まず一つは、すべて故人となったそれまでの著者達がどうしても到達することのできなかった、あるいは到達しえたとしても「伝記的叙述」は十分になしえなかった渋沢の「後半生」を、その「人間」に寄り添うかたちで見事に描ききったことである。教育、文化、社会福祉、民間外交など財界引退後の非営利事業における活躍を平板な編年体形式ではなく、起伏のある過程として丹念に再構成した点にその苦労のあとがよくしのばれるが、加えて鹿島は、「家族＝女性」関係を丁寧に解きほぐして渋沢の私人・家庭人としての非凡さと特異さを際立たせることにより（ここで、大佛テクスト冒頭を飾った「妾宅」の件の真偽や、これまで諸説紛々であった後妻・兼子の出自・背景などが緻密に推理される）（第六八〜七二回）、公人としては退屈に映る「後半生」を文字どおり華やかに色づけもしている。鹿島のこのあざやかな手さばきは、歴史家としてのそれではなく、まぎれもなく一九世紀フランス小説を研究フィールドとする文学者ならではのそれであろう。

もう一つ、ささやかながら突破されたのは資料的限界である。土屋、露伴、大佛までは事実上の「お雇い」伝記作者として、資料については渋沢サイドから差し出されるレディメイドを利用するだけにとどまっていた。そして城山以降になると、『渋沢栄一伝記資料』五八巻・別巻一〇巻というエンサイクロペディアの整備が完了していたため、未利用の「資料」発見を探し求めてあちこち駆けずり回ることをしなくても、厚みのある記述を構成することはいくらでも可能であった。「伝記作者」達はいわば、お釈迦様の掌上で踊っていただけなのであり、それは「歴史家」の作業としてみれば「新事実」の発見などありえるはずもなく、露伴をして「面白くない」と言わしめたような、楽ではあるが退屈な状況であったろう。この点で鹿島は、「現地取材」を敢行することによって、これまでの「渋沢伝記」では単に「フランスの銀行家」として登場するだけであった、「フロリヘラルト」＝「フリュリ＝エラール」の詳細なプロフィールを突きとめるというスリリングな冒険をやってのけており、渋沢の「伝記資料」に独自にあらたな一頁を付け加えることに成功しているのである。

すでに大佛を回帰させたが、鹿島テクストは、本稿で取り上げてきた「渋沢伝記」を総括する「内容」にもなっている。最も多く引かれているのは山本テクストであり、たとえば、西洋近代の資本主義思想にもともと親和的であった渋沢の体質を指摘していた点を高く評価している（I、二五頁）。サン＝シモン主義のエッセンスとして持ち出される「小さな政府」論（I、二八三頁）は、ＰＨＰ＝松下系自由主義思想にかなうものであり、この点でも山本と近しいであろう。一方で土屋テクストに対しては、渋沢がフランスで学んだ経済システムの内実・エートスが全くあきらかにされていない、として批判し（I、二一一―二一二頁）、また反語的に、朝鮮における銀行業・鉄道業の展開も隠蔽などせず、堂々とポジティブに評価する（II、六二―七四頁）。直接名指してはいないが、鹿島がもっとも厳しい批判の眼差しを向けているのは城山テクストであろう。フランスへのこだわりは自身の専門に加えて、城山が青年渋沢の洋行を単行本中わずか二頁半で処理したことに対する不満にも発しているはずだが、『立会略則』に「株主の有限責任」規定が欠落していることから渋沢の「株式会社」概念の曖昧さを鋭く衝くくだり（I、三八六―三八八頁）は、「合本組織（株式会社）」[43]をキーワードとして頻出させながら、その肝心な定義づけを怠った経済小説家に対する無言の告発であるように読める。

「出来事は常に語り直され、以後得られる知識によりその意義は評価し直される」が、その「知識を備えているがゆえに、歴史家は当時の人々や証言者が正しく語りえなかった事柄を語りうる」[44]。「伝記」作者達は常に、先行する「伝記」の「知識」それ自体を「出来事」として引照し、批判的に摂取しながら、自らのテクストを研磨してきた。それらテクスト群が〈過去〉の行為として堆積してできた地層の表面を、私たちは〈現在〉のテクストとして受け取っている。いわゆる「渋沢ブーム」が今後も続いたとすれば、その〈未来〉において、より優れた「地層の表面」に出会える可能性はさらに開けているが、とりあえず鹿島テクストは、先行の「知識」を一望する特権を現時点において最大限に享受しえたものであるゆえに、頂点に屹立している。

五　渋沢栄一という「存在の謎」を叙述することの困難

最後に、遅塚の「事実」と「真実」の概念に立ち返り、その交差によって現出する四象限内に七つのテクストを位置づけてみよう（図2）。ここで鹿島テクストが右側の水平近くの位置に置かれる——大佛や城山よりは「真実」に対して慎重で、山本や土屋より「事実」に対して忠実——のは、会話文＝小説形式を原則採用しないことが明白に表明されている（I、四〇八—四〇九、四三一頁など）ことに加えて、高崎城襲撃決行予定（I、六六頁）、維新政府からの呼び出しに応じての上京（I、三一七頁）、国立銀行条例布告（I、三六九頁）、大蔵省への辞表提出（I、三七五頁）、朝鮮での第一銀行券発行（II、七三頁）、大蔵省で部下として松方正義を従えたこと（II、二四一頁）などの出来事について、しばしば「渋沢の記憶」の誤りを指摘しながら、その時期（年・月・日・時）を正確に検証し直しており、それらの点において、あくまで実証主義的叙述に立脚していこうとする姿勢をうかがうことができるからである。

しかしそのようにミクロストーリア的指向を貫徹することにより、〈記憶〉という身体内部に蓄積された情報の可変性・可塑性を暴くことは、はからずも鹿島テクスト——というよりはおそらく「伝記」テクスト一般——のほころびをも露呈させるであろう。というのは、鹿島は、渋沢晩年の重要なプロジェクトの一つである『昔夢会筆記』編纂事業を論じた箇所において、そのオーラルヒストリーの対象である徳川慶喜を「タイムマシン」と呼んでいる（I、二七四頁）が、これはきわめてナイーブな比喩であって、記憶が可変的・可塑的であるのならば、かつて「あった」慶喜と今目の前に「ある」慶喜はたとえ生物学的に連続してはいても、存在論的にはけっして同一の存在＝「タイムマシン」などではありえない。つまり、実証主義を極限にまで突き詰めれば、それは人間という「存在」の「不条理」「謎」に行き着くのである。鹿島自身が意識していたかどうかはわからないが、その「謎」は、渋沢が晩年、息子の秀雄に「お読み上げ」をさせるのを日課にしていたことが述べられ、中里介山の『大菩薩峠』が取り上げられるくだり（II、四三八—四四〇頁）において、一端が触れられている。「読み上げ」られる『大菩薩峠』中に登場する近藤勇や土方歳三はその時点ではるか遠い過去の「存在」であったが、読み聞いている渋沢は京

図 2

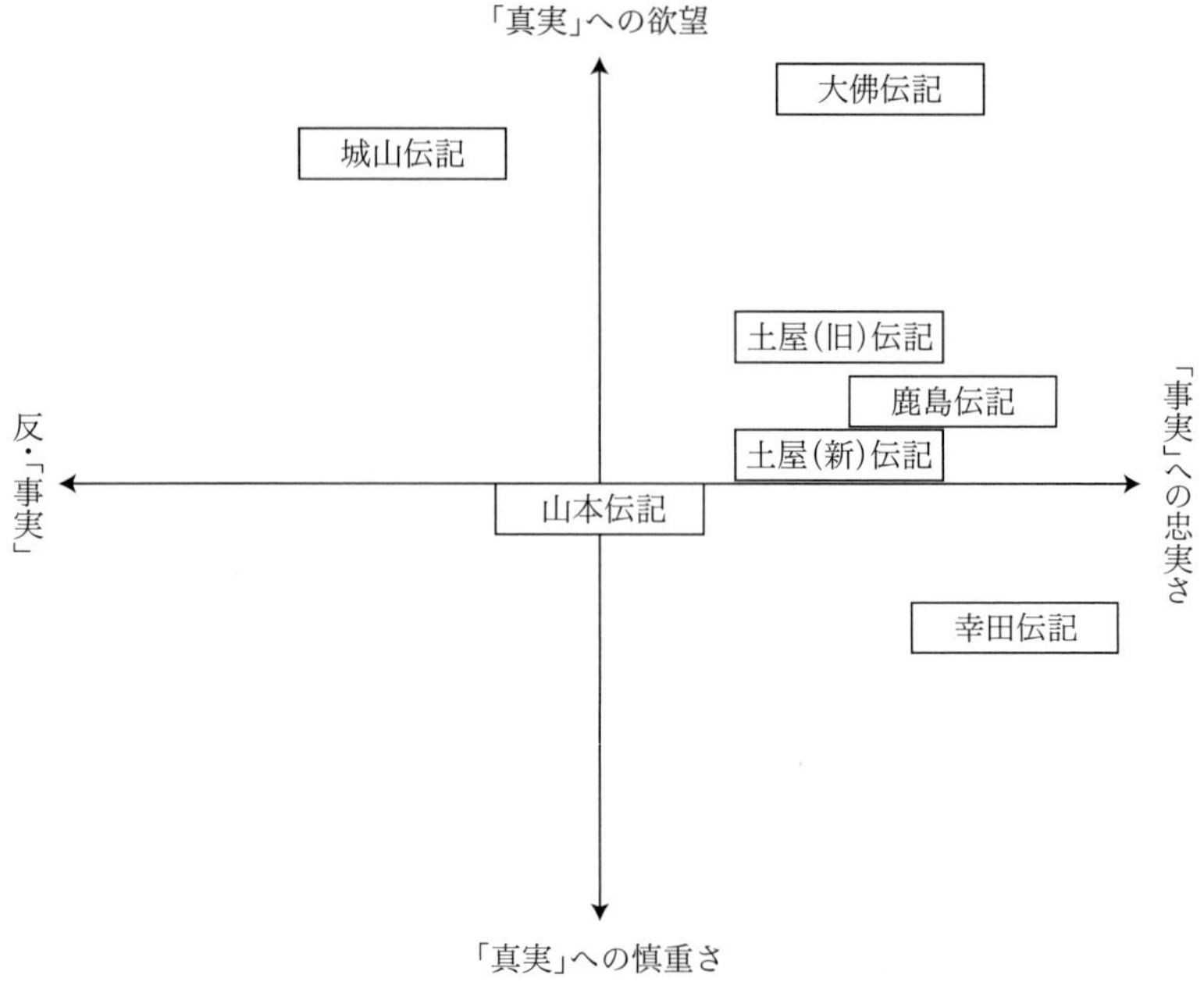

都での慶喜家臣時代に彼らと親しく交流した体験を有していた。だが、それにしても鹿島テクスト中のこの場面、暴力的な尊皇攘夷・倒幕の野望を胸に秘めて一橋家に潜り込んだ血気盛んな青年として「あった」渋沢篤太夫と、平和と国際親善に全身全霊をささげる老人として「ある」渋沢子爵との「存在」の連続性、生の連関というものについて、どうして読者である私たちは、まったく疑いをさしはさむこともなく、当然のこととして受け容れることができるのだろうか。それがよくよく考えてみれば「不思議」なのである。

「不条理」「謎」「不思議」を、けっしてそれとして感じさせないことを可能にしてくれるのが、「「生の連関」を確保する装置」としての「回顧的・包括的なライフヒストリーの物語り[45]」であるとするならば、鹿島テクストが優れているもう一つの点は、その「物語り」方の技法にあるのだろう。かくして「伝記」というテクスト形式は、首尾一貫していて理解可能な〈歴史〉を訴求すればするほど、そこに「物語り」という〈文学〉を切実に必要とする。

注

(1) 三好行雄他編『日本現代文学大事典　人名・事項篇』明治書院、一九九四年。同書を含めて、戦前以来の文学および歴史学の事典・辞典を一〇冊ほど照合してみたが、「伝記」はたとえば『日本文学事典』(平凡社、一九八二年)に「個人の事績を書きしるした記録」という『広辞苑』と同様な記述があり、一方、「歴史小説」はおおよそ〈歴史上の事件や人物を素材とした小説〉という定義に収斂するようである。なお、「評伝」という項目は見出せなかった。

(2) 菊地昌典『歴史小説とは何か』筑摩書房、一九七九年、一九八、三四二、三四八頁。

(3) ただし、約二五〇人にもおよぶ人物を取り上げることとして二〇〇三年から刊行が開始された、ミネルヴァ書房の「日本評伝選」シリーズの執筆者ラインナップからはいわゆる「作家」は排除されているようである。ちなみに『渋沢栄一』の執筆予定者は経済史家の武田晴人になっている。

(4) 菊地『歴史小説とは何か』一三二頁。

(5) 黒田日出男「伝記(日本の)」樺山紘一編『歴史学事典　第六巻　歴史学の方法』弘文堂、一九九八年、四一四頁。

(6) 谷川恵一『歴史の文体　小説のすがた――明治期における言説の再編成』平凡社、二〇〇八年、七八頁。

(7) 本稿での引用は遅塚の遺著となった『史学概論』東京大学出版会、二〇一〇年、八―一〇、一六二―一六六、二九五―三一六頁などに拠ったが、遅塚自身は、日本の歴史学界で言語論的転回論争が巻き起こるはるか以前の一九七〇年代から「事実／真実」概念を頻繁に使用してきた。またこの概念は、カントの「現象／物自体」からの影響が明言されているが、森鷗外の「歴史其儘／歴史離れ」も念頭に置かれているように筆者には感じられる。

(8) 公刊書初出は、本文で後出の龍門社編『青淵先生六十年史』。

(9) この『六十年史』と同時に刊行された穂積歌子『はゝその落葉』(龍門社)は渋沢の長女による「渋沢千代伝」であるが、間接的に千代の夫の足跡もたどっており、「渋沢栄一外伝」とも呼ぶべき代物である。

(10) なお雑誌や、その他の偉人伝と合わせたアンソロジー収載の「小伝」レベルでは、名の知られた著者によるものが渋沢生前にすでにいくつか活字になっている。坪谷善四郎「渋沢栄一君」『太陽』臨時増刊、一八九九年七月、大隈重信(!)「渋沢青淵先生評伝」渋沢栄一『青淵百話』同文館、一九一二年、山路愛山「渋沢男と安田善次郎氏」『現代富豪論』中央書院、一九一四年など。

(11) 土屋喬雄『渋沢栄一伝』附録の『偉人伝全集　月報』第二号。

(12) 土屋は旧制二高～東大経済学部で渋沢敬三と同級生であったが、本書執筆に至った経緯に敬三は関与していない。むしろ、執筆に必要な資料の提供を依頼したことがきっかけで、土屋は敬三と再び親しく付き合うようになり、それがのちの『渋沢栄一伝記資料』編纂主任就任へとつながっていくのである。土屋喬雄「人間渋沢敬三」『渋沢敬三　上』渋沢敬三伝記編纂刊行会、一九七九年、二五八頁以下より。

(13) 渋沢が没したのは一一月一一日だが、「序」の日付は一一月一〇日になっている。

(14) 小林がはっきり証言している、この総予算額「五万円」は、当時の財団事業報告書（『伝記資料』第五七巻、八三六―八四五頁）によっても裏付けられる。猪木武徳「『澁澤榮一傳』をめぐって」井波律子・井上章一編『幸田露伴の世界』思文閣出版、二〇〇九年は、複数年次にわたる同報告書の記載から、脱稿までの毎年、露伴へ原稿料が三〇〇〇～五〇〇〇円程度前払いされていたであろう、と推測し、また、同時代の官吏給与、一般物価、他の著名作家の全集印税などとの比較検討により、露伴が最終的に得たであろう総報酬額「三万円」が法外なものであったとしている。その他、露伴テクストの内容・背景について興味深い洞察が示されている論考ではあるが、筆者が同報告書を確認したかぎりでは、本文前出の Kyugoro Obata（小畑久五郎）による英文伝記と一括して予算計上されており、したがって「前払い」額を細かく推算することはできないと思う。あと、「三万円」と断定した根拠もよくわからない。いずれにせよ、老文豪に僥倖をもたらしたプロジェクトであったことは間違いないが。

(15) 財団法人渋沢青淵翁記念会の沿革については本書山田仁美論文を参照されたい。

(16) 以下、「証言」は小林勇『蝸牛庵訪問記――露伴先生の晩年』岩波書店、一九五六年より。この日記形式の交友録には一九三四年以降、とりわけ一九三九年の項には『渋沢栄一伝』にかんする記述が頻出するので、いちいち該当頁を記さない。

(17) 瀬里廣明「露伴の『渋沢栄一伝』とその思想――文学に現われた経済と道徳　上」『鹿児島経済大学社会学部論集』第九巻二号、一九九〇年、二頁、一二―一三頁。

(18) 露伴は同年五月、飛鳥山での青淵先生生誕百年記念祭に招かれ、講演を行った。講演録は「渋沢翁についての所感」として蝸牛会編『露伴全集』第二五巻、岩波書店、一九五五年に収録。

(19) 明石照男「渋沢栄一と幸田露伴」『経済往来』一九五三年五月、一二七頁によれば、このことに対するに渋沢サイドの不満を緩和する目的で露伴が行ったのが、一九三九年一一月の龍門社総会での講演「青淵先生の後半生」である。

(20) 山口和雄「幸田露伴著『渋沢栄一伝』」『社会経済史学』一九三九年一〇月、七六―七七頁。

(21) 土屋喬雄「渋沢栄一伝」『龍門雑誌』第六一五号、一九三九年一二月、一九頁。
(22) 柳田泉「渋沢栄一伝　巨人露伴伝記物中の傑作」『東京日日新聞』一九三九年八月八日。
(23) 羽仁五郎「民衆と共に歴史を歩んだ人」『帝国大学新聞』一九三九年七月三日。
(24) 土屋喬雄「渋沢栄一伝」『日本読書新聞』一九三九年七月一五日。
(25) 根拠の薄弱さについては拙稿「「癩少年」はなぜ消えたか――渋沢栄一の〈記憶〉と〈記録〉をめぐる一考察」『渋沢研究』第一八号、二〇〇六年で詳細に論じておいた。
(26) 以上のプロセスについては明石「渋沢栄一と幸田露伴」より。
(27) このことは明石「渋沢栄一と幸田露伴」においてほのめかされている。
(28) 日本新聞協会編集部編『日本新聞年鑑　昭和二十七年』日本電報通信社、一九五一年より。
(29) 『日本経済新聞』一九五一年九月二八日社告。
(30) 秀雄はこの後も『一業一人伝　渋沢栄一』時事通信社、一九六五年、『明治を耕した話』青蛙房、一九七七年を刊行しているが、いずれも内容は一九五九年版のほぼ焼き直しである。
(31) 毎日新聞百年史刊行委員会編『毎日新聞百年史』毎日新聞社、一九七二年、四一九頁。
(32) 「何が太平洋に橋をかけたか――渋沢栄一をめぐって」（江藤淳との対談）『自由』一九七二年一一月、一三九頁。
(33) 『毎日新聞』一九七〇年一二月二六日「つぎの朝刊小説　作者のことば」。
(34) ちなみに『寒灯』の後の連載小説は司馬遼太郎『翔ぶがごとく』で、四年半続いた。
(35) もともと『雄気堂々』は識者の間では城山の他の代表作との比較でも評価は芳しくない。たとえば武田晴人「経済史研究から見た城山三郎作品」『歴史評論』第七〇五号、二〇〇九年一月を見よ。
(36) 土屋テクストと同様に、この「ハンセン病」を患った女性をめぐるエピソードがほとんど虚構であることは拙稿「「癩少年」はなぜ消えたか」を参照されたい。なお虚構云々以前に、城山によるこの「病者」についての描写は当時の人権感覚に照らしてもかなり問題がある。
(37) 城山三郎「小説とノンフィクションの境界を越えて」（佐高信との対談）『城山三郎の遺志』岩波書店、二〇〇七年、一九一―一九二頁。
(38) ポール・リクール／久米博訳『時間と物語　III』新曜社、一九九〇年、三五〇頁。

（39）大蔵省主導説を本格的に論証した上杉總『明治維新と賤民廃止令』（解放出版社）が刊行されたのは一九九〇年であるが、元になった論文が発表されたのは一九八〇年である。なお露伴テクストにもこの件に触れた箇所がある（一九八―一九九頁）。
（40）たとえば、渋沢研究会・元代表である片桐庸夫「渋沢栄一・九一年の生涯とその事績」渋沢研究会編『公益の追求者・渋沢栄一』山川出版社、一九九九年、五―六頁、同会・現代表である島田昌和「渋沢栄一のキャリア形成の再評価――経済体験の重要性」『渋沢研究』第二三号、二〇一一年、四頁、など。
（41）『朝日新聞』一九三九年七月一〇日。
（42）ここまでのプロセスは同書「あとがき」、および二〇一一年五月二〇日の日仏会館における鹿島の講演「渋沢栄一とサン・シモン主義」より。なお、『月刊公論』・『諸君！』それぞれの連載第一回分は内容が重複しており、したがって単行本では本編七八回という構成になっている。
（43）城山の『雄気堂々』は作者「あとがき」も含めて全編にわたり、この二重表記で統一されている。
（44）アーサー・C・ダント／河本英夫訳『物語としての歴史――歴史の分析哲学』国文社、一九八九年、二三頁。
（45）鹿島徹『可能性としての歴史――越境する物語り理論』岩波書店、二〇〇六年、一九三頁。

＊　本章脱稿後、島田昌和『渋沢栄一――社会企業家の先駆者』岩波新書、二〇一一年、井上潤『渋沢栄一――近代日本社会の創造者』山川出版社、二〇一二年などに接した。また、公益財団法人渋沢栄一記念財団編『渋沢栄一を知る事典』（東京堂出版、二〇一二年）では、「渋沢栄一文献案内」として、本章で取り上げた「渋沢伝記」群の平明な紹介を行っているので、そちらも参照されたい。

*新聞・雑誌・ネット

イメージの収斂と拡散

多様化するメディアと渋沢像

中村宗悦

一　一九二〇年代〜一九三一年　渋沢晩年の評価

（1）対象とするメディア

本章では渋沢栄一が新聞、雑誌、その他のメディア（主として文字媒体、日本語）においてどのように語られてきたのかについて見ていく。その際、いくつかの時期を区切り、各時代状況のなかで渋沢に関する言説がどのように変化していったのか、あるいは変化しなかったのかについて分析をおこなう。

分析をおこなうに際して注意しなくてはならないのは、ここで取り上げる各メディアの特質、および、その時期ごとの変化であり、また、どのメディアに焦点を当てるかをめぐっての問題である。とくに一九九〇年代からはインターネットなどの媒体が普及し、いわゆるマス・メディアという枠組みではとらえきれない状況が生じてきている。人々は、「渋沢」あるいは「渋沢栄一」をキーワードにしてブログ（weblog）やツイッター（Twitter）で語り、それが従来にはなかった渋沢観を発生させつつあるかもしれない。本章ではできるだけこうした新しいメディアの動向も視野に入れたい。

さらに重要なメディアとしては、渋沢の晩年に登場してきたラジオや映画、あるいは戦後のテレビなどがある。ただし、これらのメディアは速報性や広範な受け手の存在などの特徴をもちつつも、記録性といった意味では大きな弱点を抱えていた。とくに一九八〇年代以前のラジオやテレビの放送などは、たまたま録音・録画していた視聴者のライブラリーにその記録が残存しているにすぎないし、その数も限られている。したがって、これらのメディアは重要ではあるが、本格的な分析をおこなうための対象自体の存在が危ういという、歴史研究にとって致命的な問題をはらんでいる。ここではそのこと自体を問題として検討する余裕はないので、ひとまずは新聞、雑誌という旧来型のメディアを主たる分析対象に据えることとし、ラジオやテレビなどについては簡単に触れるにとどめたい。

なお余談ではあるが、渋沢は、日本が西洋のような文明国家になるためには新聞・雑誌を通じた言論が活発となることが必要であるといち早く主張し、大蔵省在官時代の一八七二年、三井組や小野組に出資させて洋紙の国産化を目指した製紙会社（抄紙会社。のちの王子製紙）を設立している。また大蔵省を辞した後、第一銀行の頭取となった際にも、銀行業界の業界団体である択善会（一八七七年創設、のち一八八〇年に東京銀行集会所、一九四五年に東京銀行協会）を創設すると同時に、情報の流通と共有を図るためにその機関誌も創刊した。のちにこの機関誌が田口卯吉（一八五五～一九〇五）を主筆とする『東京経済雑誌』として独立し、日本における経済雑誌の嚆矢となった（『東京経済雑誌』自体は、関東大震災後に廃刊）。

本章では、新聞、雑誌、その他のメディアにおける渋沢を扱うのであるが、渋沢は、そもそも近代日本の新聞、雑誌メディアの生みの親の一人でもあったのである。

（2）晩年の渋沢と金解禁政策

以上を念頭に置きつつ、まず渋沢の晩年における新聞、雑誌での評価を分析する。時期としては一九二〇年代から渋沢が亡くなった一九三一年末までを扱う。

一九二〇年代、渋沢がかつて予想した通り、新聞や雑誌は人々の情報源としてなくてはならない存在になっていた。明治初期の自由民権運動最盛期には政治的言論の発露の場であった新聞も、この頃には公平・中立な立場でニュースを報道するという性格を標榜する、現在の新聞に近い体裁を取るようになっていた。しかし、新聞が政治的に公平・中立、不偏不党をうたうということは、大衆に迎合する傾向を強めていったこととも表裏の関係にある。その背景には現在にまで続く新聞の拡販競争があったことは言うまでもないであろう。さらに、この時期には経済問題を一般にわかりやすく解説するという路線も各紙において強まっていった。産業化・都市化の進展は、好むと好まざるとにかかわらず、一般の人々の〝経済〟への関心を強める。新聞も雑誌も、エリートでは必ずしもないが、高学歴化しつつあった都市の中間層をターゲットに、積極的に経済問題を取り上げていったのである。

また、一九二〇年代にはすでに登場していた映画やレコードなどが大衆レベルにまで浸透し、新しいメディアとしての地位を確立していた（日本では一八八〇年代末にレコードが紹介され、シネマトグラフ式映画の初有料上映は一八九五年のことであった）。[1] 渋沢が、年来の持論であった「経済道徳合一説」をテーマにした講演をレコードに記録していることはよく知られている事実であるが、これは社団法人帝国発明協会が、大正時代の各界名士の音声を記録に残すことを企画し、一九二三年、渋沢がそれに応える形で実現したものであった。[2] 新聞・雑誌の重要性をいち早く見抜いた渋沢のことであるから、こうした新しいメディアに対する本質的な理解も人一倍早かったであろうと推察される。

一九〇九年、数え年で七〇歳に達したのを機にすでに実業の世界からは引退していた渋沢であったが、この一事をもってしてもわかるように、一九二〇年代においても、依然としてその存在感は大きかった。現役時代から関わっていた東京養育院での社会福祉事業をはじめ、東京慈恵会、日本赤十字社、癩予防協会の設立などに関与したほか、財団法人聖路加国際病院初代理事長、財団法人滝乃川学園初代理事長、YMCA環太平洋連絡会議の日本側議長なども歴任した。また一九二三年に発生した関東大震災後の復興のために、大震災善後会副会長となり寄付金集めなどにも奔走した。さまざまな社会事業に参画した渋沢の一般的な知名度は、むしろこの時期に高まっていったとも言えるのではないだろうか。

また一九二六・二七年には、渋沢をノーベル平和賞に推す動きがあり、実際に推薦がおこなわれた。これは当時、排日的な動きを強めつつあった米国との平和的な解決を目指した渋沢の活躍、とくに日米の実業家同士の親善交流を中心にした渋沢の活動を顕彰しようとしたものであった。渋沢が、この問題を認識するきっかけとなったのは、一九〇二年の欧米視察であったが、以後、〇九年、一五年、二一年と三回にわたって渡米し、とくに二一年は排日問題の善後策を話し合うため、ハーディング大統領と会見している。残念ながら、渋沢が日本人初のノーベル賞受賞者となることはなかったのであるが、こうした動きも一九二〇年代の官民における渋沢のイメージ形成に大きく寄与したものと思われる。この事実は、戦後長らく忘れられていたが、二一世紀に入ってノーベル賞選考過程の文書が公開されるとともに広く認知されるようになった(3)。

ちなみに一九二〇年代は、第一次世界大戦の反省をこめて各国ともに軍縮平和を指向した時代であった。渋沢も、国際連盟協会(一九二〇年設立)初代会長として第一次世界大戦の惨禍を二度と繰り返させないための活動をおこなっていたが、第一次世界大戦休戦条約締結から八年後の一九二六年一一月一一日、「平和記念日に就いて」と題する講話をラジオ放送でおこなっていることは注目される(『渋沢栄一伝記資料』〔以下、『伝記資料』と略記〕には、『ラジオブック』からの転載としてラジオで放送された講話の全文が紹介されている(4))。日本においてラジオの本放送が開始されたのが、その前年の一九二五年であるから、渋沢がラジオという新しいメディアにも大いに注目していたことがうかがえよう。

一九二〇年代の渋沢について、もう一つ重要な点を指摘しておかなくてはならない。それは、いわゆる「二〇年恐慌」を境にして日本が長期的な不況に陥ったため、財界を長く主導してきた渋沢に再度関心を向けるメディアが存在したということである。とくに二〇年代末には「金解禁問題」をめぐっての議論が朝野において戦わされていたことがその背景にはあった。渋沢は、かつて日本が金本位制を採用すべきか否かについて諮問された貨幣制度調査会（一八九三〜九五）にあって主要な委員の地位にあり、当時の綿紡績業など産業界を代表する立場から銀本位制を強力に主張した経験があった。またもっと古くには一八七一年、日本が両を単位とする旧貨幣から円という新貨幣体制に移行する際、新貨条例制定に携わった一人であった。金解禁問題をめぐる言説については、旧平価解禁を唱導する濱口雄幸（一八七〇〜一九三一）と井上準之助（一八六九〜一九三二）とそれを支持する朝日や毎日といった大新聞の論調と、それに対抗して新平価解禁をとなえたいわゆる「新平価四人組」の言論がよく知られている。(5)しかし、そのほかの経済人・財界人の見解はあまり知られていないように思われる。渋沢などもその経歴からすれば、もっと注目されて良かったように思われるが、当時のジャーナリズムは意外なほど無頓着であった。ここでは金融・財政通の渋沢子爵に敢然インタビューをおこなった新進の経済雑誌を紹介しておこう。

その新進の経済雑誌は、『サラリーマン』(6)という雑誌であった。『サラリーマン』を創刊した長谷川国雄（一九〇一〜八〇）は、戦後、自由国民社を創立し、『現代用語の基礎知識』を世に出し、数々の有名ジャーナリストを育てたことで知られるが、当時はまったくの無名であった。その長谷川が、一九三〇年一〇月五日、滝野川の渋沢邸においてインタビューをおこない、金解禁政策に対する渋沢の見解を二回にわたって掲載した。(7)

渋沢は、長谷川の質問に対して、一八九七年の金本位制導入を松方正義蔵相の慧眼であると評価し、自分はその時貨幣制度調査会において、綿糸輸出貿易の観点から銀本位制を主張したが、それはまったくの誤りであったと述べるとともに、(8)金本位制導入に際しては実勢為替レートに合わせ、円を新貨条例で定められた価値の半分に切り下げたがために、スムーズに金本位への移行が進んだことを重要な点として指摘している。一九三〇年一月、すでに濱口民政党内閣は旧平価による金解禁を断行しており、インタビューがおこなわれた同年一〇月時点では、金解禁による景気の後退、すなわち「昭和恐慌」もその深刻さを増しつつあったが、渋沢は、自らの経験に照らして見れば、金解禁政策が国民経済、なかんずく産業界になるべく圧迫を加えない新平価への切り下げによるべきであったと考えていたことがわかる。

渋沢は、このインタビュー記事掲載の約一年後、「昭和恐慌」ただなかの一九三一年一一月一一日に九一歳の天寿をまっとうしたが、日本資本主義の基礎を築いてきた自分の人生の最後に、その資本主義が大きな変容を遂げていくことになろうとは思ってもいなかったであろう。

一九二〇年代、渋沢晩年の社会的活動と、過去の経済政策に携わった大物としての渋沢評価については概略以上の通りであるが、次に渋沢没後の言論について見ていく。

(3) 渋沢逝去の報道

著名人が亡くなる際にメディアがそれを取り上げるのは昔も今も変わりないが、渋沢の場合、現役を引退していたにもかかわらず、その取り上げられる頻度は尋常ではなかった。たとえば、『東京朝日新聞』では一〇月一五日に渋沢が腹部の腫瘍を手術した記事から始まり、一一月一一日の逝去まで実に二四回も詳細な渋沢の容体関連報道がおこなわれた。いかに渋沢が人々に愛され、慕われていたかがうかがい知れる。しかし、誰しもそうであるが、生涯にわたる活動そのすべてが死去とともに総括されるわけではない。いわんや渋沢においてをやであるのだが、今しばらく、当時の新聞・雑誌の渋沢逝去の報を見ておこう。

一九三一年一一月一一日、『東京朝日新聞』朝刊は、「近代日本の巨人渋沢栄一翁は一門の悲しみに見まもられつゝ眠るが如く平和に安らかな大往生をとげた」と報じ、若槻礼次郎(当時首相、一八六六〜一九四九)、井上準之助(当時蔵相)、高橋是清(一八五四〜一九三六)、永田秀次郎(当時東京市長、一八七六〜一九四三)、山本達雄(第五代日銀総裁、一八五六〜一九四七)の追悼文を掲載した。それぞれの追悼文の見出しは、若槻が「公共事業の恩人」、井上が「深みのあつた人」、高橋が「国と社会のため私心なき努力」、永田が「市政を育てた「吾等の父」」、そして山本が「翁の伝記は明治財界史」というものであった。ほかに「言葉の端にまで／溢るゝ人間味／＝故渋沢翁の横顔」として、「怒つた顔を見た人がいないといはれる位、天性優しい心根の人であつた」渋沢のエピソードを紹介しつつ、「日鮮融和、日支親善に病体を押して努力された渋沢さんは宗教的でなく実せん的な深い人間愛の使徒であつた」「神の国の存在といふような形而上学的な考へ方は渋沢翁には深い興味ではなく、論語の実せん道徳を愛して、晩年は暇さへあれば論語を手にして二寸五分位のポケット用論語を読みすらしたほどだつた」と、その実践的な道徳家としての側面を強調した。朝鮮と中国における渋沢の活動を称揚している点は、当時日本が直面していた国際関係と国策が色濃く反映されているものと言えよう。

他紙においても同様であった。のちに渋沢の伝記小説『雄気堂々』を書く城山三郎（一九二七〜二〇〇七）は、その冒頭部分で渋沢逝去の報道を、次のように引用している。(9)

……渋沢翁《おう》は、我実業界の元老、大御所と称されたが、しかしその足跡より之《これ》を見れば、まさに我社会的の元老であり大御所であつた。それだけ翁の存在は我国の在来の偉人の類型を脱したものであつた。吾等《われら》は今日の時代、翁の如《ごと》き人物のまた出《い》でんことを望んでやまぬが、その後継者たり得る人は誰《たれ》であらうか……（東京日日新聞）

……かならずしも短命といふべきでないに拘《かかは》らず、しかもその長逝《ちょうせい》は、特に国家多難の今、痛惜の情に耐へないものである。思ふに、翁の如く、真に一国民として、将《はた》また一市民として、その尽すべきを尽し、その果すべきを果し得るもの、世上幾人を算すべきであろうか……（東京朝日新聞）

……実業界隠退後に於《お》ける渋沢子爵は、日本国民中の元老であり、社会的に日本公民中の第一の代表者であつた。凡《およ》そ公共的性質を有する重なる事業に於《おい》て、子爵が、直接又は間接に其《その》指導者たり又は其援助者たらざるものはなかつた。九十余年の長き生涯の晩年を、最もよく社会公共の為《ため》に尽したる渋沢氏の如きは、他に全く其例を見ざる所にして、即《すなは》ち日本国民中の長老とし（ママ）、日本公民中の第一代表者として、一代の尊敬を集めた所以《ゆゑん》である……（時事新報）

また城山は、先に述べた『サラリーマン』についても同じ箇所で言及しており、かなり尖鋭な論調の雑誌だが、そうした雑誌にも、次のような追悼文が載ったと述べ、渋沢がたんに大新聞だけではなく、「尖鋭的」、すなわちマルクス主義の影響を色濃く受けた左翼系雑誌にも、好意的に取り上げられたことを強調している。

大きな人物の落つるのは寂しい。大きくして暖みのある人格の世を辞するのは限りなき愛惜だ。渋沢翁は明らかにブルジョアジイの一人であるが、その故に翁を憎むものは不思議にない。大衆はブルジョアジイに対して根深い反感を持つが、翁に対してだけは除外例だ。無産政党の人達でさへも「よき、をぢさん」と考へてゐるものが多い……[10]

しかしこの城山の引用は、『サラリーマン』誌による渋沢評価の一面しか指摘していないように思われる。主筆・長谷川国雄による追悼文は、後段において

……翁の標語は「論語と算盤の調和」であつた。翁はこの標語を、道徳標準の低級だつた商人階級の間に持ちこんで、しきりにアジ・プロを行ひ、商売の目的が自分の懐勘定ばかりぢや不可ない、それは必ず国民大衆

の利福を増進するものでなければならんといふ実業道徳を鼓吹したのである。

それは如何にもインテリ革命児にふさはしい行動ではないか。

渋沢翁は、日本資本主義の優れた「組織者」であつたばかりでなく、精神的方面から見て、更によき「指導者」であつたのだ。

而して、日本の資本主義が発展期にあるときには、民衆の生活線もそれにつれて向上した。翁の云ふ「論語」と「算盤」は調和されたのである。

けれども日本の資本主義が行詰つてくると論語と算盤は忽ち相剋した。資本家の利害と大衆の幸福は、明らかに矛盾し、衝突し、にくみ合つた。斯かる段階に至つて、道義的な水先案内人としての翁の歴史的役割は、すでに果されて了つたのである。(11)

『サラリーマン』(第4巻第10号, 1931年11月15日号) の表紙。ただし, この号は発禁となり, 改訂版では表紙が差し替えられている。

長谷川は、渋沢が日本資本主義の確立にはたした多大な功績を顕彰するとともに、しかし、日本資本主義がすでに渋沢が活躍していた時代のそれとは大きく変質していることを的確に指摘し、今後の主役は、新中間層たるサラリーマンにあると断じた。労働者ではなくサラリーマンに期待をかけた点、長谷川の認識は他の左翼系メディアのそれとは異なりユニークであったが、いずれにせよ、渋沢の「人間味」を讃え、各界名士の言葉を掲載するものが多かった一般紙の報道と比べてひと味違っていたことは確かである。

二　一九三〇年代～占領期の渋沢に関する言説とその特徴

（1）　一九三〇年代から終戦まで

『サラリーマン』がいみじくも指摘したように、一九三〇年代、日本の経済政策のあり方が統制経済、計画経済の方向へと大きく舵を切るなかで、メディアにおける渋沢に対する関心は急速に薄らいでいったように思われる。

今、試みに当時の代表的な大新聞であった『東京朝日新聞』の戦前期紙面データベースを、一九三二年から一九四五年までの間で検索すると、「渋沢栄一」でヒットする記事件数は、六一件にすぎない。そのうち主要なものは、渋沢の追悼集会や銅像の落成（戦時供出で渋沢の銅像も戦地に〝出征〟したという記事もある）に関する記事、渋沢が関係した諸企業、団体の人事関連の記事であった。

渋沢関連の伝記的記事には、土屋喬雄による「明治文化史上の意義」と題する連載記事の第一回「福沢諭吉（1）」[12]にその名前が登場しているほか、幸田露伴の『渋沢栄一伝』出版に関する紹介記事が二件[13]、東京放送童話研究会の「近世の英傑　渋沢栄一（一）」[14]、「伝次郎と一夫の顔合わせ作品　渋沢栄一伝も近く映画化」[15]、「『魂の渡米』英文渋沢翁一代記」[16]、市河晴子「渋沢翁の思い出（一）～（三）」[17]、「偉い人の少年時代／渋沢秀雄氏談　渋沢翁　すぐれた商才　藍の買い出しに父を驚かす」[18]などを見いだすことができた。

全般的に見て、伝記的記事にはいわゆる「偉人伝」的な要素が色濃い。そうした風潮のなかにあって、次の「教育座談会　教育改善の動向　経済界の望む人間」[19]という記事は興味深い。これは、当時の教育、社会教育の問題について、一三名の識者による座談会の内容を数回にわたって紹介したものであるが、この回では「経済界の望む人間」として、当時、第一銀行の頭取で渋沢の娘婿であった明石照男（一八八一～一九五六）が、次のように語った内容が紹介されている。

……私は経済界にゐるものはどんなことを要求してゐるかといふと、直ぐ役に立つ技術的方面のみで満足してゐるものではないのであります　政治であるとか法律であるとかいふことは表面のことでありまして底に流れてゐるものは何であるかといへば一方には物質生活で一方は文化生活でありますが、物質生活は経済界の問題で文化生活が修養であるとかさういふものでありませう、この底に流れてゐる経済と道徳との二つが合致するといふことが必要でありまして、そんな人物が経済界に来て欲しい

現代にあっても、多種多様なリーダー論が書かれたり、語られたりしているのであるが、この明石の言説も、新しい時代のリーダー像を、舅・渋沢の持説を借りて語ったものとして読むことができる。経済界において「直ぐ役に立つ技術的方面のみ」ではない人材が、一種の理想として提示されているのである。

また、物質生活と文化生活の合一という見方も、当時の経済学の傾向を見る上で重要なキーワードである。ともすれば、精神一辺倒の〝日本経済学〟が主流を占めようとしていた当時の学界にあって、経済とは物質的基盤に基礎を置きつつも、決して精神をないがしろにするものではないのだという経済人からの言説は、合理的な考え方を死守しようとする抵抗の一端でもあったのである(20)。

(2)　敗戦直後、人々は渋沢をどう評価していたのか

一九四五年八月、ポツダム宣言を受諾して日本は戦争に負けた。敗戦直後、虚脱状態に見舞われた日本の生産活動は極度に落ち込み、続いて物資不足、戦時期の紙幣増発等により悪性のインフレーションが人々の生活を襲った。日々の糧を得るのに必死だった人々にとって、過去を振り返り、そこから何かを得ようとする余裕はなかったに違いない。目の前の現実をどのように乗り越えていくかにしばらくは必死だった。しかし同時に、戦時中抑圧されていた言論活動や出版活動は、早期に息を吹き返した。さまざまな物資の不足にもかかわらず、メディアは新たな時

代の扉を開き、世の中の羅針盤たらんとしていたのである。もちろん占領軍も、戦時期の軍・政府と同様、支配に不都合な言論・表現に対しては厳しい検閲活動をおこなっていたのではあるが、いわゆる「逆コース」のなか、次第にそうした検閲の数自体も減少していった。本節は、この短いが重要な一九四五年から一九五二年の占領期における渋沢に関する言説について見ていく。

近年、占領軍が接収した当時の日本の出版物のコレクション（「プランゲ文庫」）の利用が進み、デジタル化された資料から容易にキーワードによる検索ができるようになった。[21] 当該資料群において「渋沢栄一」のキーワード検索でヒットする主なものを見ていこう（ちなみにヒット数自体は一七件、ただし連載ものはそれぞれカウント）。

まず確認できる戦後最初の渋沢に関する言説は、野依秀市《のよりひでいち》（一八八五〜一九六八）が戦前期に創刊し、社長・主筆となっていた『実業之世界』に掲載された論説、「冥土の澁澤榮一翁と語る」（野依秀市、一九四六年から四八年にかけて七回連載）であった。野依は、一九一三年にダイヤモンド社を設立した石山賢吉（一八八二〜一九六四）とともに慶應義塾大学在学中に『三田商業界』を創刊、野依はその後、これを『実業之世界』と改称し、社長となっていた。戦前期には『東洋経済新報』『ダイヤモンド』『実業之日本』『エコノミスト』などと並ぶ、大手経済雑誌の一角を占めていた。ただし、その記事内容は財界・実業家の醜聞記事が多く、それによって広告収入を確保するといったブラック・ジャーナリズム的な側面ももっていた。右の記事は醜聞記事に属するものではないが、いささか奇妙なタイトルが目をひく。これは野依自身、戦時中に浄土真宗に帰依するようになっており、そのこととも関係があるのであろう。[22]

二件目は、一九四八年一一月、渋沢の孫（渋沢の長女・歌子の長子）である穂積重遠（一八八三〜一九五一）による「社会事業家としての渋沢［栄二さん］」（『厚生時報』第三巻七号）である。周知のように穂積は日本家族法研究の第一人者であり、東京帝国大学法学部教授などを歴任したのち、一九四九年には最高裁判所判事に就任している。当該論説は、表題の通り、渋沢の後半生における社会事業家としての活動を論じたものである。

占領期、企業者・経営者としての渋沢に関する論説は、土屋喬雄（一八九六～一九八八）による以下の二篇が確認できた。

土屋喬雄「日本資本主義の指導者：渋沢栄一」『伝記』一九四九年一月

「日本を繁栄にみちびいた人：渋沢栄一」『日本の窓』一九四九年三月

土屋は、東京大学経済学部の初代の日本経済史講座担当教授であり、戦前期の「日本資本主義論争」では労農派論客として論陣を張ったことで知られる。先に紹介した雑誌『サラリーマン』にも何度か寄稿している（『サラリーマン』誌には講座派、労農派問わず左翼系論客が多く寄稿していた）。

また一九三〇年に設立された社会経済史学会の設立にあたっては最初の常務理事五人の一人として学会の創設にも尽力した。と同時に、土屋は日本資本主義発達史における企業者・経営者に早くから注目した研究者でもあった。日本の経済史学界では、のちに「経営史」という分野が独立していくことになるが、その先鞭を付ける研究者であったのである。もちろん、その学術成果は『伝記資料』に結実していくわけであるが、土屋はすでに一九三一年に改造社版偉人伝全集一四として『渋沢栄一伝』を上梓しているし、一九三九年には岩波新書として出版した『日本資本主義史上の指導者たち』のなかで、「民間に於ける我資本主義の最高指導者」[23]渋沢に言及している。また占領期には右に挙げた論文のほかに一〇冊以上の単著を上梓するなど、敗戦直後の日本経済史研究をリードしていく存在であった。

土屋が渋沢などの資本家、企業者・経営者に注目したのは、「資本主義社会では労働者はむろん重要です。しかし各種の労働者だけみても資本主義社会はわからない。資本家、経営者を見なければならない」と考えたからであり、そうした考えに立ち至ったのは、東大経済学部で同じゼミに所属していた渋沢敬三などの実業家とつきあった結果、明治維新以後の日本の歴史において、資本家は進歩的な役割をはたしたのだという印象がどうしてもぬぐえなかったからであると、自身が明確に語っている[24]。このように土屋が戦前期から渋沢という「日本資本主義の父」に着目し、研究を進めていたことは明らかであるが、占領期のこの時期、古書市場に大量流出した三井家をはじめとする旧財閥関連の文書を非常に精力的に蒐集しえたという好運も重なった[25]。渋沢研究に関連する基礎資料の多くがこの混乱期に蒐集されたことは、非常に重要である。戦後の渋沢研究、あるいは渋沢に関する言説はこうした基礎資料なしには考えられないからである。

三　戦後復興から高度成長期にかけて——渋沢栄一と「実業の思想」

一九五二年に独立を達成した日本は、米国を中心とする西側陣営の一員として国際社会にも復帰していく。同時に、復興を通じての経済発展を終え、一九五〇年代半ばからは約一五年間に及ぶ長期の高度成長を実現していった。

とくにこの時期に特徴的なのは、一九三〇年代から始まった土屋喬雄による渋沢研究の集大成とも言える『伝記資料』の刊行が再開され、完結したこと（一九四四年に岩波書店から第一巻のみが刊行され、その後中断していたが、一九五五年に渋沢栄一伝記資料刊行会から再刊され、一九六五年に本編全五八巻が刊行終了、続いて別巻一〇巻が渋沢青淵記念財団竜門社より刊行され、一九七一年に完了）であり、土屋以外の研究者による渋沢研究が現れ始めたことである。しかし、一方で一般の雑誌などでは渋沢について書かれたものはほとんど見当たらない。したがって、以下ではこの時期のアカデミックな渋沢研究の展開を見ておこう。

まず、『伝記資料』刊行に先立つ一九五〇年、土屋によって書かれた「渋沢栄一の経済思想について」（『社会経済史学』第一六巻二号）が重要である。それまでの渋沢に関する研究は、土屋自身のものも含め、いまだ伝記的叙述の域を脱していなかったが、この論文では、思想家ではない実業家のエートスに迫るという形で渋沢を取り上げており、ウェーバー的な方法論を適用していこうという方向性が注目される。このウェーバー的なエートス論を日本の近代化過程に援用しようとする方法は、大塚史学に大きな影響を受けた研究者たちに引き継がれていった。その代表的な作品が、長幸男（一九二四〜二〇〇七）による研究である。長は、一九六四年、筑摩書房の大型企画『現代日本思想体系』（全三五巻、一九六三〜六八年）の第一一巻『実業の思想』に解題・解説を書き[26]、そのなかで渋沢を取り上げている。この筑摩書房の『現代日本思想体系』は、それまであまり取り上げてこられなかったジャンルの思想、たとえば「権力の思想」「アジア主義」などを取り入れた点でユニークなものであり、「実業の思想」もそうした野心的な企画のひとつであった。

長は「解説　実業の思想」のなかで渋沢について、次のように述べる。やや長いが引用しておこう。

> 彼〔渋沢〕の実業の思想の核は……青年時代に培われたといってよい。伝統的社会の固い土壌のうえで近代的ビジネスの思想が自生してゆく場合の一つの典型をわれわれはみることができる。
>
> M・ウェーバーは儒教をプロテスタンティズムと対比して論じ、プロテスタンティズムとは反対に、近代資本主義の形成には適合的ではないとしている。
>
> ……本書〔『現代日本思想体系　実業の思想』〕におさめた回想記に生々とうかびあがってくる青年渋沢栄一の人間像が、如何に伝統的タイプの「君子」〔ウェーバーの用語。君子はジェントルマンの訳語〕と対礁的であるかを示したかったからである。……
>
> 渋沢の思想的役割は、実業を蔑視した伝統的思想のタームを用い、その意味内容を転換して、伝統的思考様式をもちいつつ実業に「義認」を与えるとともに、実業の社会的地位を確立したことにあったといってよかろう[27]。

長は、また『実業の思想』刊行の翌年には、「渋沢栄一と実業の誕生」と題する小論を『中央公論』第八〇巻二号（一九六五年二月）に掲載している。もっとも、長が渋沢のみに着目したわけではないことは、『実業の思想』に取り上げられている人々を見れば明らかである。長の目的は、渋沢を近代ビジネス思想の確立者としつつも、現代（当時現役であった松下幸之助まで）に引き継がれていく日本における実業思想の系譜を描くことにあった。そして、「実業の思想」のなかに、「平和と繁栄」を目指すべき日本の同時代的な思想課題を盛り込んでいこうとしたのである。長は、その後、石橋湛山研究をはじめとする日本経済思想史研究に一時代を築いていくことになる。

この時期、渋沢を研究対象として取り上げた研究でいまひとつの重要なものは、ヨハネス・ヒルシュマイヤー（一九二一～一九八三）と由井常彦（一九三一～）の研究がある。ヒルシュマイヤーの渋沢に関する論文“Shibusawa Eiichi: Industrial Pioneer”は、William W. Lockwood ed., *The State and Economic Enterprise in Japan: Essays in the Political Economy of Growth* に所収されたもので、一九六五年にプリンストン大学出版局から刊行された。ウィリアム・W・ロックウッド等のいわゆる近代化論者によるこの論文集は、タイトルからもわかるように、日本の経済成長についての政府や企業者の役割を分析しようとするものであった。このヒルシュマイヤー論文について、由井は「ヒルシュマイアの渋沢栄一論について」（『経営論集』第一四巻四号、一九六七年三月）を書き、企業者史的な視角から日本の企業家に対し、ユニークな評価を示したものとして紹介している。

のちに由井とヒルシュマイヤーは共同でいくつかの論文、著書を出しているが、企業者・経営者を思想面からだけではなく、日本の近代化を推進した実際的な機能を分析するという方向性が打ち出されていくことになる。やがて、企業者機能の歴史・実証分析は、会社という組織の歴史・実証分析と相携えながら進展していった。また、このような学術研究の組織化・制度化の現れとして、一九六四年には経営史学会も誕生した。

また一九六一年に米国日本大使として着任し、のちハーバード大学教授として精力的に日本研究を推し進めていったエドウィン・O・ライシャワー（一九一〇～一九九〇）による『日本近代の新しい見方』（講談社現代新書）も一九六五年に出版され、注目された。

要するにこの時期の渋沢研究の特徴を一言で述べるならば、日本の高度成長という実績を背景に、それを可能にした企業者の機能的役割やそれを支えたエートスに関心が集まり、明治時代において民間での起業をリードした渋沢を評価するという特徴をもっていた。単なる伝記的叙述ではない、科学的なアプローチが、渋沢研究に対しても導入されていったと言ってよいだろう。

四　一九七〇年代以降、現在まで

(1) 維新期のヒーローとしての渋沢

本節では一九七〇年代以降、現在までの渋沢に関するメディアにおける言説を扱う。当該期に先立つ一九五〇～六〇年代においては、前節で見たように渋沢に関するアカデミックな研究が進んだが、ノンアカデミズムにおける渋沢に関する言説は、幕末・維新期への関心と相即的に高まっていったように思われる。なぜならば、日本の近代化過程は、アジア・太平洋戦争という一時期の過ちを経験したものの、決して全面的に否定されるべきものではなかったのだという認識が、経済の高度成長という自信に裏付けられつつ、日本人の多くに共有されていったからである。一九六四年の東京オリンピック、六八年の明治百年記念祭、七〇年の大阪万国博覧会などは、こうした自信の内外に対する表明と見ることができる。

歴史認識においては幕末・維新を画期として、明治時代をことさらに明るく描こうとする動きがこの時期に多く見られるようになっていく。そうした傾向の代表的作品が、司馬遼太郎（一九二三～九六）の『坂の上の雲』（一九七二年に『産経新聞』での連載終了。単行本は一九六八年～七二年に全六巻で文藝春秋社から刊行）であり、城山三郎が渋沢を主人公に書いた『雄気堂々』（一九七一年に『毎日新聞』紙上に連載。翌年、新潮社から単行本化）

であった。『雄気堂々』は、封建諸制度に対する反発とそこから近代資本主義を生み出していく青年渋沢栄一と日本経済の行く末を重ね合わせたものとしても読み取ることができる[28]。

司馬や城山に共通するのは、そうした「明るい明治」がどこで転換し、「暗い（戦前）昭和」に陥っていたのかという問題意識であろう。両人とも一九二〇年代に生まれ、青少年時代にまさに戦争を体験した「戦中世代」である。自分たちの生まれ育った時代が父祖の世代と断絶しているという認識は非常に強い。のちに城山は、迫り来る軍国主義に立ち向かう政治家・財政家として、濱口雄幸と井上準之助を取り上げて『男子の本懐』（一九八〇年、新潮社）を書いているが、まさに濱口遭難から五・一五事件に、そのターニングポイントを見いだしていたのである。

なお、渋沢を主人公にしたテレビドラマなども一九七〇年代後半以降いくつか制作されている。テレビのドラマでは無名の人々よりも、ヒロイックな人物が取り上げられやすい。渋沢の場合は、『雄気堂々』が一九八二年にNHKでドラマ化され、放映されているほかに、岩崎弥太郎率いる三菱との激烈な競争を題材にしたNHKの歴史教養番組「ライバル日本史──社長の条件～渋沢栄一と岩崎弥太郎」（一九九四年六月二三日放送）などが作られている。NHKのアーカイブスでは渋沢関連の番組が全部で九本（岩崎も二〇一〇年の大河ドラマ『龍馬伝』を除けば同数）あった[29]。民放では一九七八年にはTBSテレビで単発の時代劇『雲を翔びこせ　幕末青春グラフィティー』（脚本・広沢栄、主演・西田敏行）がある。

（2）渋沢研究の新展開

一方、学界では渋沢の企業者理念・思想に注目した研究から、さらに渋沢の多元的・多面的な活動の側面を実証的に分析しようとする研究が現れてくる。戦前期、労働問題に対して労使協調の立場から政策的提言をおこなったり、各種調査を精力的に推し進めていったりした協調会と渋沢の関係に焦点を当てたものや、渋沢が中心となった欧米への実業視察団の歴史的意義を解明しようとしたもの、あるいは日米の文化交流の架け橋となろうとした文化人渋沢の研究などである。企業者としての渋沢が、いわゆる私利追求に凝り固まらない「公益の追求者」[30]としてクローズアップされた背景には、高度成長を経て経済的な豊かさを享受するようになった日本に対する自省も反映されていたと考えられる。

（3）一九七〇年代以降の渋沢に関する新聞記事・雑誌記事

一九七〇年代後半からの新聞記事については、データベース化が進んでいるため、渋沢に関する記事がどのくらい掲載されているのかについて数量的アプローチが可能である[31]。

日本経済新聞各紙（日経テレコン21登録各紙）では一九七五年から七九年にかけての五年間で「渋沢栄一」のヒット件数はわずか二件にすぎなかったが、一九八〇年代前半（一九八〇年一月一日～一九八四年一二月三一日、以下同様）は二五件、八〇年代後半は六〇件、九〇年代前半六六件、九〇年代後半九五件、二〇〇〇年～〇四年七四件、そして二〇〇五年から〇九年にかけては何と一八九件とそれまでの合計三二二件に比べて急増していることがわかった（参考までに、二〇一〇年～一三年六月末までは一〇九件であった）。日経以外の全国紙でも、データベース化されている期間が異なるので単純な比較はできないが、『朝日新聞』では一九八四年八月四日以降で四五六件、うち二〇〇五年以降が二〇四件、『読売新聞』では一九八六年九月一日以降で三九七件、うち二〇〇五年以降が一九八件、『毎日新聞』では一九八七年一月一日以降で四〇一件、うち二〇〇五年以降が一七二件となっている（いずれも二〇一三年六月末時点調べ）。

同一紙上に登場する他の実業家・企業家と比較してみよう。一九七五～二〇一〇年末までの日経各紙に渋沢が登場した回数は、合計七七九件であったが、一般の知名度が高い本田宗一郎（一九〇六～一九九一）は一一八七件、松下幸之助（一八九四～一九八九）は二三七〇件、小林一三（一八七三～一九五七）は六〇一件であった。松下、本田が群を抜いて登場回数が多いのは、データ登録時期にまだ現役であったからである。一九七五年時点で物故者であった実業家としては、渋沢の登場回数は圧倒的に多いとも言えるのである。

　このことは、しばしば新聞紙上で企画される「理想の実業家」についての現役経営者による人気投票の結果からも裏付けられる。たとえば、『日経産業新聞』（一九八三年一〇月四日）の「望まれる経営者像・有力一〇〇社トップアンケート（上）国内編」と題する記事では渋沢が堂々のトップとなっている。

　同記事は、「有力企業百社の社長（頭取）に「望まれる経営者像」を聞いたところ、明治以降の名経営者の第一位に渋沢栄一、現役トップに松下幸之助氏があがった。わが国資本主義発展の原動力となった渋沢栄一と〝経営の神様〟松下幸之助氏に共通するのは、事業に対するあくなき情熱とたぐいまれな行動力、卓越した先見性である」と述べ、「社長（頭取）百人が明治以降、いまはなくなっている経営者中、最も優れた人物と評価したのは渋沢栄一である。「株式会社経営の原典《ママ》を作った」（田淵節也野村証券社長）、「日本の資本主義発展の父」（長谷川正男日本精工社長）などと高く評価されている。第一国立銀行（現在のみずほ銀行の前身）をはじめ、東京海上保険（現東京海上火災保険）、大阪紡績（東洋紡績の前身）、王子製紙、東京瓦斯などいずれも渋沢が創設した。「一人一業」の伝統が強いわが国産業界で、金融、海運、紡績、造船、化学、ガスなど、手がけた会社は約五百社にのぼる。一大コングロマリットを形成した「おう盛な企業家精神」（大歳寛ＴＤＫ社長、四島司福岡相互銀行社長）を高く買う経営トップは、実に二十一人に達した」とまとめている。そのほかのいくつかの同種のアンケートにおいても、渋沢は、松下幸之助、本田宗一郎と並んで人気上位に常に位置する実業家なのである。

　同様に、雑誌に掲載された渋沢関連の記事は、国会図書館雑誌記事検索では一九九五年までで七四件、九六年以降二〇一三年六月末までで三八六件と急増している。なかには一般誌における「渋沢に学べ」式の記事も多い。一般誌であるが、いわゆる経済雑誌（『週刊東洋経済』『週刊ダイヤモンド』『週刊エコノミスト』をそれぞれG-search登録データベースの全期間で検索）では、ヒット件数の多い順に『週刊エコノミスト』六〇件、『週刊東洋経済』四一件、『週刊ダイヤモンド』四〇件であった。

新聞、週刊誌ともに一九九〇年代後半から現在に至る時期に渋沢に関する記事数が大幅に増加していることがわかる。これは一九九七年、現在の形で新たに開館した渋沢史料館の情報発信能力によるところも大きいものと思われるが、バブル崩壊後、長期停滞に陥った状況のなかで、渋沢栄一という日本資本主義の生みの親を見直そうという動きが生じているからなのかもしれない。とくに、一九九〇年代以降、銀行など金融機関や大企業（これらのなかには当然渋沢とゆかりの深い企業も多数含まれる）の不祥事が続出し、企業倫理の問題が取り沙汰され、それにともなって渋沢が生涯説いてやまなかった経済と倫理・道徳の問題がクローズアップされてきたこととも関係するであろう。

たとえば、バブルが崩壊した一九九一年、『日本経済新聞』には「両手に「ソロバン」の末路——企業モラル再考の好機」と題するコラムが、同紙「中外時評」コーナーに掲載されたが、当時のメディアの反応の典型をなしていると考えられる。

「片手に論語、片手にソロバン」といったのは、明治時代の大実業家で財界指導者でもあった渋沢栄一である。／「道理に依って破れることは、破れても失敗ではない。道理に依らずに富んだのは、富んでも成功ではない」／渋沢の言葉は今なお新鮮に響く。それは「道理に依らない金（かね）もうけ」が横行しているからである。／……それからすでに百年。日本の資本主義は草創期から成熟期に入った。今、経営者が経営のよりどころにしているのは一体何なのか。資本主義の大先達の残した指針はすっかり忘れ去られてしまったのだろうか。／かつて就任して間もない野村証券の田淵義久社長（当時）に会った。そのときの取材ノートを取り出してみると、「経営者に必要な条件は何か」とたずねたのに対し「営業実績を上げるのは当然だが、それに劣らず大切なのが人格、識見でしょう」と答えている。／……渋沢はビジネスにモラルが必要なことを痛感して、「論語講義」を著した。次のくだりなど今の世相にそのまま当てはまる。／「不義や不理やごまかしで富貴を得ようとしても、とうてい得られるものではない。もし何かの僥倖で一時の富貴を得たことがあったとしても、それはあたかも天上の浮雲のごときもので、たちまち一陣の風に吹き散らされてしまうものである」／まさに一陣の風に見舞われた今こそ出直しの好機といえよう。「ソロバン」は片手で十分。もう一方の手はモラルのために空けておこうではないか(32)。

このなかで言及されている田淵義久（一九三二〜）は、もちろん一九九一年に発覚した野村證券の損失補塡問題に端を発する企業不祥事を起こし、引責辞任した当の本人である。バブルの崩壊にともなって株価が下落するなか、暴力団関係も絡んだ当該事件は、大きな社会問題となった。先に紹介した「理想の実業家」アンケートでは、田淵義久の前任社長で、同じく事件の責任を取って引責辞任した田淵節也（一九二三〜二〇〇八）も、渋沢を理想の実業家として挙げているのであるから、皮肉なものである。

バブル経済の本質が何だったのか、それが企業の利益追求第一主義によってもたらされたものであったのか、否かについては、これから解明されていかねばならない日本経済史上の大きなテーマであると思われるが、当時のメディアの反応は倫理観を欠いた企業の行き過ぎた投機的活動を「犯人」とする考え方が主流であり、その対極に位置する存在として渋沢が引き合いに出されたと考えて良い。

一般の人々の考え方もそうしたものが多かった。ある新聞読者は、「渋沢栄一翁は経営は片手にソロバン片手に論語だと言っている。今回のバブル経済では、両手両足にソロバンを持って経営を行い、そのつけが今、企業経営にのしかかってきているように思う。資本調達の仕方にも問題があったのではないか。資源のない日本は輸入資源に付加価値をつけ、汗して物を作る。公に奉仕し、その結果が利益につながるとの考え方をトップ以下が持って企業経営を行うことが大切だ(33)」と投稿欄に投書していた。

バブル崩壊後の日本経済の低迷のなかでも、渋沢に関する言説はしばしばメディアに登場する。その全部をここで紹介することはできないが、二〇〇五〜〇六年の「ライブドア事件」に際しても、やはり企業の利潤追求とモラルの問題が大きく取り上げられた。

『日本経済新聞』の論説主幹（当時）・岡部直明（一九四七〜）は、同紙コラム「核心」で、以下のように述べている。

ライブドア事件がみせつけたのは、「資本主義の規範」がいかに欠落していたかである。／日本資本主義の父である渋沢栄一は『論語と算盤（そろばん）』のなかで「富を成す根源は何かといえば、仁義道徳、正しい道理の富でなければ、その富は永続することができぬ」と述べ、徳と富の一致を説いている。マックス・ウェーバーは『プロテスタンティズムの倫理と資本主義の精神』で、禁欲的な宗教倫理と資本主義精神のかかわりを分析してみせた。／一見懸け離れてみえる倫理観と資本主義精神の融合が経済発展を導く。資本主義の勃興（ぼっこう）期に唱えられた巨人たちのメッセージは時代を超えて、いまに生きている。[34]

また日本資本主義の勃興期・成長期に「財界世話役」として活躍した渋沢の、ある意味で正統な後継者であると言って良い日本経済団体連合会の会長も、二〇〇三年以後毎年「企業倫理徹底のお願い」表明を出し続けている。これは一九九一年に制定された「企業行動憲章」（二〇〇二年改訂）に基づいて毎年、憲章制定日前後に出されているものである。[35]

渋沢の経済思想、とくにその「経済道徳合一」の理念に関する言説が増加している背景には、こうした時代状況、日本の経済状況が大きく反映していると考えられよう。

しかし、一方で現代の新聞・雑誌における渋沢の取り上げられ方は、倫理を説いた実業家としての一面に偏り、一種のステレオタイプが形成されているようにも思われる。アカデミズムのなかで渋沢がますますその多面的な性格を明らかにされてきているのに比べると、とくにその感が強い。

(4) インターネットのなかの渋沢栄一

一九九〇年代後半はインターネットという新しいメディアが世界中の人々の間に普及していった時期とも重なる。二〇〇一年の「九・一一事件」では、さまざまな情報がインターネット上のブログという形で発信されたことは記憶に新しい。

ネット情報の特徴は、今まで大がかりな組織をバックに情報を発信してきた既存メディアとは異なり、誰もがネットに接続しさえすれば、非常に簡単に情報を公開することができる点にあり、これがICT(情報通信技術)革命とあいまって進行している。二〇一三年現在、ネットを介した個人発の情報は、SNS(ソーシャル・ネットワーク・サービス)としてのフェイスブックやミクシィ、あるいはショートメッセージをフォロワーが追従することによって情報拡散がおこなわれるツイッターなどの仕掛けによって益々増殖し、それらがまた相互にネットワーク化している。

また情報の検索もいわゆる検索エンジンの精度が増すことによって、世界中のネット上のコンピュータに蓄積された情報を大量に、かつ瞬時に検索可能になっている。今、試みに代表的な検索エンジンであるグーグル(Google)サーチを用いて、日本語のWWWサイトを検索してみた結果が次の通りである。

まず、単純に「渋沢栄一」というキーワードでは約五二万三〇〇〇件がヒットした。ちなみに先に比較のために言及した実業家名で試みると、松下幸之助が約二〇九万件と群を抜いて多い(二〇一三年七月時点の総理大臣である安倍晋三は一一六〇万件以上である。ただし、これらは同姓同名の人物も抜き出してしまうことには注意が必要である)。そして、本田宗一郎は一〇二万件、小林一三は二三万七〇〇〇件であった(数値はいずれも二〇一三年六月末時点、以下同様)。渋沢のネット上での認知度もほぼ新聞や雑誌での言及回数と同じであることがわかる。

さらにグーグルの検索機能を用いると、閲覧者がどのような関連語と組み合わせて検索しているかがわかる。現時点の関連キーワードとしては、「渋沢栄一記念館」「渋沢栄一賞」という固有名詞を除けば、「渋沢栄一＋名言」(六万五〇〇〇件)、「渋沢栄一＋岩崎弥太郎」(三万四九〇〇件)、「渋沢栄一＋論語と算盤」(三万六七〇〇件)、といった組み合わせで検索がおこなわれていることがわかる。これらのほかに考えられる関連語の組み合わせについても調査した。結果は次の通りであった。

まず、「渋沢栄一＋会社」では約二四万件で、このうち「＋株式会社」で約一五万四〇〇〇件であった。合本主義を唱え、日本の「株式会社の父」と言って良い渋沢だけに、株式会社というキーワードでの検索の多さは当然かもしれない。また、かつてはよく人口に膾炙していた「日本資本主義の父」という渋沢像についてはどうであろうか。「資本主義」というキーワードでの検索では約六万一八〇〇件で、「名言」との組み合わせでのヒット数と拮抗している。やはり現在でも「日本資本主義の父」イメージは強いようである。渋沢は現役時代に「財界世話役」と称されていたわけだが、「財界」というキーワードでの結果は、約二万七〇〇〇件であった。「財界」という言葉自体、新聞や雑誌では滅多に登場しなくなっていることがネット上でのヒット数にも影響しているように思われる(ちなみに直近三年間の日経各紙での「資本主義」のヒット件数は五四四件あったのに対して「財界」ヒット件数は三〇三件であった。ただしその多くが「関西財界セミナー」などといった用いられ方であり、普通名詞として単独に用いられる「財界」という言葉は多くない)。

(5) 教科書のなかの渋沢

二一世紀の今日、渋沢がどのように認識されているのかを考えるにあたって、最後に教科書における渋沢の取り扱われ方を見てみよう(具体的には、高校「日本史A・B」の教科書を調査した)。教科書は狭義のメディアではないが、広く国民一般に必要とされる知識のベースとなるものである。もちろん、教科書での取り上げられ方が標準的な渋沢像と合致するわけではないが、そのズレも含めて渋沢のイメージを考えておきたい。

まず各教科書での「渋沢栄一」がどの程度取り上げられているかを確認しておく。『日本史B用語集　改訂版』(山川出版社、二〇〇九年)には教科「日本史B」一一冊と「日本史A」七冊に所収の頻度が数値でまとめられている。これによれば、渋沢は「日本史B」ですべてに、そして「日本史A」でも二社を除く五冊で取り上げられており、最重要人物名であることがわかる。ほかに渋沢並みの頻度で取り上げられていた「実業家」は、岩崎弥太郎のみであり、岩崎はA・Bすべての教科書に登場している。

しかし、ほかの実業家は取り上げられている数自体が少なく、五代友厚、古河市兵衛、鮎川義介が目立つ程度であった。総じて、財閥ないしは新興財閥の創設者が、財閥に関する叙述の関連で取り上げられることが多く、単独の起業者や専門経営者が教科書に登場することはまれである。一般には非常に知名度が高い松下幸之助や井深大(一九〇八~一九九七)、本田宗一郎といった著名な企業家においてもそうである。逆に新興財閥創設者としての野口遵《したがう》(一八七三~一九四四)や森矗昶《のぶてる》(一八八四~一九四一)などは登場頻度が高い。

その意味では渋沢は突出して教科書に取り上げられているとも言えようが、ほとんどの教科書は渋沢が官途にあった時の事績(国立銀行の設立など)を中心に取り上げているのみで、大阪紡績の設立に携わった人物としての言及がある教科書は半分程度であった。株式会社制度の普及、あるいはさまざまな会社設立にオーガナイザー的な立場で関与したことはその事実すら触れられていないのである。ましてや社会事業家としての側面についての叙述はほとんど皆無であった。この点、一九二〇年代の渋沢に対する世間の認知とは大きな懸隔が存在する。

全般に高校の日本史教科書では、経済人についての叙述や扱いが少なく、これでは日本の近代化、高度成長等に企業家がどのように関わっていったのかを、高校生はイメージすることができないように思われる。逆に明治政府の方針に反抗した自由民権家などはかなりマイナーな人物まで採用している教科書が複数あり、相当な偏向が教科書に認められると言われてもやむを得ないであろう。

そのような状況のなかで大学入試センターが、二〇一〇年度のセンター試験（「日本史B」）に渋沢栄一・敬三を登場させたことは、ひとつの見識である。学校や教科書といった媒体（メディア）において、今後、渋沢などの企業家・実業家が積極的に取り上げられていくかどうかはわからない。しかし、不況下の就職難といった問題に右往左往しながら高校生や大学生の職業教育・キャリア教育を議論する前に、歴史上の（あるいは現役であっても一向にかまわない）企業家や実業の世界で活躍した人物の事績を客観的に扱うことは、彼ら・彼女らがさまざまなキャリアを自分の問題として考えていく上で重要な意味をもっているのではないだろうか。

注

（1）エジソンが発明したタイプのものは、一人で動画を見るキネトスコープ式であり、現在のシネマトグラフ式ではなかった。

（2）渋沢のこの講演は、渋沢史料館で視聴可能である。

（3）渋沢のノーベル平和賞推薦の経緯に関しては、吉武信彦「ノーベル賞の国際政治学――ノーベル平和賞と日本：第二次世界大戦前の日本人候補」『地域政策研究』（高崎経済大学地域政策学会）第一三巻第二・三号合併号、二〇一〇年一一月が詳しいが、一般には、二〇〇一年一二月一〇日『読売新聞』夕刊に掲載された「渋沢栄一、賀川豊彦ノーベル平和賞候補だった　最終選考に残る」などの記事によって、知られるようになった。

（4）『伝記資料』第三七巻、一一〇―一一三頁。

（5）「新平価四人組」とは、『東洋経済新報』の石橋湛山（一八八四～一九七三）、フリー・ジャーナリストの高橋亀吉（一八九四～一九七七）、『中外商業新報』の小汀利得（一八八九～一九七二）、『読売新聞』の山崎靖純（一八九四～一九四二）を指す。金解禁時のメディアにおけるさまざまな言説については拙稿「金解禁をめぐる新聞メディアの論調」岩田規久男編『昭和恐慌の研究』東洋経済新報社、二〇〇四年を参照。

（6）雑誌『サラリーマン』とそれを創刊した編集者・長谷川国雄については、田中秀臣・中村宗悦「忘れられた経済誌『サラリーマン』と長谷川国雄」上武大学創立三十周年記念論集（『上武大学商学部紀要』第一〇巻第二号・『上武大学経営情報学部紀要』第二〇号合併号）、一九九九年二月を参照。

(7)『サラリーマン』第三巻第一〇号、一七―二二頁、および第三巻第一一号、五八頁、一九三〇年（復刻版第七巻、不二出版、二〇〇〇年一月、所収）。

(8) 鹿島茂は、渋沢のこの金本位制の導入をめぐっての松方評価について、渋沢がサン＝シモン主義的な平和的産業立国を目指していたことから考えれば、日露戦争の戦費調達を可能にしたものの、その借金によって産業界の足かせとなった金本位制を是と捉えていたとは考えにくく、したがって額面通りには受け取れず、むしろ皮肉を含んだものではなかったか、としている（鹿島茂『渋沢栄一　II論語篇』文藝春秋社、二〇一一年、八二頁）。

(9) 城山三郎『雄気堂々　上』新潮社文庫、一九七六年、一三―一四頁。

(10) 同前、一四頁。

(11) 長谷川国雄「日本資本主義の建設者／渋沢栄一翁・逝く――第二の渋沢は、果して、何処から、出るか」『サラリーマン』第四巻第一〇号、一九三一年一一月一五日号（復刻版第一〇巻、不二出版、二〇〇〇年一月、所収）。

(12)『東京朝日新聞』一九三四年一一月六日朝刊一一面。

(13)『東京朝日新聞』一九三五年一月一〇日朝刊一一面。同、一九三九年七月一〇日朝刊四面。

(14)『東京朝日新聞』一九三七年四月二一日朝刊一六面。

(15)『東京朝日新聞』一九三八年七月七日夕刊四面。

(16)『東京朝日新聞』一九三八年一一月一一日夕刊二面。

(17)『東京朝日新聞』一九三九年五月二二日、二三日、二四日、いずれも七面。

(18)『東京朝日新聞』一九三九年七月一六日朝刊六面。

(19)『東京朝日新聞』一九三八年一二月七日朝刊二面。

(20) 戦時期の経済学の動向については、牧野邦昭『戦時下の経済学者』中央公論新社、二〇一〇年に詳しい。

(21) プランゲ文庫については、ＮＰＯ法人インテリジェンス研究所「二〇世紀メディア情報データベース（http://20thdb.jp/）を参照。

(22) 野依秀市と渋沢の浅からぬ関係については、佐藤卓己『天下無敵のメディア人間――喧嘩ジャーナリスト・野依秀市』新潮選書、二〇一二年に詳しい。

(23) 土屋喬雄『日本資本主義史上の指導者たち』岩波新書、一九三九年、特装版一九八二年。

(24) 尾関学「土屋喬雄文庫　解題」『一橋大学附属図書館所蔵　土屋喬雄文庫目録』一橋大学附属図書館、二〇〇二年、九頁を参照。

(25) 尾関学（同前）は、「土屋が三井家の資料を購入したのは、終戦後の混乱期に名家から数多くの文献が古書市場に流出した時期であった」（一〇頁）と述べ、土屋が「あれは『稿本三井家史料』という約九〇冊の、三井家で一一当主ごとに史料をまとめたもの。三井家の重要な史料ですけれども、これが古書市場に終戦後、出た。昭和二四年でしたかね。そこで私がそれを買った」という土屋の証言を引用している。
(26) のち、長幸男『石橋湛山の経済思想――日本経済思想史研究の視角』東洋経済新報社、二〇〇九年、第一〇章「実業の思想を担った人々」として収録。
(27) 同前、二五〇―二五二頁、傍点は原文ママ。
(28) 武田晴人「経済史研究から見た城山三郎作品」『歴史評論』第七〇五号、二〇〇九年一月号。
(29) NHKアーカイブス内の検索は、以下のURLからおこなうことができる。http://www.nhk.or.jp/archives/
(30) 渋沢研究会編『公益の追求者・渋沢栄一（新時代の創造）』山川出版社、一九九九年は、そうした視角からの研究のひとつである。
(31) しかし、全部が全文検索できるわけではない。ここでは全文検索できる新聞記事を中心に分析を試みた。
(32) 『日本経済新聞』一九九一年七月一四日、朝刊二〇面。
(33) 『日本経済新聞』一九九一年一二月一五日、朝刊二六面。
(34) 『日本経済新聞』二〇〇六年二月六日、朝刊五面。
(35) （社）日本経済団体連合会「企業倫理」（http://www.keidanren.or.jp/japanese/policy/rinri.html）

＊ 記載したURLへのアクセスは、二〇一三年六月末時点で確認済み。

第III部　渋沢栄一をめぐるアーカイブズの過去・現在・未来

ブリコルールへの贈り物ができるまで

『渋沢栄一伝記資料』生成の背景

山田仁美

一 「竜門社」が語る渋沢栄一の伝記編纂

(1) 『渋沢栄一伝記資料』と竜門社

『渋沢栄一伝記資料』(以降『伝記資料』)は、渋沢栄一の事歴に関する資料集で[1]、栄一のみならず、近代日本史研究の資料として今も広く活用されている。全六八巻、四万頁を超すこの資料集の編纂者は渋沢青淵記念財団竜門社(以後竜門社)である。竜門社とは一八八六年に渋沢邸寄寓の書生たちが親睦のため興した団体で、一九〇九年には栄一の主義発揚団体に、一九二四年には財団法人となり、今日の渋沢栄一記念財団に継承されている[2]。

竜門社は渋沢同族を中心に一〇〇〇人以上の会員を擁し、栄一が終生提唱した道徳経済合一説のもと、経済道義高揚のための活動を続けてきた。栄一から素志継承を託され活動の場として愛依村荘を遺贈された竜門社[3]が、伝記資料の編纂を開始したのは栄一他界の翌年のことである。戦争で中断を余儀なくされたものの、戦後編纂を再開、一九五五年四月に第一巻が刊行された。全六八巻の刊行が完了したのは一九七一年五月のことである。
この一大事業の実質的主宰者は栄一の嫡孫渋沢敬三である。栄一の伝記編纂に対する敬三の姿勢は、栄一存命中に語られた次の言葉に集約されている。

……一体おぢい様の伝記に付て私の意見としては、同族なり又事務所なりで書き上げると兎角我田引水的になり勝であり、又よしや左様でなくとも我田引水的であると見られるから面白くない、竜門社で書くのでさへ同様の理由で感心しない。故に伝記を書くのは全然外部の人に願ひ度いと思つて居ります。然し我々としては、伝記として書き上げないからと云うて、全然関はらぬと云ふのは又よろしくない。資料は是非我々の手で出来るだけ蒐集して置かねばならぬ。如何なる微細な事でも、又一見つまらぬ様な事でも、ありのまゝに出来得る限り集めて置かねばならぬ。そして後に伝記を書く人に自由に使用させねばならぬと斯様考へて居ります。

これに対して栄一自身も「親族関係のものが伝記を作ると褒めることになり、悪いことはかくすことになり勝ちである。従つて事実を事実とせられないから、後世の人が公平に書くまで材料のみ集めて置くと云ふのには賛成であります」と述べている(4)。
『伝記資料』とはこのような方針で編纂された資料集である。

(2)「青淵先生伝記編纂事業の沿革略」について

『伝記資料』の編纂過程については竜門社機関誌『竜門雑誌』連載の報告記事が情報源となる。なかでも一九三七年二月発行の第五八一号(以後竜門雑誌は号数のみで表す)に収載された「青淵先生伝記編纂事業の沿革略」(以後「沿革略」)は、栄一の伝記編纂史を知るうえで欠かせない情報源である。それは竜門社および渋沢同族が過去に行った伝記編纂を第一次から第六次に分けて紹介するもので「青淵先生伝記資料編纂所通信」第二回として収載された。執筆者は佐治祐吉、第四次半ばから第六次までの編纂に従事した竜門社員である。第六次とは『伝記資料』全六八巻に結実した事業で、つまり「沿革略」は『伝記資料』編纂従事者による「先行事業の記録」なのである。

本章では「沿革略」の六区分に沿って『伝記資料』の生成背景を紹介し、その機能について考察を試みる。筆者は渋沢栄一記念財団実業史研究情報センターで『伝記資料』デジタル化に携わる実務者であり、研究者ではない。主な関心は史実追求よりむしろ『伝記資料』という「データベース」に収められる情報が、いかなるコンテクストにより利用者の前に存在するか、情報と利用者をつなぐインタフェースとしての『伝記資料』の機能はいかなるものか、という点にある。広範な編纂事業を俯瞰するため、情報源は『伝記資料』『竜門雑誌』など刊行資料のみとした。編纂所日記などの原資料による史実確認は範囲外としたこと、また原文の旧字は新字に改めたことも、あらかじめお断り申し上げる。

二　被伝者が現役で活躍している最中の事歴記録

本節では「沿革略」の第一次から第三次までを紹介する。これは被伝者（記録対象となる人物）栄一が精力的に活動していた時代になされた伝記編纂である。各項の比較を容易にするため、冒頭に項目を立てて概要を記した。うち「成果物」とは当初より企図され完成した編纂物、「蓄積された記録」は編纂過程で蓄積された典拠資料や編纂過程の記録などを表す。なお、各項タイトルの下には『竜門雑誌』掲載ページを付記した。

（1）深川邸における雨夜譚口述：「沿革略」第一次（第五八一号、七九―八〇頁）

【成果物】「雨夜譚」（口述記録）

【制作者】　口述＝渋沢栄一、記録＝竜門社書生
【編纂期間】　一八八七年九月二四日～一〇月一七日
【記録場所】　渋沢邸（東京・深川）
【蓄積された記録】　筆記本、栄一本人が朱筆を入れた貴重本[5]、はしがきなど
【伝記資料掲載】　別巻第五、四四二―五二二頁（底本は第二次成果物の『六十年史』）

「沿革略」によれば、第一次の「雨夜譚」は渋沢栄一が深川の自邸で書生たちに自己の経歴を「親しく」語った訓話である。竜門社創立翌年の一八八七年に九月二四日、一〇月一日、一五日、一七日の四回に分けて行われた。栄一、四七歳の秋である。

渋沢栄一は「歴史は誠に大切なもの」で「歴史を知り歴史を残し、過去によりて偉人の功績を偲び、そこに文化の華と実とを求める、これが私の歴史観[6]」と述べているが、実際にみずから企図して『徳川慶喜公伝』を刊行、他にも史跡保存などの事業を数多く支援している。では歴史の記録・継承を重視した栄一は「雨夜譚」をどのように位置づけていたか。口述から七年後、栄一は次のような「はしがき」を記し、これは世のため人のためではない、身近な者が「我が仏尊し」と思ってくれれば、それで望みは足りる、と述べている。

……うからやからの請ひのまにまに、すぎこしむかしがたりを雨夜の徒然にうちいでしを、傍にて筆記せしものありて……終にこれを雨夜譚と名づけて、ひとつの冊子とはなしぬ、されどこは只半生の経歴を略述せしまでにして、もとより世のため人のためにとてなしゝわざにはあらず、おのがなからむ後うからやからの人々これを読みて、我仏たふとしと思ひなば、かねての望みは足りぬべくなむ。
ゆづりおく、このまごゝろの、ひとつをば、なからむのちのかたみともみよ。[7]

さらに下って一九一七年、栄一はある演説の中で、この「ゆづりおく……」の歌を披露して、「雨夜譚」は「至誠」の心を示す家の宝、と語っている。[8] 家族と書生たち、すなわち竜門社メンバーに語られた経歴は、七年後には「なからむのちのかたみ」に、そして二〇余年の後には「家の宝」とされた。いずれの場合も栄一は「雨夜譚」を、身内に向けたメッセージと位置づけている。

（2）『青淵先生六十年史』刊行：「沿革略」第二次（第五八一号、八〇―八三頁）

【成果物】『青淵先生六十年史（一名）近世実業発達史』第一巻、第二巻。竜門社、一九〇〇年
【制作者】企画・執筆＝阪谷芳郎、事務＝長谷井千代松
【編纂期間】一八九七年一一月二八日～一九〇〇年二月
【編纂場所】阪谷邸（東京・麴町区平河町六丁目）
【蓄積された記録】「青淵先生六十年史　第一冊、第二冊」（和綴稿本）
【伝記資料掲載】第二六巻、二二八―二三一頁、二四八―二五二頁。別巻第十、九七頁

一九〇〇年に竜門社が刊行した『青淵先生六十年史』の、実質の編纂者は栄一の女婿阪谷芳郎である。「沿革略」はこの項目については「事務を殆んど一人で執」った長谷井千代松の談話が情報源である、とする。長谷井談話によると、この事業は阪谷が竜門社幹事会で、栄一の還暦祝いには「六十年間の歴史を編纂するが最も適当な方法」と進言、それを受けて竜門社は阪谷を編纂委員長に推薦、阪谷を中心とした編纂がはじまった、という。

作業の手順について長谷井談話は「男爵〔阪谷芳郎〕と差向ひで、口述せられるのを〔長谷井が〕速記し、それを訂正し、清書し、再び男爵に御覧に入れ、又男爵が訂正加筆せられ、かくして本決りとなると愈々一定の用紙に清書すると云ふ風で」[9] あったと報告する。さらに章ごとに参照した資料、協力者について詳述、新聞やその他資料の写しは例外一章を除きすべて原文のまま転記したことも「沿革略」で紹介する。阪谷自身については「修められ

た専門の学業と云ひ、其職業柄と云ひ、……実に深く編纂に趣味をお持ちになつて居り、……朗蘆先生の伝記や、其他種々のものを御編纂になつて居るという風で……」と語っている。

漢学者阪谷朗蘆の四男として生まれ、大蔵官僚として財政分野で手腕を発揮、後に大蔵大臣、東京市長を歴任した阪谷は、岳父とともに多くの社会事業に関与している。その阪谷の「編纂の趣味」とはどのようなものであったのか。阪谷の視座を確認するため、やや脇道に逸れるが、ドイツの国家学者カール・ラートゲンに言及したい(10)。

ラートゲンは一八八二年に来日、東京大学文学部で初代政治学教授として教鞭を執りながら一八九〇年に帰国するまでの間に独逸学協会、国家学会などに関与、大学内外でドイツ国家学を講じている(11)。阪谷は東京大学でラートゲンに学び、その指導のもと、東京大学図書館所蔵資料に依拠して英文レポート「旧体制における行政組織」をまとめた。ラートゲンは帰国後に著した『日本の国民経済と国家財政』でこのレポートを引用、そこで阪谷を「私の日本人学生のなかで最優秀の者」と紹介したという(12)。

ラートゲンは「国家学は歴史的なものでなければならない(13)」とし、その講義は「歴史と統計によって構成された『事実』による政治の言説空間の刷新に」重点が置かれていたという(14)。統計はもちろん、歴史も記録無しには成立し得ない。阪谷の学生時代のノートには「Historical Facts ＋ Statistics ＝ Pol. Science」を意味するメモを見ることができる。ここでの「歴史」とは懐古のためではなく現在と未来の国家を設計するための、いわば戦略的な存在である。阪谷自身も日記をはじめ多くの記録を残しているが、その記録重視の姿勢は「沿革略」の中でも紹介されている。佐治は「特筆すべきは」と前置きをし、阪谷が竜門社に対して記録の保存や『竜門雑誌』に栄一の動静を漏らさず掲載するよう指示したことに言及、「今日、我々〔第六次の〕資料の編纂者として竜門雑誌を見る時には、……その記事は索引となり暗示となり手引きとなり足場となって、今日のわれわれの仕事に便宜を与ふること幾何なるを知らぬ」と述べている。

『六十年史』の序に記された編纂趣旨には、この出版物が栄一の「徳澤ヲ伝彰」するだけでなく「財政経済ニ関スル学科ノ為メ最モ有益ナル一部ノ参考書ヲ世ノ学者ニ恵ムコトヲ得ルモノト確信ス」[15]と記されている。阪谷にとって『六十年史』は岳父の還暦祝いであると同時に将来の国家や財政を担う人々に実業発達史を伝えるメディアでもあった。

なお、『六十年史』には栄一が身内のために口述した「雨夜譚」も全文が収録された。これにより栄一の経験談は広く社会に公開されることとなった。

『六十年史』編纂開始当時、阪谷は三四歳、栄一は五七歳であった。

（3）同族会編纂所による「御伝記」：「沿革略」第三次（第五八一号、八三―八五頁）

【成果物】 なし（編纂途中で中止となる）

【制作者】 評議員会長＝穂積陳重。副評議員長＝渋沢篤二。幹事＝増田明六。
　編纂主任＝萩野由之。編纂員＝井野辺茂雄、渡辺轍、高田利吉。ほか写字生。

【編纂期間】 一九一七年一一月（名義一九一八年一月）～〔一九二五年〕[16]

【編纂場所】 渋沢事務所（東京・兜町）

【蓄積された記録】 「青淵先生伝初稿自第一章至第廿五章」（謄写版）、「渋沢栄一伝稿本自第一章至第五章」（活版印刷）、「第六章修正版」（謄写版または活版印刷）など

【伝記資料掲載】 別巻第五、解題五頁

「御伝記」とは『徳川慶喜公伝』に対して使われた呼称だが、第三次の栄一伝記もまた「御伝記」と呼ばれていたようである[17]。第三次の「御伝記」編纂は『慶喜公伝』編纂完了後、編集員が順次移行して始まった[18]。『六十年史』刊行から一七年後のことである。編纂開始当時、栄一の女婿穂積陳重は六六歳、編纂主任の萩野は五七歳。栄一は七七歳で既に実業界から引退していた。「沿革略」は「とにかく此時代の特徴は、貴重資料の焼失といふ事」で、

編纂作業は六年八カ月の長きにわたったものの、関東大震災で事務所が大破し稿本や資料が焼けてしまったので事業が中止された、と述べる。情報源については高田利吉氏談話による、との付記がある。当時の編纂員の談話をもとにしているだけあり、編纂の手順や焼失した資料などが詳述されている。それによれば編纂手順は、⑴脱稿の度に謄写版を作成、⑵関係者に配布、⑶読み合わせにより訂正増補、⑷修正完了部分を活版で印刷……というものであった。

編纂物の被災状況について、震災発生時、第一章から第五章は⑷の活版印刷まで完了、第六章は訂正版が⑷のため印刷部に送付されていたが、災厄を免れ後日に発見された、と記されている。高田談話は、編纂所で保管していた謄写版刷と活版刷稿本はすべて烏有に帰したが「幸に関係者に配布してあつたものが数部残つたので、それを乞ひ請けて」井野辺執筆部分については完本を残すことができた、と述べる。一方で「続雨夜譚」としてあらたに栄一が語った談話の速記や維新元勲等からの書簡など、焼失した資料も具体的に紹介している。

職員については編纂主任萩野由之と、高田を含む編纂員三名と写字生が五名、「執筆者は専門の歴史家であつて、経済界の事情に疎い憾みがあり、為にその調査は非常に困難な事であつた様に考えられる」と記されている。また栄一をはじめ渋沢同族と佐々木勇之助、尾高幸五郎、秘書役の増田明六、渡辺得男その他関係者が編纂者とともに出席した読み合わせの会も開催され「十数回、忌憚なき批評を乞うて、之を訂正増補せられた」こと、「同族会理事の方から頻りに起稿を督促せられ」たことなども紹介している。

ここから第三次には「依頼者＝渋沢家同族会」「編著者＝歴史研究者」「校閲者＝渋沢栄一および関係者」という役割分化があったことがわかる。『六十年史』序で阪谷は多忙で執筆時間が少なく、材料も十分集まらなかったため編纂者として満足に責任を尽せなかったと述べているが、第三次の布陣ではその点の改善がなされたと言えよう。しかしながら一部の稿本が残ったにもかかわらず、この事業は渋沢敬三によって中止とされた。敬三は後に「祖父の伝記を自分の家でものにすることについて深く疑ふところがありましたので折角途中まで出来て居た上述の伝記編纂をその中絶を機として廃止してしまひました。……私は祖父の伝記を自家で著すことには反対でありました……」と語っている[(19)]。編纂が中止となった一九二五年当時、栄一は八五歳、敬三は三〇歳。発意者の穂積陳重は同年四月に他界している。この後、栄一の伝記編纂は敬三によって大きな方向転換を果たすことになる。

三　過去の存在になろうとする被伝者の事歴記録

いかに多彩な活動をした人物でも、やがては鬼籍の人となる。過去の存在になろうとする被伝者を「身内」はどのように記録したか。本節では「沿革略」の第四次から第六次、さらに戦後に完成した全六八巻の刊行について紹介する。

（1）渋沢敬三による雨夜譚会：「沿革略」第四次（第五八一号、八五―八七頁）

【成果物】「雨夜譚会談話筆記」
【制作者】委員長＝渋沢敬三、幹事＝白石喜太郎、係員＝岡田純夫、泉二郎ほか
【編纂期間】雨夜譚会（一九二六～一九三〇年）、御口授（一九三〇～一九三一年）
【収集場所】渋沢邸（東京・飛鳥山）渋沢事務所（東京・丸の内三菱二八号館）
【蓄積された記録】「青淵先生関係事業調」資料群七八袋、書籍群、新聞切抜、手紙影写、写真、択善会録事全写本、理財新報全写本等
【伝記資料掲載】第五七巻、七〇九―七一五頁。別巻第五、五二三―七二四頁。

第四次は発信ではなく記録を目的とした事業である。「沿革略」は第四次について「此試の一大眼目は先生を囲んで親しく経歴に関する御談話を聴くことであつて、特に或事業に斡旋せられた時の先生の心情を伺ふ事に重きを

置かれた」と述べる。また栄一の年譜が整理され、事業別資料七八袋が作られたこと、雨夜譚会終了後には既存の伝記の検証により「御口授青淵先生諸伝記正誤控並御談話控附日記」[20]がまとめられたことも紹介する。

この事業、すなわち雨夜譚会の委員長、渋沢敬三が第一回会合で述べた開催趣旨は本稿冒頭に記した。敬三はさらに「研究的な態度でやつて行かう、私共の方で十分研究してからお話を願ふことにしよう、又私達の方で研究が出来ないものは専門家に頼みその専門の学問から御祖父様を明治時代の古老として色々の事をお聞きすることにしよう、……そして御祖父様のお気持を取つて置く」とその方法についても明確に語る[21]。

かつて栄一も『徳川慶喜公伝』刊行のために昔夢会を開催、オーラルヒストリーとして慶喜の口述記録を試みたが、雨夜譚会のそれは刊行を前提としたものではなく、記録のための記録であった。敬三は後に「各種の問題について祖父の生きて居る内に、その動機とか考へ方とか、つまり文章丈では得られない部分を主として聞いておくことが後々何等かの参考にならうと思った」と、遠からぬ栄一の他界を前提としていたと語っている[22]。

雨夜譚会は敬三が三一歳、栄一が八六歳となる年から始まり一九三〇年で終了となった。翌一九三一年、渋沢栄一は九一年の生涯を閉じる。

（2）幸田成友による伝記資料編纂：「沿革略」第五次（第五八一号、八七頁）

【成果物】　なし

【制作者】　編纂主任＝幸田成友、編集担当＝佐治祐吉、藤木喜久馬、増山清太郎ほか

【編纂期間】　一九三二年四月（一〇月？）～一九三五年一二月三〇日[23]

【編纂場所】　第一銀行呉服橋支店、後に同行本店五階

【蓄積された記録】　蒐集資料（日記、演説集、書簡、文集、談話集、編年史等）、編年資料（綱文と資料群を編年体で編集）、編纂室日記、「青淵先生伝記資料編纂室たより」など。

【伝記資料掲載】第一巻「序」

第五次は栄一他界の翌年四月から一九三五年末まで、約三年半の事業である。「沿革略」にはただ「昭和十一年四月号『編纂室たより』に記す通り」とのみ記される。「青淵先生伝記資料編纂室たより（以後「たより」）」は第五次の編纂記録として『竜門雑誌』上に不定期連載された。昭和一一年四月号（第五七一号）のそれは編纂事業の終了報告で、三年半の間に関与した作業者、作業日数、収集品、作業経過がまとめられている。[25]

ここには当初は「正伝の編纂に着手すべき本社（竜門社）評議員会の決議であつたが、途中から他の伝記作成者の妨害となる等の反対もあり」伝記資料編纂へと変更になったこと、第五次の着手日が一九三二年四月一日であったことも記されている。幸田成友が編纂主任として『竜門雑誌』誌上に紹介されたのは一九三二年一〇月号、つまり幸田はすでに稼働している編纂チームに半年遅れで着任したことになる。[26] 幸田は「丹念に資料を蒐集し、厳しく原典に批判を加え、追究をかさねる」姿勢のいわゆる「原本主義」の歴史学者で、この事業においても、なるべく外部に資料収集に行くよう編纂員に指図をしていたという。[27] その成果か、「たより」には採訪は各係員が最も力めた所、と記されている。しかしながら、この事業は当初予定された期限で打ち切りとなった。なかには借用したにもかかわらず、謄写せず未着手で返却した資料もあったという。[28]

第五次の情報源としては、「たより」のほかに幸田の編纂終了記念演説の記録がある。幸田はその演説で収集・整理した資料について詳細に語り「日記とか手紙とか云ふ一番良い資料で以て事柄が分る、……二流三流の資料はさう云ふ場合には殆ど要りませぬ……」といかにも「原本主義」らしい発言をしている。また「編年資料」というものを作ったこと、今日の『伝記資料』に見られる「綱文と資料群」というユニットで整理したことを披露している。[29] さらに綱文の選定の仕方、作業者によって生じる微妙な表記の揺れ調整など、編纂上の苦労も重ねて語っている。[30] 演説の時点ではその後の出版という公開手段はおろか編纂事業の存続さえも未定であったのか、幸田は資料や事業の行く末を案じる言葉で演説を終えている。その言葉からは六三歳の原本主義者の切なる心情が伝わってくる。[31]

ちなみに、ここには第二次の阪谷、第四次の敬三のような主唱者の姿は見当たらない。強いて言うなら竜門社評議員会が発注者であった、というところであろうか。

(3) 土屋喬雄による『伝記資料』編纂：「沿革略」第六次(第五八一号、八七頁)

【成果物】『渋沢栄一伝記資料』第一巻(岩波書店、一九四四年)

【制作者】竜門社(名義上主宰者)、渋沢敬三(事実上の主宰者)、土屋喬雄(編纂主任)、編纂員＝太田慶一、藤木喜久磨、佐治祐吉、ほか

【編纂期間】一九三六年四月～一九四三年三月

【編纂場所】第一銀行本店五階

【蓄積された記録】稿本、「青淵先生伝記資料編纂所通信」、編纂所日記、書籍、資料等

【伝記資料掲載】第一巻「序」

第六次について「沿革略」は「現に当編纂所で行ひつゝある編纂である」と述べるのみであるが、一九三七年一月から一九四三年二月まで『竜門雑誌』に連載された「青淵先生伝記資料編纂所通信」(以後通信)にその編纂過程を見ることができる。「通信」には各編纂員がそれぞれの担当分野での資料収集状況や採訪記録などを署名記事として載せている。そこには編纂員の異動報告もあり、調査・編纂以外の動向も追うことができる。第六次の大きな特徴は、第五次の成果を継承しつつ「編年体編纂」を「事業別編纂」に変更した点である。[32] そのため「通信」には事業関連の章立て案が掲載されることもあった。

第六次の編纂主任は土屋喬雄である。土屋は一九三一年に『偉人伝全集十四　渋沢栄一伝』[33]を著した日本経済史の研究者で、渋沢敬三の旧制高校時代以来の友人である。土屋は一九三六年の「正月か二月」頃に敬三に編纂主任就任を依頼された。後に土屋は『伝記資料』編纂の「名義上の主宰者は竜門社であったが、事実上の主宰者は渋沢

〔敬三〕君」であったと証言する。(34)また土屋自身の意見として「自己の主観を強く働かして資料を大幅に取捨選択することは、編さん者として越権行為」で「網羅的に資料を編集するのが正しい」と主張、敬三の賛同を得て、その結果他に類を見ない膨大な資料集になった、と語っている。(35)

編纂は六年にわたり続けられたが、戦局の悪化から空襲を避けて編纂所は閉鎖、作業は中止となり原稿は第一銀行の地下室金庫に収められた。(36)一九四三年三月、三井銀行との合併による帝国銀行成立直前のことであった。その後一九四四年一月に岩波書店から第一巻のみ刊行されたが、後続巻の刊行には至らなかった。

敬三と土屋は編纂開始の年にはともに四二歳、編纂中止の年には四八歳であった。

（4） 戦後、刊行会により編纂再開：『伝記資料』全六八巻刊行

【成果物】『渋沢栄一伝記資料』全六八巻
【編纂期間】一九五四年〜一九七一年。刊行は一九五五年四月〜一九七一年五月。
【編纂場所】第一銀行本店四階、後に馬喰町支店ビル二階、四階
【制作者】刊行＝渋沢栄一伝記資料刊行会（本編）、渋沢青淵記念財団竜門社（別巻）
　編集＝渋沢青淵記念財団竜門社（本編、別巻とも）監修＝土屋喬雄
　刊行従事者＝高木一夫、林真彦、篠原東平、浅田正徹、長沢玄光ほか
【蓄積された記録】稿本、「要用書類綴込目録／諸会社・団体事業報告書類目録」、「図書目録（伝記・歴史）」、編纂で使用した書籍、資料等
【伝記資料掲載】第五七巻、八八六―九〇〇頁

戦後の刊行については『伝記資料』第五七巻の「刊行事歴」が情報源となる。執筆者名は渋沢栄一伝記資料刊行会（以下刊行会）の常任理事、戸井鉄弥である。「刊行事歴」によれば一九五四年四月、編纂再開に向けて一〇〇〇

部限定の予定で会員制の刊行会が組織された。この会は「会費制として一期を一ヵ年、五巻ずつ刊行することとし、会費を一期毎に前納してもらう」[37]という、刊行費用を担うものであった。

「刊行事歴」によれば、戦前の編纂所閉鎖時には「編纂はほぼ完了」とされていたが、原稿を開いてみると未完部分が多数確認され、刊行と並行して編纂作業も行うこととなった。一九五五年四月の第一巻以後、ほぼ二か月毎に順次刊行された。当初は全四五巻の予定であったが、作業進行とともに全六八巻となることが判明。しかしながら会員の費用負担増を憂慮、資料編一〇冊を残して刊行打ち切りが決まった。一九六二年のことである。

その後刊行会は索引巻の第五八巻完成をもって一九六五年に解散、残る別巻一〇冊は竜門社が引き継いで一九六六年から刊行を再開した。最終的に全六八巻が揃ったのは栄一没後四〇年、そして敬三もまた鬼籍の人となってから八年後、一九七一年五月のことであった。

第六次で主任を務めた土屋喬雄は、戦後は刊行会理事と監修者を兼務した。実際に編纂・刊行作業に従事した人物については「刊行事歴」中に姓名と従事期間が紹介されている。

ちなみに戦前に岩波書店から刊行された第一巻と戦後の第一巻を比較すると、サイズや収載ページ数の異同以外、目次、主要項目に大きな差は無い。『伝記資料』の基本構成は第六次、すなわち戦前に土屋編纂主任のもとで確立されていたと言えるだろう。

（5）入れ子の器、止揚する記録

第一次から第六次、そして戦後の『伝記資料』刊行に至るまでの各編纂事業は、被伝者を共通の軸とした「入れ子構造」にある。その入れ子構造の一番外に位置しているのが『伝記資料』全六八巻である。第一次の「雨夜譚」で蓄積された資料は、その成果物とともに一連の資料群として第二次『六十年史』の資料のひとつになる。同様に第二次の資料群は『六十年史』とともに第三次の資料に……と、前代の成果物は生成・蓄積された資料とともに次代における資料となる。そこには先行事業の成果を土台に、直前の事業を批判し、止揚する事業の姿がある。入れ子の器のそれぞれに内包された資料群は、同じ位相の中だけでなく、入れ子の一番外側に位置する最新の言説の検証に欠かせない証拠であり、次なる止揚、新たな入れ子の器作りの貴重な素材となる。だからこそ、はるか未来を視座の内側に置く組織は、過去の編纂で使用した典拠資料を成果物とともに整理・保管するのだろう。

『伝記資料』全六八巻完成の翌年、竜門社は簡易印刷の目録「要用書類綴込目録／諸会社・団体事業報告書類目録」「図書目録（伝記・歴史）」をまとめ、編纂終了時の資料群を記録した。展示・公開の場としての渋沢史料館開設はその一〇年後の一九八二年のことである。

四　人物記録のさまざまなかたち

およそ一五歳から二五歳の間の「成人としての責任を引き受ける前の、人格形成にあたる敏感な時期」には人生に持続的な影響力を持つ発達や特徴がもたらされ、その共時的な体験によって「世代の境界線」が描かれるという[38]。本節前半では渋沢栄一、阪谷芳郎、渋沢敬三の世代の特徴を切り口に、「雨夜譚」『六十年史』『伝記資料』がどのような人物記録であるか、比較を試みる。後半では渋沢青淵翁記念会による「伝記」刊行を切り口に、記念会と竜門社との関係について考察する。

（1）　自分を語るということ：立ち位置の宣言

一八四〇年生まれの渋沢栄一の「人格形成にあたる敏感な時期」は、幕末維新期であった。「封建の弊に対し強烈なる反感を懐」き、攘夷を志しながら断念して一橋家に仕官、そして渡仏[39]。このような体験が栄一の「覚悟」とも言えるある種の無常観につながり、そこから「歴史を残し、過去によりて偉人の功績を偲び、そこに文化の華と実とを求める」歴史観を培ったことは想像に難くない。

「雨夜譚」の口述がなされた一八八七年当時は、世間では維新史への関心の高まりからか、史料による伝記的調査が見え始めた時代であったという[40]。あるいはこれも共時的な体験による現象といえるかもしれない。そのような歴史編纂に関する団体の一つ、彰明会の関係資料として金子堅太郎の回想が『伝記資料』に収録されている。やや脱線するが同時代の記録編纂の事例として紹介したい。

一八八九年の憲法発布後、帝国議会開設に向けて調査のため欧米へと赴いた金子は、訪問先で欧米識者に日本の憲法への評価を問い、「憲法丈けを見ては日本が憲法を布き議会を開くに至った歴史が少しも判らぬ……憲法と共に維新の歴史を書き、之を欧文に反訳して世界に知らせることが必要である」と示唆を受ける[41]。翌年の六月に帰国した金子は明治天皇に拝謁、「宮内省に於いて先づ維新史より始めて漸次日本の歴史を編纂する一局を御設けなるやうにと各国の学者から勧告」を受けた旨を奏上した。金子の意見書を受けて宮内省は維新史編纂局設置に向けて動き始めるが、その動きは伊藤博文に「今宮内省で維新史料編纂するなどとは以ての外である……今斯う云ふ局を作って維新史料を採集しようとしたならば、薩長の間に悪い感情を再燃せしむるに極まっている」と反対されて中止となる[42]。

「自分が何者か」を示す歴史編纂と発信は、立ち位置の宣言であり、それは立場が違えば異なる物語となる。物語は視点を固定化し、登場人物や団体にある種のレイベリングがなされることもある。だからこそ異文化間交流では発信が重視されるし、競合相手の多い社会ではその調整に困難が伴うのだろう。

ちなみに栄一が旧主慶喜の雪冤のための伝記編纂を福地桜痴に相談したのは、金子談話中の「維新史編纂中止」から三年後の一八九三年である[43]。さらに翌一八九四年、栄一は七年前の口述記録「雨夜譚」のための「はしがき」をあらたに起草した。署名入りのはしがきは、口述の真正性を担保すると同時に本人の意図を明確にする。「世のため人のため」ではなく「うからやからの人々」が「我仏尊し」と思ってくれるなら、とは、老練と評したくなるほどの鮮やかな線引きである。「あくまで主観」と宣言することで、異なる視点からの反論もみずからの発信も、対立させることなく並列させせうるこの一文、「栄一らしい」と思うのは筆者だけであろうか。

（2）　時代を語るということ、そして語らないという選択

一八六三年生まれの阪谷の「人格形成にあたる敏感な時期」は『坂の上の雲』に描かれたような近代国家の形成期に重なる。東京大学で先端の知識を得て大蔵省に入省、栄一の女婿となった阪谷には、近代国家形成の一翼を担う実感があったことだろう。『六十年史』が完成した翌年、阪谷は『明治財政史（一名）松方伯財政事歴』全一五巻の編纂を手掛けているが、『六十年史』で岳父の事歴を実業発達史と重ねたように、阪谷はここでも明治財政史を松方正義の「財政事歴」と表現する。「特別の恩人」である栄一と松方の「国家社会に対する勤労栄徳を世に伝えることは「報恩の一端」[44]とする阪谷には、被伝者の直近で経験を共にした者の自負、そして権威や自分の判断に対する絶対の信頼があったのだろう、記伝者（伝記を書く人）阪谷は恩人の事績と「時代」とを躊躇なく重ねて語る。

対象的に一八九六年生まれの敬三は、「人格形成にあたる敏感な時期」に既存の価値観への疑義や、深い内省を余儀なくされた世代と言えるだろう[45]。海外では辛亥革命や第一次世界大戦、ロシア革命、そして国内では米騒動、首相暗殺、大正デモクラシーなど、国家の崩壊や社会のほころびを目の当たりにした敬三は、身内が栄一の事績を「語る」ことに反対し、「語らない」ことを選択した。語るのではなく栄一の言葉に耳を傾け、世にあるさまざまな記録に目を向け、研究的態度で「記録すること」を選択した[46]。

敬三がプロデュースした『伝記資料』は、栄一の個々の事績をそれぞれ社会現象の一つとして分断する。『伝記資料』の綱文、そして典拠として収録されたさまざまな記録が物語るのは、民俗の知恵が市井の人々の日常の累積で培われたように、事業は多くの有名無名の人々の発想・決断・尽力の積み重ねによるもので、一人の英雄による

偉業ではない、という事実である。『伝記資料』は『六十年史』同様に栄一顕彰と実業発達史記録の機能を持つが、そこには特定の記伝者はいない。記録をいかに読み解釈するか、栄一をどう評価し位置づけるか、『伝記資料』における著述の主体は個々の読者・利用者自身なのである。

（3）「死者の眼」の必要性：渋沢青淵翁記念会設立

ここで『伝記資料』と並行して行われた「伝記」編纂についても言及しておきたい。竜門社における「伝記」編纂が「伝記資料」編纂に変更となった年、栄一の「伝記」刊行を事業のひとつに掲げる新団体の設立が『竜門雑誌』上で予告された。財団法人渋沢青淵翁記念会（以後記念会）がそれである。理事長は郷誠之助、常務理事には大橋新太郎と佐々木勇之助と、栄一の実業界の盟友が名を連ねる。同会の設立趣旨書[47]には「内外多事、国歩艱難、奇矯軽佻ノ思想世ニ行ワレ」ている時代に「翁ノ如キ醇正忠厚ナル偉人ノ遺風ヲ顕揚シテ、人ヲシテ帰趨スル所ヲ識ラシメ、以テ徳ヲ進メ業ヲ修ムルニ至ラシメムコトハ、極メテ急務」とある。

人は困難な問題に直面したとき、帰属する組織の先人、たとえば師や親、上司など、いわゆる「権威」に私見を具申し、自身の判断を検証する。権威ある先人の同意・承認は、連綿と続く過去の経験や知識を蓄積する「組織」からの承認を象徴する。それは本人の迷いを払拭し、横並ぶ余人の賛否を統合して「決定事項」への信頼を強化する。

その象徴たる「権威」がふいに鬼籍の人となったとき、残された人びとは困難な判断を迫られるたびに「彼ならどう判断しただろう」と自問しながら故人に問う。過去の事例から類推して解を求める。その時の故人は出力を持たないものの、ある重要な機能を果たしている。フランス現代思想の研究家、内田樹はそのような機能を「死者の眼」と表現している。

……死者はもうそこにはいない。私たちは死者の声を聞くことができない。けれども死者の声の「残響」はまだ空中にとどまっている。だから、私たちは死者に向かって訊ねることができる。「あなたはこのことについてどう思いますか？」「あなただったら、こういうときにどうふるまいますか？」「私のこのふるまいは適切だったとあなたは思いますか？」

もちろん、訊ねても答えは返ってこない。けれども「死者に向かって訊ねる」というのは答えを得る以上に重要なふるまいなのである。……死者に向けて問うというのは、自分自身の「今・ここ」を離れて、「死者の眼」から私自身を見つめることだからである。……死者とはそのようにして想像的に設定された「私自身のふるまいの適切さを鳥瞰的視点から吟味する視座」のことである。[48]

企業や組織が掲げる社是・社訓、いわゆるクレド（Credo＝信条）もまたこのような「死者の眼」の機能を持つ。そこには判断基準や価値観など当該社会の精神が簡潔に集約される。複数の人間が協働する際、このような基準の共有が有効であるのは言うまでもない。[49] 確実に認識を共有できるよう、クレドの文言は簡潔である。

記念会は「死者の眼」の機能を象徴「渋沢栄一」に求めた。「帰趨スル所」としてオベリスクのように栄一を顕揚するには簡潔で権威ある伝記が必要だった。それは「伝記資料」ではなく「伝記」でなくてはならなかった。記念会は和英それぞれの伝記を刊行しているが、日本語版の伝記執筆者はこの年に第一回文化勲章を受賞した幸田露伴[50]、幸田成友の実兄であった。

（４）顕彰と実証の棲み分け？

さて、ここで記念会と竜門社の関係について考えてみたい。記念会の発起人には常務理事佐々木、大橋をはじめ、多くの竜門社長老が名を連ねているが、このふたつの団体の間にはどのような関係、どのような棲み分けがあったのか。実際に比較してみよう。
目的について、寄付行為を見ると、記念会は「渋沢青淵ノ偉業及ヒ徳風ヲ追慕顕彰」、竜門社は「渋沢青淵先生唱道の経済道徳合一説に基つき主として商工業者の智徳を高め人格を高尚にするを以て目的とす」とある。[51] メンバーについて、記念会は全国の商業会議所の役員が主軸、竜門社は栄一から直接教えを受けた者や栄一が関与した企業団体の幹部がメンバーであったという。では、活動、事業はどうか。寄付行為によれば記念会のそれは銅像建立、伝記編纂など顕彰事業が主である。一方で竜門社は講演会のほか『伝記資料』編纂や日本実業史博物館（以下実博）準備が主たる事業となっている。[52]
文面では分岐点が見えにくいが、実際の活動では棲み分けがなされていたようである。例えば実博地鎮祭と栄一の生誕百年記念祭で竜門社は共催者として記念会と名を並べているが、[53] 記念会が主催する銅像建立や伝記完成報告会では一線を画して「出席」するにとどまる。とくに出版では分岐点が明確である。竜門社は記念会から愛依村荘維持などの活動のために寄付・補助金を受けているにもかかわらず、『伝記資料』編纂費は記念会からの補助を受けずに竜門社の資金と敬三個人の寄付で賄われたという。[54]『伝記資料』は竜門社、「伝記」は記念会。「伝記」の主たる機能が顕彰、「伝記資料」のそれが「検証」とすると、このふたつの団体は顕彰と検証を分岐点にゆるやかな棲み分けをしていた、と考えられる。
しかしそれは戦後に一変する。終戦の翌年に竜門社と記念会は合併、新財団「渋沢青淵記念財団竜門社」となった。新財団の寄付行為には「渋沢青淵翁ノ偉業及ヒ徳風ヲ追慕顕彰シ（記念会）、翁カ終始唱道セラレタル道徳経済合一主義ニ基キ経済道義ヲ昂揚スル（竜門社）ヲ以テ目的トス」と、棲み分けられていた二団体の目的が併記された。[55]
ゆるく、しかしある面では明確に棲み分けをしてきた記念会と竜門社が、戦後間もなく合併したのはなぜか。考えうる理由のひとつは財源の問題である。戦前より『伝記資料』編纂のために私費を投じてきた敬三は、一九四六年に公職追放となり、財産税導入によって私邸も物納している。当時の敬三にとって資金確保は深刻な問題であったに違いない。実際のところ『伝記資料』編纂費はその開始から一九四二年までの一〇年間だけで二〇万二七〇三円、企業物価指数で二〇一一年価格に換算すると一億円以上となる。編纂再開のためには編纂主任らスタッフへの報酬(56)も用意しなくてはならない。

ちなみに一九六三年に竜門社は所有していた文京区の宅地を二億五〇〇〇万円（二〇一一年換算で四億八二〇二万円）で売却している(57)。その前年の一九六二年に別巻を残して刊行打ち切りが決まり、一九六五年に刊行会が解散、残る別巻一〇冊を竜門社が刊行したことは前述の通りである。

竜門社と敬三は、文字通り身を削るように資力を尽くし、『伝記資料』を世に送り出した。

五　記憶と記録――先人からの贈り物

（1）ブリコルールへの「贈り物」

人類学者レヴィ＝ストロースは、神話的思考の本性を「雑多な要素からなり、限度ある材料を使って自分の考えを表現すること」とし、それは「ブリコラージュ（大工仕事、器用仕事）」であり、工作と同様、思いがけぬ素晴らしい出来栄えを示すこともある、と述べる(58)。

『伝記資料』は、誤解を恐れずに言えばブリコルール（ブリコラージュをする人）への贈り物である(59)。人は、無垢なブリコルールの目でさまざまな記録に向き合い、歴史＝過去の出来事について独自の「解釈」を導く。さらに自分以外の第三者の解釈と並列させ、検証という過程を経て止揚を試みる。そのように精製された「解釈」を数多く集めて織物のように紡ぐことで「歴史」認識が醸成されるのであろう。『伝記資料』には、七〇〇〇以上の綱文のもと、三万七〇〇〇以上、つまり一綱文あたり平均で五種以上の典拠資料が収載されている。同じトピックについて複数の記録を並列させると、おのずと資料を見る目線は俯瞰的になる。さまざまな史資料情報を受けとったブリコルールたちは、それらを吟味しながら自らの知性・感性というフィルターを透過させ、研究や執筆という形で各自の見解を世に送り出す。これは『伝記資料』刊行者にとっては何よりの返礼である。[60]

「レヴィ＝ストロースが文化人類学にみいだしたのは「他者の理性に自己を開くこと」による人間理性の拡大であった」とは小田亮の言葉だが、[61] やや強引にその言葉を借りれば、『伝記資料』は他者（＝渋沢栄一）の理性に対して自己（＝読者）を開く窓である。読者は『伝記資料』収載の記録を通じて、栄一と栄一のグレアに照らされて浮かび上がる無数のアンサング・ヒーロー、そして彼らが生きた時代を知る。彼らの理性や心情に思いをはせる。彼我の時代を入れ子構造で認知するとき、読者は「過去の出来事」や人々をルーツのひとつとして再発見する。あるいは「死者の眼」の機能をそこに見出すかもしれない。

『伝記資料』は栄一だけではなく明治から昭和という時代とそこに生きた人々を、後の世の利用者、研究者や歴史愛好家らの理性のなかに再生するメディアであると言えるだろう。

（2）身内にとっての『伝記資料』

史資料、とくに個人に関する記録の所在確認は容易ではない。アーカイブ等で公開されていない記録の確認や閲覧は、身内でない限り不可能に近い。『伝記資料』はその不可能に近い史資料情報へのアクセスを、出版という手段で不特定多数に向けて開いた。それは渋沢同族と竜門社にとっては栄一に関する情報の寡占者という立場からの解放でもあった。

渋沢栄一は臨終の床で、引退して静かに身内とともに田舎で過ごす「帰去来辞」の世界を思い、それでも「死後も魂縛となり共に働く」と盟友に言い残したように[62]「時代の児」という役割を生きた。敬三もまた研究者への道を断念して「役割」を生きた。仮に敬三の中に出自という枷を生きる諦観のようなものがあったとしたら、[63] 次世代の同族をその枷や役割から解放し、祖父と祖父の係累に、偉人や偉人の遺族ではない、ひとりの何者でもない人間としての地位を取り戻す、そんな機能も『伝記資料』に期待していたのではないか。

敬三の中に身内が担う重荷への懸念があったかどうか、確認する術はない。ただそこにある機能から思いをはせるのみである。

(3) 醸される記憶、記憶を圧倒する記録

「記憶」は揺らぐものである。(64) 加齢その他の要因により個人の記憶に揺れが生じることは一般によくあることで、記憶力に定評があった栄一でさえも、そこに曖昧さが観察されている。(65) 語り手の「記憶」が語るものは、過去の出来事ではなく、過去の出来事に対する語り手の印象や認識である。印象は時間の経過、心境や世論の変化などによってゆらぎ、静かに変化を続けて認識へと醸成される。世にある人物伝の中には記伝者が描く被伝者像の躍動に事実検証が追い付かないケースも散見されるが、そこで記伝者が伝えようとするものは、おそらく被伝者のエートスであり、詳細な事実ではない。記憶は揺らぐ。そして記伝者は一種ゆるぎない姿勢で読者に語りかける。そこに描かれ、語られた被伝者は「被伝者本人」ではなく記伝者が認識した被伝者「像」である。

限りなくエフェメラルな存在であった記憶は、ひとたび文字や映像などに固定されると「記録」という実体を持ち、圧倒的な存在感を発揮する。語られなかった思い、書きとめられなかった出来事は、記録の威力の前に呑み込まれてゆく。それは破壊的ですらある。だからこそ、伝えたい何かを持つ者は記録を残そうとするのだろう。そして知りたいと願う者は、直接記録に描かれなかった何かにも、目を凝らし、耳を傾ける。

記録は時間の経過で消失するはずの記憶を再生・更新する。時に実証的に、時にナラティブに、あたかも被伝者と記伝者のエートスを重ねた織物のように紡がれ、人間本来の寿命を超えて、醸成を続ける古酒のように次世代へと伝承される。それは誰が、誰のために、また何のために記録したものか。私たちはどの記録からどのような記憶

を見出すのか。本章の締めくくりとして、生物学者日高敏隆の言葉を紹介させていただく。

……人間は人間の環世界、すなわち、人間がつくり出した概念的世界に生きている。人間には、その概念的世界、つまりイリュージョンという色眼鏡を通してしか、ものが見えない。そう考えると、そのイリュージョンの世界を、人間自身がどう見ているかということを、我々人間はもっと真剣に考えなくてはいけないと思うようになった。……人間がものをどう見ているかが、人間がいろいろな文化をつくり上げたり学問研究したりするにあたっていちばん大事なのではないか……イリュージョンを通してしか世界が見えないのであれば、そのイリュージョンというのはいったい何かということを、もっとまじめに考えなくてはいけないと思う。……(66)

注

(1) 『伝記資料』については本書小出いずみ論文を参照のこと。その他拙稿「『渋沢栄一伝記資料』編纂に関する記録調査」『渋沢研究』第二〇号、二〇〇八年、筒井弥生「『渋沢栄一伝記資料』収録資料のアーカイブズ学的考察」『日本アーカイブズ学会二〇〇八年度大会：自由論大研究発表会資料』二〇〇八年がある。

(2) 竜門社については、『竜門雑誌』第六〇〇号（一九三八年九月）所載の「竜門雑誌五十年小史」、『青淵』第四四七号（一九八六年六月）所載の「渋沢青淵記念財団竜門社百年史」の他、『竜門社の歩み』渋沢史料館、二〇〇六年を参照されたい。

(3) 栄一遺言書より。『伝記資料』第五七巻、七六七頁（以後『伝記資料』は巻・頁で記す）。

(4) 一九二六年開催の第一回雨夜譚会談話筆記での敬三、栄一の言葉。別巻五、五二四頁。

(5) この訓話の筆記本に栄一が朱筆を加えた貴重本が竜門社にある、と「沿革略」は述べるが、別巻五の凡例には原本は失われたとある。「沿革略」掲載後に紛失したということか。

(6) 一九二二年九月二四日、玉川史蹟講演会での発言より。第四九巻、三四六頁。

(7) 「雨夜譚はしがき」別巻五、三一四頁、四四一一五二二頁。

(8) 「…記者が頃日私の処へ参つて、家の宝は何かと尋ねられました、…骨董品・金盃乃至鎧とか槍とか云ふものを意味した問でございましたから、…生憎趣味が無い為に、宝と思ふ物品は一つもない、…併し強て求められれば一つある、それは大学の章句を以て宝とする、大学に、楚書曰楚国無以為宝惟善以為宝と云ふことがあるが、私は唯至誠を以て宝とする、今日より二十年程も以前であつたが、家族の者に私の履歴を話したことがある、其履歴談の初に、私が序文を書いて、其結末に「ゆづりおくこのまこゝろの一つおばなからむあとのかたみとも見よ」と云ふことを述べて置いた之が即ち私の家の宝である…」一九一七年二月二日の論語年譜編纂関係者慰労晩餐会謝辞で栄一が述べた言葉。第四二巻、五八九頁。

（9）万葉仮名で記された原稿のみ普通の仮名に直した。第五八一号、八三頁。

（10）次の論文に依拠した。野崎敏郎「カール・ラートゲンとその同時代人たち」『社会学部論集』第三三号、佛教大学、二〇〇〇年、同「カール・ラートゲンと阪谷史論」『仏教大学総合研究所紀要』第九号、二〇〇二年。瀧井一博「帝国大学体制と御雇い教師カール・ラートゲン」『人文学報』第八四号、京都大学人文科学研究所、二〇〇一年。

（11）前掲瀧井二一九―二二一頁。

（12）前掲野崎「カール・ラートゲンとその同時代人たち」一九―二〇頁。

（13）前掲瀧井二三一頁。

（14）前掲野崎「カール・ラートゲンと阪谷史論」六―七頁。前掲瀧井二三五頁。

（15）『青淵先生六十年史（一名）近世実業発達史』竜門社、一九〇〇年、序三頁。

（16）「沿革略」は「震災で廃止」とするが、敬三は『渋沢翁は語る』（後掲）の序で一九二五年に中止したと述べている。

（17）別巻五、解題五頁。

（18）この編纂について栄一本人は後に「私の希望ではなかつたけれども、私の子供達が頻に要望して」始めた、と述べている。第四二四号、三九頁。

（19）岡田純夫編『渋沢翁は語る』斯文書院、一九三二年、序二頁。

（20）「御口授…」は栄一の伝記に対する修正記録。「雨夜譚会を閉鎖した後の昭和五年十二月、報知新聞に連載された沢田謙の『渋沢翁一代記』を」見た栄一が「その誤謬の甚しいのに驚」き始まった。作業は「既刊伝記約十五種を一々先生の前で御読上を了し、御訂正の個所又は当時の御話を筆記」し、同月から翌一九三一年七月二一日まで行われた。第五八一号、八七頁。

（21）別巻五、五二四頁。

（22）『渋沢翁は語る』序三頁。

(23) 三月一三日に竜門社臨時出張所として青淵先生伝記資料編纂室が設置された。最初に仕事を始めたのは佐治祐吉で、配属は四月一日。『竜門社のあゆみ』渋沢史料館、二〇〇六年、二二頁。
(24) 一九三三年四月～一九三六年四月。一九三三年七月までは「…編纂室より」と題した。
(25) 署名は無いが、記述内容から執筆者は佐治祐吉であると推測される。
(26) 吉田小五郎「幸田先生のこと」『日本大王国志』平凡社、一九六七年、三一〇頁。
(27) 「たより（十二）」第五五七号、一九三五年二月、六九頁。
(28) 「たより（二十）」第五七一号、五八頁。
(29) 「資料が集つて参りますとそれで以て編年資料と申すものを作りまして…先ず重大な事件を短い成るべく簡単な文章で書きましテ、それをまア見出しのやうに致しまして、そしてそれに関係致しました資料を順序を考へて並べる、そして今の見出し、即ち綱文と称しておりますが、その綱文を上へ置いてそれで一事件を括つてしまふ、…それを年月日順で以て順々に拵へて行く、…彼れ此れ四〇冊も出来て居りませう」幸田成友「青淵先生伝記資料の編纂に就て（下）」第五六八号、一七一一八頁。
(30) 猪木武徳「『澁澤榮一傳』をめぐって」井波律子・井上章一編『幸田露伴の世界』思文閣出版、二〇〇九年、八四頁には幸田降板を「事務官との意見の衝突もあり」とするが、その典拠は不明。
(31) 「自分たちが三年の間苦しみまして拵へました物、集めました物、これはどうか一ツ保存の方法を講じて戴きたい、…資料など云ふものは三年に限つて集めると云ふことは無理です。…之を今の儘打ち切つてしまふと云ふことは私は反対を申し上げたいのであります。…最後に折角是迄出来た物を此一部は出版出来ないかと云ふご質問があるかも知れませぬが、どうか出版と云ふことになりましたならば更に然るべき方にもう一度お骨折りを願ひたいと思ひます。私共の致しましたことは…荒ごなし、唯大体目鼻を付けたと云ふ位の所とお考えくださいますれば結構でございます…」。幸田「青淵先生伝記資料の編纂に就て　下」第五六八号、二〇頁。
(32) 実際には検討を重ねて編年体と事業別の併用となった。
(33) 土屋喬雄「人間渋沢敬三」『渋沢敬三　上』伝記編纂刊行会、一九七九年、二六〇頁。
(34) 同前、二六二―二六三頁。
(35) 同前、二六四頁。
(36) 土屋喬雄『人物叢書　渋沢栄一』吉川弘文館、一九八九年、六頁。

(37)「刊行事歴」第五七巻、八八七―八八八頁。
(38)アライダ・アスマン／磯崎康太郎訳『記憶のなかの歴史』松籟社、二〇一一年、五五頁。
(39)渋沢栄一詳細年譜・天保一一～慶応三年〔〇歳～二七歳〕。www.shibusawa.or.jp/SH/kobunchrono/ch1840.html（二〇一三年七月二七日検索）
(40)「二十年（一八八七）となって維新史に対する関心が生じて、幕末維新期の史料による伝記的調査が若干ずつみえはじめている」。大久保利謙「明治期における伝記の発達」『大久保利謙歴史著作集7』吉川弘文館、一九八八年、四三一頁。
(41)金子は訪欧中に現地識者から次のようなアドバイスを受けたと語る。「日本の憲法は実に良く出来て居る、併し何の為に日本に於て憲法政治を布くのであるか、其の理由が解らない、憲法の条章は完全であるが、憲法丈けを見ては日本が憲法を布き議会を開くに至った歴史が少しも判らぬ…憲法と共に維新の歴史を書き、之を欧文に反訳して世界に知らせることが必要である…」。第四八巻、五七頁収載「第十四回顧問及委員会紀要・金子総裁演説」（『第十六回顧問委員会紀要　付録』維新史料編纂会、一九二六年）より。
(42)「伊藤公は其の書類を一目見て「是は行かぬ、今宮内省で維新史料編纂するなどとは以ての外である…今斯う云ふ局を作って維新史料を採集しようとしたならば、薩長の間に悪い感情を再燃せしむるに極まっている…今は二十三年の議会という難問があるからしばらく待ちたまえ、その代わりに時期がきたらば吾輩が発議するから」といふことで、伊藤公の意見で中止になったのが明治二十三年の秋であります」。同前、五八頁。
(43)「徳川慶喜公伝編纂」の項、綱文（明治二六年）より。第二七巻、四四五頁。
(44)阪谷芳郎『余が母』一九二五年、序。
(45)「彼〔敬三〕は、経済史や民俗学に深い関心をもっていたことでわかるように、おおくのデータや資料をあつめて、事物の本質を帰納的に把握しようとする関心も強かった。…敬三君の実業家として働いた時代は、深刻で、複雑な情勢の連続であった。こうした時代の情勢が彼をして種々の問題につき深く考えさせたことは、しばしば断片的に彼自身から聞いたところである」。土屋「人間渋沢敬三」二五二―二五四頁。
(46)この時代には歴史編纂の公平性を視点とする史料編纂批判もあった。内藤湖南「維新史の資料に就いて」『内藤湖南全集第九巻』筑摩書房、一九六九年。
(47)「財団法人渋沢青淵翁記念会創立趣意書」（一九三二年八月）、第五七巻、八二六頁。

(48) 内田樹『武道的思考』筑摩書房、二〇一〇年、一四〇—一四一頁。
(49) 老舗企業の家訓や社是は、現ポジションを俯瞰・確認するGPSのような機能を果たす。帝国データバンク『百年続く企業の条件』朝日新書、二〇〇九年、二四頁。
(50) 幸田露伴『渋沢栄一伝』については本書平井雄一郎論文を参照のこと。
(51) 『竜門社のあゆみ』三八頁。
(52) 「財団法人渋沢青淵翁記念会寄附行為」第五七巻、八二六頁。「竜門社百年史」七七頁。
(53) 「竜門社百年史」は、伝記刊行報告会において竜門社を「主催者」と位置づけるが、当該記事の典拠と思しき第六〇八号、一二〇頁は両団体を「主催」とは記していない。本稿では第五七巻八四一頁「竜門社と記念会の共催は午後から」に依拠、地鎮祭と記念祭は二団体共催、それに先立つ伝記完成報告会は記念会の単独主催と解釈した。
(54) 大谷明史「実博建設計画・運営に関する経理の処理について」『日本実業史博物館構想による産業経済コレクションの総合的調査研究』研究成果報告書本編、二〇〇六年。
(55) 第六七〇号、四五頁。
(56) 「〔『伝記資料』編纂の〕報酬も当時私が受けていた東大助教授のそれよりも多いものであった」。土屋喬雄「人間渋沢敬三」二六一頁。
(57) 『清和綜合建物50年の歩み』清和綜合建物株式会社、二〇〇八年、二八頁。
(58) クロード・レヴィ゠ストロース／大橋保夫訳『野生の思考』みすず書房、一九七六年、二二頁。
(59) 斉藤晃は「歴史家の仕事はブリコラージュに似ている」と指摘する。「歴史、テクスト、ブリコラージュ」『歴史叙述の現在』人文書院、二〇〇二年、一二一頁。
(60) 内田樹は「著作物は書き手から読み手への贈り物」で、無限に続く贈与と返礼の往還がもたらす恒常的な変化で社会は存続しつづける、とする。贈与と返礼の概念については内田『街場のメディア論』光文社、二〇一〇年、一四七頁、同『寝ながら学べる構造主義』文芸春秋、二〇〇二年、一六〇—一六六頁を参照のこと。
(61) 小田亮『レヴィ゠ストロース入門』筑摩書房、二〇〇〇年、一六〇頁。
(62) 八基小学校での栄一追悼会における敬三挨拶より。第四一巻、五〇九頁。
(63) 宮本常一「補遺三」『渋沢敬三』未來社、二〇〇八年、二六七—二六九頁、二八三頁。

(64)「記憶の内容は決定的に不変のものではなく、むしろ物語（ゲシヒテ）の一部であり、過去は生き続けていく。…記憶——言わば私たちの歴史的感覚器官——は、手続きの過程性と個人的経験による主観の当惑のせいで、真実の伝説、法的な意味での「真実」や歴史的な「真実の発見」と言ったことについては、きわめて信頼できない媒体だということである。…自己表現を歴史的次元化するにあたっては、インフォーマントの自己表現のほかに、様々な時代の、別のテクスト（文学や雑誌などインフォーマントのテクスト以外のテクスト）や図像、物質文化のモノなどを、一緒に俎上にあげることが重要である…」。アルブレヒト・レーマン／及川祥平訳「意識分析——民俗学の方法」『日本民俗学』第二六三号、日本民俗学会、二〇一〇年、三八—三九頁。

(65) 平井雄一郎「「癩少年」はなぜ消えたか——渋沢栄一の〈記憶〉と〈記録〉をめぐる一考察」『渋沢研究』第一八号、渋沢史料館、二〇〇六年、五八—五九頁を参照のこと。

(66) 日高敏隆『世界を、こんなふうに見てごらん』集英社、二〇一〇年、九五—九六頁。

＊『渋沢栄一伝記資料』各巻の項目など内容については公益財団法人渋沢記念財団ウェブサイトの『渋沢栄一伝記資料』ページを参照されたい。http://www.shibusawa.or.jp/eiichi/biography.html

『渋沢栄一伝記資料』を紙から解き放つ

小出いずみ

一　『渋沢栄一伝記資料』の現代的課題

本章ではまず、渋沢栄一記念財団が行っている『渋沢栄一伝記資料』[1]（以下『伝記資料』）デジタル化作業について紹介する。現在、ある書物の「デジタル化」は流行のような現象を呈している。しかし『伝記資料』のデジタル化は、「全文テキスト化」およびテキストのデータベース化を目指しており、そのような例は実はまだほとんど見られない。[2]そこで『伝記資料』デジタル化の経験を先行例として記しておくことは、記録資料のデジタル化・データベース化の考え方と手順の現時点における一つのモデルを示すことになると考える。

次に、デジタル化されるとどのようなことが可能になるか、デジタル化されたデータを用いた調査の一例を記す。ケースとして取り上げるのは、収録資料を焦点とした分析である。それによって、本書の全体テーマ「記録と記憶」に、デジタル化した『伝記資料』を通してアプローチし、「渋沢栄一はどこに記録されたか」という問いに対する一つの解答を得ることを試みる。この分析によって『伝記資料』について基礎的な情報をもたらすことができるとともに、個人に関するアーカイブズ資料はどこに残るのかについて何らかの知見を提供することができるのではないかと考える。

「デジタル『伝記資料』」は後述する問題の解決にまだ時間を要するため、二〇一一年現在、未完であり未公開である。いまのところ試験的にこのデータを使ってできることは、出現文字列を探し該当箇所を表示する全文テキスト検索だけに限られている。[3] ここではその一歩先、作業途中のデータを使って、デジタル・データ化によって初めて可能になる類の分析を実験的に行うことにする。

『伝記資料』の成立の経緯については、すでに本書で鶴見太郎、山田仁美が詳述している。そこで本章では、刊行された『伝記資料』を前提に話を始めたい。まずその構成を見るところから出発しよう。

(1) アーカイブズとしての『渋沢栄一伝記資料』

渋沢栄一の生涯と活動に関する記録資料を渋沢栄一のアーカイブズとすると、それは国内外に散在しており、残された資料の全部が把握されているわけではない。たとえば書簡は通常は送った先で保管されるものであって、発信者の手元に残るものではない。記録資料の「発見」は毎日のように報道されることからみても、[4] 既知のものが限定的であることは想定しておかなければならない。ある個人についての記録資料総体とはそのようなものである。

渋沢栄一の場合、記録資料がもっとも多く保管されていた渋沢事務所が一九二三年の関東大震災で灰燼に帰した。また邸宅はその後戦災にもあっている。そのため、集約された記録資料の中には原資料が失われたにもかかわらず、すでに筆写され稿本となっていたために『伝記資料』に再録できたものもある。つまり、『伝記資料』収載によって辛うじて内容が今に伝えられている資料がある。

渋沢栄一記念財団渋沢史料館には、『伝記資料』編纂に使われた原資料の一部が所蔵されている。栄一の日記など一部の原資料は、「日本実業史博物館準備室」関係資料として、現在は国文学研究資料館で所蔵されている。ほかに、栄一が係った組織に残されているもの、書簡の宛先に残されているもの、それらが関係の資料保存機関に移されたものもあるが、全貌は把握されていない。

『伝記資料』は、出版物の形で残された、栄一の個人アーカイブズであると見ることもできる。『伝記資料』に収載されている資料はかなり広範なものであり、[5]もしも『伝記資料』としてまとめられていなかったらば、渋沢栄一の個人アーカイブズは今のように整理された形では形成されなかった、といえよう。しかし広範で膨大であるために、利用しにくい面があることは確かである。『伝記資料』のデジタル化によって、冊子体という物理的な枠組みを越えて可能になってくる利用の仕方があるはずである。

(2)『伝記資料』本編の章立てと構成

全部で合計六八冊にのぼる『伝記資料』は、第五七巻までの本編、「事業別年譜」を含む索引巻である第五八巻、そして一〇冊の別巻からなる。第五七巻までの本編の構造は、まず時代で大きく三編（天保一一年［一八四〇］～明治六年［一八七三］、明治六年～明治四二年［一九〇九］、明治四二年～昭和六年［一九三一］）に分けられて編成されている。第一編「在郷及ビ仕官時代」はその下で時代別になっているが、第二編「実業界指導並ニ社会公共事業尽力時代」と第三編「社会公共事業尽瘁並ニ実業界後援時代」は、大きく分野別に「実業・経済」、「社会公共事業」、「身辺」の三部で構成されている。ただし、第二編と第三編では「実業・経済」と「社会公共事業」の順序が逆になっている。見出し項目も第二編と第三編では微妙に異なる。

第二編を例にとると、「実業・経済」の部の下には「金融」「交通」「商工業」「鉱業」「農・牧・林・水産業」「対外事業」「経済団体及ビ民間諸会」「政府諸会」「一般財政経済問題」の各章が並ぶ。さらにこれら領域別の章、たとえば「金融」の章の下には、「銀行」「手形」「興信所」「保険」「其他ノ金融機関及ビ金融問題」が節として立てられている。そしてたとえば「銀行」の節の下では「第一国立銀行」「株式会社東京貯蓄銀行」などの固有名称が款の見出しとしてたてられている。この事情は「社会公共事業」でもあまり変わらない。「社会公共事業」の部の下には「社会事業」「国際親善」「道徳・宗教」「教育」「学術及ビ其他ノ文化事業」「政治・自治行政」「軍事関係事業」「其他ノ公共事業」の各章があり、「社会事業」の章を見ると、「養育院其他」「感化事業」「保健団体及ビ医療施設」「災害救恤」の節がならび、その下の款のレベルで「東京市養育院」「福田会」などの団体の名称が現れる。「身辺」の部には「家庭生活」「栄誉」「賀寿」「同族会」「交遊」「旅行」「実業界引退」「住宅」「雑資料」の各章が立てられている。つまり、見出し項目は、編・部・章・節・款・場合によってはその下に番号が二段階、と、最大で七階層になっている。

当該部分での最小の見出し、たとえば「株式会社帝国ホテル」のように事業の固有名が項目見出しとなっている下には、日付とともに出来事の要約が書かれている。これは綱文と呼ばれる。この綱文の下にこの出来事を裏付ける関連資料の抜粋が掲載されている。栄一の関わりの深さや長さによって綱文の数は異なるが、綱文は年月日順に配され、それぞれの綱文の下に資料が何点か掲載される、という構成になっている。

第二編実業界指導並びに社会公共事業尽力時代、第三章商工業のうち第一四巻三七七頁に掲載の帝国ホテルの例を図1に示す。まず「第二十七節　ホテル業　第一款　株式会社帝国ホテル」という項目見出しがあり、次に日付とともに出来事の要約、すなわち綱文が書かれている(①)。続いてその綱文の典拠となった資料(この場合一番目の典拠資料は一八八七年(明治二〇)に東京府に提出された願伺届録、東京府庁所蔵②)の抜粋が掲載されている。この後ろには『竜門雑誌』など他の典拠資料も転載されている。たいていの場合一つの事業にいくつもの綱文が付与され、それぞれに一以上の典拠資料が収載されている。

『伝記資料』では要するに、時代で区切られた三編で編成され、一八七三年(明治六)に始まる実業界での活動については第二編と第三編の二期に分かれ、それぞれ事業領域に分けられた部が立てられ、事業別に章が、その中は節で業種別に分けられ、款で個別の事業の見出しが立てられている。そして見出しの下の本文には、時系列に綱

図 1　第二編　実業界指導並びに社会公共事業尽力時代，第三章　商工業，第二七節　ホテル業，第一款　株式会社帝国ホテルの冒頭部分（第 14 巻，377 頁）

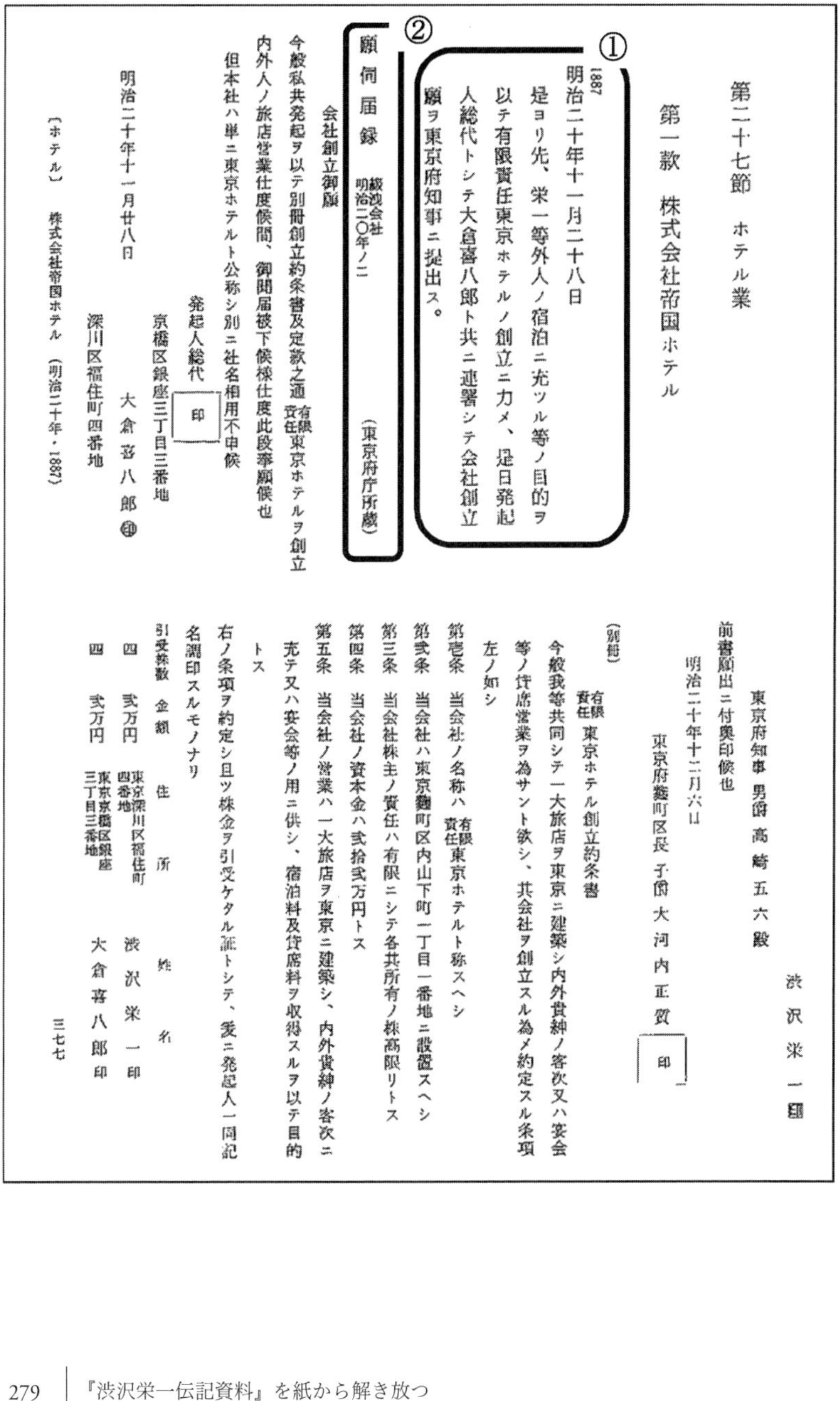

第二十七節　ホテル業

第一款　株式会社帝国ホテル

①

1887
明治二十年十一月二十八日

是ヨリ先、栄一等外人ノ宿泊ニ充ツル等ノ目的ヲ以テ有限責任東京ホテルノ創立ニ力メ、是日発起人総代トシテ大倉喜八郎ト共ニ連署シテ会社創立願ヲ東京府知事ニ提出ス。

②

願伺届録　縦覧会社 明治二〇年ノ二　（東京府庁所蔵）

会社創立御願

今般私共発起ヲ以テ別冊創立約条書及定款之通有限責任東京ホテルヲ創立内外人ノ旅店営業仕度候間、御聞届被下候様仕度此段奉願候也

但本社ハ単ニ東京ホテルト公称シ別ニ社名相用不申候

明治二十年十一月廿八日

発起人総代 印　京橋区銀座三丁目三番地　大倉喜八郎 ㊞

深川区福住町四番地　渋沢栄一 ㊞

〔ホテル〕　株式会社帝国ホテル　（明治二十年・1887）

東京府知事 男爵 高崎五六殿

前書願出ニ付奥印候也

明治二十年十二月六日

東京府麹町区長 子爵 大河内正質 印

（別冊）

有限責任 東京ホテル創立約条書

今般我等共同シテ一大旅店ヲ東京ニ建築シ内外貴紳ノ客次又ハ宴会等ノ貸席営業ヲ為サント欲シ、其会社ヲ創立スル為メ約定スル条項左ノ如シ

第壱条　当会社ノ名称ハ有限責任東京ホテルト称スヘシ

第弐条　当会社ハ東京麹町区内山下町一丁目一番地ニ設置スヘシ

第三条　当会社株主ノ責任ハ有限ニシテ各其所有ノ株高限リトス

第四条　当会社ノ資本金ハ弐拾弐万円トス

第五条　当会社ノ営業ハ一大旅店ヲ東京ニ建築シ、内外貴紳ノ客次ニ充テ又ハ宴会等ノ用ニ供シ、宿泊料及貸席料ヲ収得スルヲ以テ目的トス

右ノ条項ヲ約定シ且ツ株金ヲ引受ケタル証トシテ、爰ニ発起人一同記名調印スルモノナリ

引受株数	金額	住所	姓名
四	弐万円	東京深川区福住町四番地	渋沢栄一 印
四	弐万円	東京京橋区銀座三丁目三番地	大倉喜八郎 印

三七七

文が置かれ、各綱文の下に、それを裏付ける資料の抜粋を掲載する、という形になっている。このような複雑な階層を有している上、一番上位の「編」は時代によって区切られていることから、同じ事業についての資料が時期によって第二編と第三編に分かれて掲載されている、という問題もある。したがって、渋沢栄一のアーカイブとして最も資料が集約されていて、しかも刊行物という閲覧しやすい形態であるにもかかわらず、見たいところを探す、内容へのアクセスは容易でない。

（3）内容へのアクセス向上の要請

冊子体の『伝記資料』には内容へのアクセス手段がいくつか用意されている。一つは、各巻巻頭の目次で、そこには見出し項目だけでなく、綱文もおかれている。また、第五八巻全体を索引巻とし、そこには「事業別年譜」、「総目次」、「五十音順款項目索引」が編まれている。綱文に対する主題索引としても機能する「事業別年譜」は、二段組みで三〇〇頁近くを占める。この年譜は事業別に分類された会社や団体などごとの見出しの下に、編をまたいで配置されている同一事業に関する綱文を集めて年代順に並べ、各綱文の出現位置（巻、頁）が記載されたものである。綱文は出来事の要約であるため、これを読んだだけでもその事業に関する栄一の関わりについて概要を把握することができる。ただ、綱文は七五一一件あってそれ自体が膨大であるため、別途、「事業別年譜」の見出し項目の目次があるが、それだけでも三段組み二一頁にわたる量がある。その上、「事業別年譜」の事業の配列順は必ずしも本編での記載順とは一致しない独自のものである。このような限界があるため、見たい事業が「事業別年譜」や『伝記資料』全体のどこに分類されているのか探すのは、必ずしも容易ではない。

さらに、これは渋沢栄一の「伝記」ではなく「伝記資料」であり、同時代の記録資料を広く採録している。それだけに、栄一に限らずその周辺や当時の社会の事実や状況を伝える点で、近代史・産業史など、使い道は一個人を対象とした資料より広い(6)。栄一の活動の幅の広さ、生涯の長さ、さらに収録されている資料が総当り的に渉猟されて集められたことを考えれば、渋沢栄一を対象とした研究に止まらず、さまざまな利用が可能なはずである。ただ、『伝記資料』全体は渋沢栄一の生涯と活動を核に編まれているため、その他の目的には必ずしも利用しやすい構造になっているとはいえない。

デジタル技術を用いれば、『伝記資料』のテキストを紙媒体の限界から解き放ち、縦横に利用することが可能になる。紙媒体では「目次」や「索引」などが内容情報へのアクセス手段であるが、デジタル・データでは検索によってピンポイントで内容へのアクセスが可能になる。

（4）文献資料とデジタル化

ここで、現在広く行われるようになってきた、文献資料へのデジタル技術の応用について、簡単に振り返っておく。デジタル技術の人文科学への応用は、humanistic computing やデジタル・ヒューマニティーズなどと呼ばれており、情報歴史学のように情報処理の手法を歴史学に用いる分野も生まれ、各分野でさまざまな試みが行われている。

デジタル化とはどのようなことを指すのだろうか。資料に関して「デジタル化」と言われる場合、通常、もともとはアナログのものをデジタルに変換することを意味している。したがって、デジタル資料にはもともとデジタルで作成されたボーンデジタルと呼ばれる種類の資料もあるが、これらはデジタル化の対象とはなりえない。

一方、たとえば「国立国会図書館資料デジタル化の手引き[7]」は、もっぱら資料の画像化を対象として作成されている。また、博物館や美術館資料などについてデジタル化というときは、資料をデジタル技術で撮影することを意味する場合が多かった。つまり、ごく一般的にデジタル化は、資料の撮影またはスキャンによるデジタル画像作成を指すことが多い。

ただし、作成された画像などをもとに展示などに活用する例は確実に増加しており、そこでは画像とテキスト入力した文字を比較して古文書を見せるなど、着実に多面的な展開がある。佐賀県立図書館の郷土資料デジタル化事業[8]のように、画像化のほかに藩政期の職員録や翻刻資料から人名をテキスト入力することで新たな人名データベースを構築しようとする試みも行われている。[9]

デジタル技術の応用は、画像化を越えてもっと多様である。たとえば、史料研究の過程に電算機とネットワークを用いることを目的とした東京大学史料編纂所の前近代日本史情報国際センターでは、活動領域を、史料情報集約化分野、史料画像情報システム分野、歴史編纂知識化分野と定めている。[10]また、国立国会図書館の大規模なデジタル技術の応用をみていくと、最初にデジタル技術が導入されたのは目録システムであり（当時はデジタル化ではなく機械化と呼ばれた）、次いで明治・大正・昭和前期刊行図書の画像を提供する近代デジタルライブラリー、最近になって全文テキスト検索へと進んでいる。これらの例をみると、文献資料に関するデジタル技術の応用レベルには、大きく分けると「資料情報集約」、「画像化」、そして「テキスト化にもとづく情報処理」があるといえよう。

一方、デジタル技術を使った書物という側面からみると、最近では各種のビューアによって読める「電子書籍」が登場している。今のところこれらは、利用者がテキストそのものを利用して独自に解析するなどの手を加えることができない点で、先の三つの領域の区分けでは「画像処理」の応用版とみることもできるだろう。したがって書物のデジタル化の位相としては、現時点では電子書籍とテキスト化は異なるものと位置付けることができる。

デジタル化されパッケージとして提供されている書物の中には、たとえば『内村鑑三全集』DVD版[11]のように、丁寧に作り込まれたものもある。電子書籍ではないので専用リーダーではなくパソコンで読むものであり、書物のページイメージを壊さないように画像を見せながら、全文テキストも持っていてテキスト検索が可能であり、さらにその検索結果をエクセルなどのCSVファイルに吐き出すことができる。すなわち先に挙げた三領域のうち、「画像化」と「テキスト化を応用する情報処理」を実現しているといえる。

以上を簡単にまとめると、文献資料のデジタル化には「資料情報集約」「画像化」「テキスト化にもとづく情報処理」の三つの応用レベルがある。このレベルに重ね合わせて文献資料へのデジタル技術の応用がもたらす効果をみると、以下の点が挙げられる。第一に、目録のデータベース化や資料情報集約、さらには通常では手に取れない現物が画像化されると詳細に観察できることなどにより、「資料へのアクセス」が改善される。第二に、画像化されたものは遠隔地に散在していても手元に集めて比較することができるため、絵巻物の断簡や文書の断片を組み合わせて全体像を得る研究などが行われているように、「資料の集約」が容易になる。第三に、テキスト化によって全文検索が可能になり、さらに特定の情報を集めたり並べ替えたり重みづけをするなどの情報処理が可能になり、「資料の解析」が行えるようになる。言い換えると、目指す効果を引き出すためには、どのレベルのデジタル化、またその組み合わせが適切なのかが決まってくる。ただし今後の情報技術の進展によっては、条件は変わりうる。

なお、パッケージ系の電子書籍や内村鑑三全集は、コンテンツ自体はインターネット上に解放されているわけではないが、インターネット上でもデジタルテキスト化された書籍の提供は進んでいる。日本発では青空文庫[12]があり、アメリカ発としては検索サービス大手の Google が大規模な書籍デジタル化プロジェクトを展開しており、Google Books 上で書籍の全文検索が可能になっている。当初スタンフォード大学、ミシガン大学などアメリカの大学図書館の蔵書からスキャンが始まったが、『伝記資料』はこれらの図書館にも所蔵されているため、すでに提供されている。ただ著作権保護期間中のものもあるため、本文が読めるプレビューは表示されない。

二　『渋沢栄一伝記資料』デジタル化の概要

次に、渋沢栄一記念財団の『伝記資料』のデジタル化の取り組み、財団内における提供の状況、および、二〇一一年の時点におけるデジタル化の状態を記し、約四万七〇〇〇頁の規模の日本近代の資料のデジタル化の一例として参照できるよう紹介する。なお、デジタル化は財団の実業史研究情報センターが担当している。

（1）『伝記資料』デジタル化の目的と構成

『伝記資料』は前述のように構造が複雑で量が膨大なため、決して使いやすいものではない。すでに絶版であることから、将来にわたって使い続けていくためには何らかの形で再版の必要性も予想される。すなわちデジタル化は大きくは、記載内容に容易にアクセスできるデータベースの構築、そして、将来の再版に備え最低限としても画像データの確保、という二つの目的があった。

『伝記資料』全六八巻はおよそ四万七〇〇〇頁で作業量が膨大になるため、作業の目標を四つのフェーズに分解した。(1)ページイメージを作成する画像化、(2)目次（綱文）のデータ化、(3)全文テキスト化、さらに(4)これらを統合し情報処理を施したデータベース化である。各フェーズの実施年度は次の通りである。[13]

(1) 画像化。二〇〇四年度開始、完了。

(2) 目次（綱文）データ化。二〇〇五年度入力、二〇〇六年度には校正しつつ順次インターネット上にウェブで公開、二〇〇七年九月完了。二〇〇九年三月検索機能追加。

(3) 全文テキスト化。二〇〇六年度に入力作業開始。二次校正まで二〇〇九年度に終了。

(4) データベース化。辞書の整備を経て本格的な検索システムの構築を目指しているが、全面公開には著作権処理が必要と判明、二〇一〇年度処理準備作業開始。

（2）画像化と目次（綱文）データ化

絶版となった伝記資料を「見る／読む」には、複製があれば気軽に手に取ることができる。最初に着手したのは、将来考え得る再版需要に対応しておくためにデジタル画像データを作成することで、同時に財団内での閲覧環境も改善されると見込まれた。二〇〇四年度には別巻を含む全六八巻のデジタル画像を作成し、二〇〇四年一二月から閲覧用に財団ＬＡＮトップから画像表示機能を提供している。

『伝記資料』の綱文は、本編各巻冒頭の目次にも置かれ、見出し項目とともに目次を構成している。綱文は出来事の要約なので、綱文だけを通読しても『伝記資料』に書かれた栄一の事績の概要を把握できる。そこで二〇〇四年度から目次におかれた綱文の入力を行い、データ校正が終了したものからウェブに順次掲載することにした。二〇〇六年三月には第一巻から第三巻までの綱文が「伝記資料目次詳細」データとしてウェブページで提供され、二〇〇七年九月には本編の五七巻全部について、七五一一件の綱文がウェブサイト上で提供され、公開が完了した。

ウェブに掲載したこのコンテンツでは、まず各巻ごとに収載される編・部・章などの目次項目の一覧表があり、各巻からのリンク先に「目次詳細」ページがおかれている。各巻の目次詳細ページでは、項目見出しのもとに綱文を配置した。これにより伝記資料本編五七冊の全体像と各巻に収載されている綱文が、ウェブ上で閲覧可能になった。さらに、冊子体別のページに掲載されている綱文に対するテキスト検索機能を実現するために、二〇〇九年三月には、「Google カスタム検索」を利用した目次詳細検索機能を装備し、目次の綱文データの検索がインターネット上で可能になった。

（3） 全文テキスト化

綱文では、出来事の概要、すなわち凝縮されて濃度が高い情報を得ることができるが、詳細な情報は全文を見ることによって初めて入手できる。膨大な『伝記資料』を使いこなすには、どうしても全文をテキスト化し検索できることが必要である。ただ、新旧字体の活字、英文他の外国語、表組み、図、割行が混在する二段組みの四万七〇〇〇頁に及ぶ『伝記資料』のテキスト化は、最初から難航が予想された。以下にこのプロジェクトの進行過程の概略を簡単に記す。

〈入力と校正〉

テキスト化の対象は、当初は全六八巻中、見出し項目、綱文、資料という一定の構成をなしている本編の五七巻としたが、その後残りの巻の入力も追加した。先に触れたように、当時Googleは膨大な量の書物をデジタル化し、全文テキストを公開し始めていた。これはOCRで読み取ったデータを公開するもので、OCRの誤読は放置されていた。これに対して『伝記資料』の編纂・刊行を行った財団としては、信頼しうる検索結果を得るために入力の誤りを最小限に抑えたテキストを独自に持つことを重視した。なかでも検索を想定したテキストを得ることを目標とした。

一番の困難は、漢字の問題であった。文献資料をデジタル化する場合、とりわけ人文科学分野ではテキストに出現した文字を再現することに重点をおくことが多い。そうするとすぐに文字コードの問題に行き当たり、これは一機関で容易に解決できる問題ではない。『伝記資料』デジタルテキスト化にあたっては、再現性ではなく検索に適したテキストの作成を目標に掲げた。つまり、利用者は、「澁澤榮一」ではなく「渋沢栄一」と検索語を入力するだろうという想定のもとに、仕様が設計された。しかしある文字が旧字なのか異体字なのか似ている別字なのか、判別は難しい。広く使われ、信頼性の高い変換テーブルのような既存のツールがあればよいのだが、入力時点では、使用できる変換テーブルを手に入れることはできなかった。そこで全体の方針として、テキスト化されたデータは検索に使い、原文の最終確認は画像化データで行う、という利用の仕方を前提とすることにした。

統制記号[14]を用いると、後でデータ全体からそれだけを取り出すことができる。見出し項目・綱文・頁の三種には統制記号を付与した。この他にも掲載資料の冒頭に付されている資料名に統制記号を付与することを考えたのだが、上記三種のように、出現箇所の表記が一目瞭然ではなく判断を要するものであるため入力者の単純作業にはできず、実現できなかった。

二〇〇六年一一月に入力作業を開始して二〇〇七年度に五七巻分の入力が完了した。引き続き索引巻（第五八巻）および別巻一～一〇を入力、これは二〇〇八年に終了した。全文テキストの最初の目視校正の修正入力が完了したのは二〇〇九年度であった。ただこれでも精度一〇〇パーセントのテキストを手に入れたわけではない。目視による校正には限界がある。また仕様で指定しなかったもののため瑕疵担保では修正されないものもある。今後、校正を重ねてより精度の高いものに磨き上げていく必要性は残っている。

構築したテキストを少しでも早く有効活用するために簡易検索手段を検討したところ、汎用表計算ソフト、エクセルのマクロ機能を使用して検索できることがわかった。二〇〇八年二月には、この簡易検索システム「エキスパートシステム」によって検索ができる全文テキストを財団ＬＡＮ上に提供した。これにより財団内では誰でも全文テキストを、エクセルを使って手軽に検索できるようになった。ただし、検索対象となっているのは校正前のテキストである。また、これは本格的な検索システムの作成に向けての暫定的なシステムであり、語の表記の揺れや名称変遷をはじめとする異表記同義語については処理されておらず、文字列が出現している場所に行きつくだけの単純な検索である。それでも日常業務で伝記資料を使う効率が格段に向上した。当初、検索結果は改行から改行までの一連のテキスト表示のみであったが、二〇〇八年七月には本文のＰＤＦ画像を開く機能が、九月には編部章等の項目見出しの表示も可能になり、これにより検索結果がコンテクストとともに把握できるようになった。

〈データベース化に向けて〉

全文テキストをもとに、欲しい情報を取り出せるようデータベース化し、検索機能を付与するためには、いくつも課題がある。第一に挙げられるのは、表記の揺れや同義語の問題である。たとえば「栄一」は「篤太夫」「青淵」「渋沢男」「渋沢子」などとしても出現するわけで、異なる名前ではあっても同一人物が一時に検索されるようにするためには、辞書が必要になる。フィラデルフィアが「費府」や「ヒラデルフヒヤ」などの形でも出現することへの対応も必要だし、そもそも外国語のカタカナ表記自体も一様ではない。形態素解析を試行したところ、カナ、漢字、アルファベット文字列の中でも特に「カナ文字列」の調整が急務であるとの結論に至ったため、これに対処する表記調整テーブル作成を優先的に行うことにした。文字自体については、新字旧字、フォントの無い同義異字包摂等を処理する漢字置換テーブルなどが必要とされる。

データベースとして活用できる段階になった場合の公開方法を検討する中で、公開には、『伝記資料』に掲載されている原資料に関する著作権処理が改めて必要であることが判明した。そこで（二〇一一年一一月）現在は処理の準備として情報を整理しているところである。具体的には、掲載資料リストを作成、著作者情報を抽出し、著作者の没年調査に着手、保護期間が満了しておらず処理が必要な著作者を割り出す作業をしている。

（4） 今後の課題

『伝記資料』デジタル化の四つのフェーズ、画像化、目次データ化、全文テキスト化、データベース化のうち、データベース化はまだ進んでいない。前述のように効果的な検索には同義語処理、表記ゆれの収束などさまざまな辞書（テーブル）の作成が必要である。これらの辞書機能をもったデータベース構築には、大きな予算がかかる。データベースの公開については方法や方式についていまだ検討中である。公開には著作権処理という大きな課題が残っている。つまり、どういう形で提供できるのか完成形は未定である。

一方で、内部限定であれ活用の幅が広がるにつれ維持管理が重要な課題となってきた。デジタル・データの長期保存には、マイグレーションへの対応をはじめとする技術的な問題があり、デジタル・キューレーション[15]が必要となる。今後も発見されるであろう誤入力の修正をどのようにテキストに反映させていくのか、管理は案外やっかいである。また、著作権処理過程で生成されるあらたな情報の整理・保存も課題として浮上した。

『伝記資料』中に記載された情報へのアクセスの改善を図ることを目的に、渋沢栄一記念財団ではデジタル化に取り組んできた。『伝記資料』が複雑で膨大なために、ある資料がすでに収録されているかどうかの確認も容易ではなかったが、今後は記載事項の発見とともに、未記載事項の確認がやりやすくなる。その結果、『伝記資料』に収録されなかった資料の発掘にも役に立つ可能性がある。また、渋沢栄一以外の研究対象についても資料集として使える可能性が広がり、日本近代史の情報源として使うことができるようになる。

三　収録資料の分析または栄一はどこに記録されたか

次に、『伝記資料』のデジタルテキスト化により、可能になった分析の例を記すことにする。本書の趣旨に合わせて、栄一が同時代のどこに記録されたか、記憶されたかについて手掛かりとなる筈の収録資料に関する分析を行う。

(1)　収録資料名抽出

はじめにこの分析の限界について述べておく。先に記したように、第五七巻までの全文テキスト化の入力時点では収録資料名について統制記号を用いることができなかった。収録資料名の抽出は、入力された全文テキストに対し構造上の特徴を利用してプログラム処理をかけて行ったものである。『伝記資料』本編の構造では、綱文の後に少し幅が広いスペースがあって資料が掲載されているが、その冒頭には資料名などの典拠が記されている。そこで入力テキストでは資料名の前には二行分の改行が入っている。これを手掛かりに抽出、改行記号が二つ続く後にあるデータが、第一巻から第五七巻までのテキストから切り出された。切り出したデータ全体について、抽出もれがないかを点検した。この時点で抽出されていないデータが約一〇〇〇件あることが判明、うち資料名が必要と判明していても入力できていないものが五七六件あることがわかっている。本章では、一～五七巻までのデータから、これら資料名未入力、およびノイズとみられるもの（切り出されてはいるが単なる人名、資料の文章と思われるものなど）を除いた、三万八五〇九件をエクセルに吐き出し、調査の対象とした。

実はこの資料名切り出しの処理は、収録資料の著作権について調査するために行ったものである。したがって収録資料の分析とは目的が異なるため、抽出された資料名群から何を除外するかは異なる。たとえば同一著作物であれば何回掲載されていても著作権者の数は変わらないなど、著作権者の確認にはそのためのデータ整備が必要になってくる。要するにここで分析に用いたのは、著作権処理のために抽出し、第一段階の点検だけを終えたデータ、すなわち複数回出現した場合の重出を含み、補充入力はしていない資料名リストのデータである(16)。

(2) 収録資料の出現頻度

抽出した資料名について同一資料の同定作業、とりわけプログラム処理を用いた機械的な同定作業は必ずしも容易でない。入力された文字列だけが手がかりなので、たとえ資料名順に並べ替えても、「渋沢栄一　日記」と「渋沢栄一日記」は異なる場所に出現、その間に他のデータも多数挟まれている。たとえば「第四回東京商業会議所事務報告　第八頁　明治二八年四月刊」は他にも第四回で始まる資料名があるため、「第二回東京商業会議所事務報告　第二十四頁　明治二十六年四月刊」とは離れてソートされる。また、『伝記資料』掲載の時にそもそも記載の仕方が異なっていた「東京商業会議所事務報告　第一一回明治三五年」は別の場所に出現する。しかも校正前のデータであることから、「滝門雑誌」のような誤入力（正しくは「竜門雑誌」）についても考慮する必要がある。したがって、これらのデータを対象とする分析にはプログラム処理は行わず、並べ替えや検索など、エクセルの基本的な操作によって行った。以下に記す分析結果は、異なる表記でも同一の資料と思われるものをマニュアルで集約した結果であることをまず記しておく。

一つの資料と考えられるもので出現回数が三〇〇回以上のものを挙げると表1のようになる。約三万八五〇〇件のうち一つの資料と考えられるもので最も出現件数が多かったのは、『竜門雑誌』の四三九九件であった。これについては後述する。

次いでいわゆる「渋沢栄一日記」が三二二五件。栄一のかかわった他の日記（具体的には、航西日記二一件、渋沢栄一巴里御在館日記二件、渋沢栄一御用日記八件、渋沢栄一英国御巡行日記及び日誌計二件、渋沢栄一滞仏日記

（刊行物より）三件、甲申京摂巡回日記[17]九件）はこの中には含まれていない。『伝記資料』別巻第一～第二には、慶応四年六月（一八六八年八月）～昭和五年（一九三〇）一月までの渋沢栄一の現存する自筆日記三一冊がすべて収録[18]されているが、本編にはその抜粋を関連事項のもとに掲載してある。本編に抜粋されているのは、日記中の該当箇所のごく短い記述であるが、綱文の関連記述を抽出してバラバラにしてあるために、出現頻度は高くなっている。

日記・日誌の類で栄一自身のものに次いで収録点数が多いのは、増田明六[19]によるもの、八十島親徳[20]によるものである。秘書役の日記としてはこのほかに、芝崎確次郎[21]による日記、日記簿、用度掛日記簿、執事日記、日記などと題されているものが、計一五三件ある。また、阪谷芳郎による各種の日記（「日米関係委員会日記」一二二件、「大日本平和協会日記」九一件、「家庭日記」一二件、「日記」一件）があって目を引く。

まとまった収録資料の中で第三に出現回数が多いのは「集会日時通知表」である。これは、「飛鳥山邸と渋沢事務所との間で、来訪者や栄一の訪問先、会合等を相互に連絡し合うために用いられた表[22]」で、栄一の自動車の運転手はこれに従って行動した。

表1　出現回数300以上の資料

資料名	出現回数
『竜門雑誌』	4,399
渋沢栄一日記	3,225
集会日時通知表	2,064
『中外商業新報』	1,914
『東京経済雑誌』	845
『東京商業会議所月報』	695
『銀行通信録』	589
『東京日日新聞』	587
増田明六　日誌，日記	446
八十島親徳　日録，日記，韓国旅行日誌	433
瓦斯局書類	368
『中外物価新報』	334
『東京商業会議所報』	332
『東京市養育院月報』（『九恵』47含む）	331
東京商工会議所要件録	327

次に収録されている書翰（表2参照）についてみてみる。書翰には発信者と受信者があり、全体を一つの資料とみなすことはできないため、表1に繰り入れることはしなかった。そこで栄一が発信者または受信者となっているものをみてみる。書翰が資料として掲載されているのは全体では三三三三

表2　引用されている書翰

書翰（書簡含む）全体の出現回数	3,333
渋沢栄一書翰，書翰控	1,550
渋沢栄一宛書翰	1,351

件、そのうち栄一の書翰または書翰控えは一五五〇件、栄一宛書翰は一三五一件であった。すなわち書翰全体の八七パーセントが栄一とのやり取りである。この中にはセオドア・ルーズベルトからの栄一宛書簡の控えのように、渋沢家所蔵の資料ではなくアメリカ議会図書館の所蔵資料として掲載されているものもある。渋沢事務所で失われた資料については後述する。

ここまで収録資料の出現回数が多いものをみたが、特徴的な点は、『竜門雑誌』が群を抜いて出現頻度が高いことである。『竜門雑誌』は竜門社の機関誌で、一八八六年（明治一九）に創刊され翌年にかけて九号がでたが、一八八八年（明治二一）に新たに第一号が発刊された。『伝記資料』に収録されている『竜門雑誌』はほとんどが一〇〇号（一八九六年九月）以降の記事である。この時期の『竜門雑誌』に栄一の記事の掲載が増えたことについては理由がある。それは、栄一の動静や記事を『竜門雑誌』に転載することによって記録しようとしたためである。

栄一の伝記編纂の歴史は本書の山田論文が詳述しているが、栄一が還暦祝いを迎えるにあたって阪谷芳郎による発案で伝記編纂が企てられ、その二、三年前から作業がはじめられた。それは『青淵先生六十年史』[23]となって出版されたが、資料収集に苦労したその時の経験から、『竜門雑誌』が記録メディアとして使われたのである。のちに「青淵先生傳記資料編纂所通信（二）」には以下のように記されている。

> 右六十年史編纂の御経験上阪谷男爵は史料の散佚を著しく心配せられ龍門雑誌の編輯者に命ずるに、先生に關する各種の記事及消息は細大となく之を同誌に轉載すべき事を以てせられた事である。この記事の轉載は大正一三年に委員の交替するまで實に克明に守られたので、今日、我々資料の編纂者として龍門雑誌を見るときには、實にこれあるが為に龍門雑誌が有難いのである。[24]

『竜門雑誌』には、栄一の消息や動静のような事実の記載もあるが、他所に掲載された記事の再掲もある。再掲の場合『伝記資料』には元の掲載メディアが何か記載されているが、今回の資料名切り出しではデータの限界から、元の資料でなく『竜門雑誌』として切り出されている。再掲がどのくらいあるのか、元の掲載メディアは何かについては調査できなかったことを付記しておく。

(3) 収録資料の種別

資料名抽出で得られたおよそ三万八五〇〇件は、どのような資料なのか、その概要を知るために、以下の種類に分類した。すなわち、①書簡・電報、②日記、③事業報告・日誌等書類、④団体会報・月報等、⑤社史・団体史・要覧等、⑥新聞・雑誌、⑦書籍、⑧談話筆記・回答・追悼文、⑨碑文・実物資料等の九種である。この中で①〜③までは原資料に近いもの、④〜⑦は刊行物、オーラルヒストリーや碑文・扁額などそれ以外のものは⑧と⑨に類別した。とはいうものの、簡単には分類できないものが多くある。たとえば先に挙げた阪谷芳郎の手になる「大日本平和協会日記」は「日記」とついていても団体・組織の運営や事業を記録する「③事業報告・日誌等書類」に分類、また年報などの報告書、ほかに未定稿や稿本などの書類もここに分類した。「④団体会報・月報等」には、『竜門雑誌』はじめ団体の機関誌が入り、一般向けの「⑥新聞・雑誌」とは別のカテゴリーとした。⑥には『官報』も入っている。「⑦書籍」のカテゴリーには、『原敬日記』や法令全書、史料集成など、原資料を刊行したものも入れた。「⑧談話筆記・回答・追悼文」には、求めに応じて語られたオーラルヒストリーや質問への回答が入っている。「⑨碑文・実物資料」には碑文そのものや墓誌、拓本などがあった。種別と出現回数については表3にまとめた。

収録資料の幅の広さをみると、『伝記資料』凡例にある通り、各方面の重要文献を総当り的に渉猟した成果[25]ということができるかもしれない。また、資料より得られる情報を補うために、質問状を出したりインタビューを行ったようで、その結果が談話筆記や回答として掲載されているところをみると、伝記執筆のための資料集としての信

図2　掲載資料の種別割合

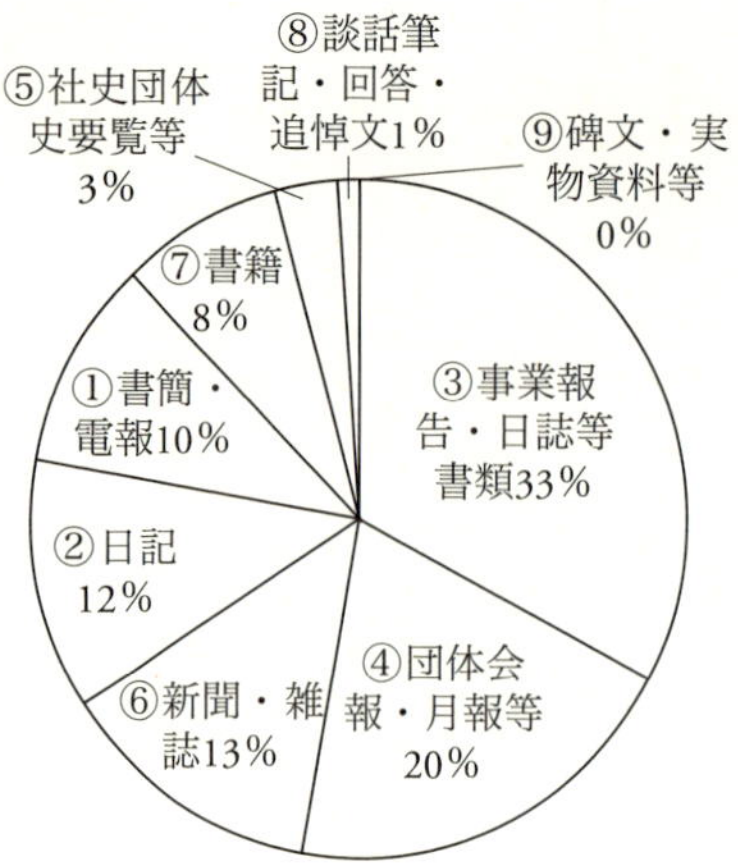

表3　収録資料種別と出現回数

資料種別	出現回数
① 書簡・電報	3,733
② 日記	4,448
③ 事業報告・日誌等書類	12,681
④ 団体会報・月報等	7,557
⑤ 社史・団体史・要覧等	1,319
⑥ 新聞・雑誌	5,068
⑦ 書籍	3,139
⑧ 談話筆記・回答・追悼文	506
⑨ 碑文・実物資料等	58
合計	38,509

頼性を高めようとしているといえるだろう。

（4）栄一の記録はどこに残ったか

表3に示した分類を、数の多いものから順にグラフで表すと図2のようになる。これをみると、資料の主要部分は、「③事業報告・日誌等書類」にあることがわかる。もう少し詳しくみると、このカテゴリーの収録資料一万二六八一件の中に東京興信所評議員会書類、海上保険会社創立関係書類、外務省関係書類、寛永寺書類など「書類」がつくもの二九七九件、先に挙げた「集会日時通知表」二〇六四件、東京商工会議事要件録、日仏会館議事録など「議事」のつくものが六二一件、東京電灯会社考課状など「考課状」のつくものが三七六件、ほかに「青淵先生履歴台帳」二九四件、「青淵先生職任年表」一五〇件、「青淵先生伝初稿」一三三件がある。

次に大きな部分を占める「④団体会報・月報等」七五五七件には、四三九九件の『竜門雑誌』を始め、東京銀行集会所の『銀行通信録』五八九件、『東京市養育院月報』三三一件、『興譲会報』、『斯文』、『大日本紡績聯合会月報』などがある。これらの機関誌は団体や組織の活動報告や情報を含むことが多く、いわゆる書類に次ぐ情報源であることが窺える。「③事業報告・日誌等書類」および「④団体会報・月報等」が大半を占める結果は、渋沢栄一の記録がどのようなメディアに残っていたかを示している。個人を対象とした記録資料であってもたとえば作品を制作する作家や芸術家の場合のように、制作過程を跡付けるような記録（日記、書翰、ノート、スケッチブック、校正原稿、稿本など）は中心を占めていない。資料の種別には実業家の活動のあり様や実績はどこに記録されるかが表れており、完全には「個人」とは言い切れない側面が多いことが浮かんでくる。団体の事業報告や会報は、団体の記録であっても、その団体自身だけでなく、団体に関わっていた個人の記録として読めるものが多数含まれている。『伝記資料』に収録された資料の範囲ではあるが、個人（ただしこの場合実業家）の活動についての記録メディアがどういうものであるのかを示す一つのモデルといえるのではないだろうか。

さて、『伝記資料』に収録されている資料はどこにあったものなのか、所蔵場所についてもみてみよう。全体の資料三万八五〇〇件のうち、所蔵者が記されていて抽出できたのは、一万六六九八件、そのうち碑などの所在が一二件あったので、一万六六八六件について分析した。所蔵者が付記されていたのは全体の資料のうち、約四三パーセントということになる。大まかではあるが、書類や書翰、日記を中心に所蔵者が記載されているとみてよいだろう。所蔵者が付記されていないものは、先の資料種別でいえば『竜門雑誌』を含む団体会報・月報類、新聞・雑誌、書籍が多い。つまり公刊されたものであるため、所蔵者を特定する必要がないということであろう。

所蔵者名のうち、出現回数が一〇〇回以上のものをまとめたのが表4である。圧倒的に多かったのは渋沢栄一自身の家であり、一万七六五件であった。次に多かったのが東京府文庫・東京府庁を含む東京府で、八七一件にのぼった。まとまりとしては秘書役の八十島や増田、栄一に身近な竜門社などよりもずっと多くの記録資料が東京府に所蔵されている。

所蔵者が個人なのか団体なのかを見ると、およそ三三〇種類[26]の所蔵者のうち、一四〇種類余りが団体、一八〇種類余りが個人または家であった。団体所蔵者の資料は全部で三五二四件に対し、個人の所蔵資料は一万三四三二件であった。個人所蔵の大半を占める栄一の家を除くと、個人所蔵資料は二六六七件である。所蔵者あたりの資料掲

表4 『渋沢栄一伝記資料』掲載資料所蔵者　100回以上出現

所蔵者	出現回数	備考（含まれているバリアント）
渋沢子爵家	10,765	渋沢家1，渋択子爵，渉沢子爵その他誤入力多種
東京府	871	東京府1，東京府庁202，東京府庁知事官房編纂係1，東京府文庫667
八十島親義氏	522	八十島親義氏518，八十島親義家3，八十島親義1
増田正純氏	476	1件誤字，氏なし2件
財団法人竜門社	358	竜門社28，財団法人渋沢青淵記念財団竜門社1，近世実業史博物館16
東京銀行集会所	334	社団法人つき5，東京なし2
阪谷子爵家	287	阪谷男爵家12，男爵阪谷芳郎3，阪谷俊作氏2
東京商工会議所	225	
芝崎猪根吉氏	177	誤記1件，芝なし1件
株式会社第一銀行	142	株式会社第一銀行大阪支店3，株式会社第一銀行京都支店3
財団法人理化学研究所	121	

載回数でみると、団体所蔵者の資料は一団体あたり平均約二〇件、個人所蔵の資料は個人あたり平均約一五件が出現していることになる。

ところでこれらの場所に資料はその後も変わらず所蔵されているのだろうか。後述する資料の焼失は、『伝記資料』編纂より以前の出来事だったが、その後も何かしらの要因で紛失・消失が起こっていることは想像に難くない。団体所蔵者の一位だった東京府は東京都に変わり、株式会社第一銀行はいくどかの合併などを経てみずほ銀行になっているのは周知のことであるし、今や「子爵家」というものは存在しない。資料が所蔵者の変遷ののちも継承されるかについて、団体・個人を問わずほとんどわからないといってよい。

以上をまとめると、『伝記資料』の掲載資料約三万八五〇〇件は過半が公刊されたものであり、未公刊資料のうち、多くは渋沢の家に所蔵されていたものである。その他におよそ三三〇種類の所蔵者から提供された資料も五六二四件あり、それは収録資料全体の約一五パーセントにあたる。先に書翰のところで米国議会図書館所蔵の資料を掲載していると述べたが、おそらく焼失資料を補うために手を尽くして収集した資料が、とくに書翰類には数多くあるのではないかと推測される。

それでは今の形で出版された『伝記資料』に掲載されていない、失われた資料にはどのようなものがあったのだろうか。数十年、何次にもわたる伝記資料編纂の歴史の中で、作業のために資料を保管していた渋沢事務所が一九二三年の関東大震災で罹災し、そこに在った資料は借用中のものも含めすべて焼けてしまった。当時の編纂担当者の証言によると、焼失資料の主なものは以下の通りである。三條實美、木戸孝允、伊藤博文、井上馨、陸奥宗光ら維新元勲の書翰など数百通、巴里滞在中の公務日記や公用書類、その他種々の書類・写真、事業会社関係のファイルおよび考課状（おそらく日本において会社設立に関するもっとも完備した資料）、大蔵省で採訪謄写した重要書類の抜粋綴り二〇余冊（大蔵省でも原本が焼失）、など。[27]

このようにみてくると、個人の活動記録であっても必ずしもその個人のもとに残るとは限らないことも明確になってくる。一つには災害や戦災などの要因がある。団体・組織の変遷、個人の変遷も大きな危険因子である。そもそも書翰のように通常は複製がないものは、内容情報も失われる危険性が付きまとう。公刊され、コピーが数多く存在するはずのものも、時の経過とともに散逸することがある。たとえば『伝記資料』に三一回出現する『日印協会会報』が全巻そろって公開されたのは、二〇〇四年のことであった。[28] 機関誌を発行している当の日印協会は現存するが、そこにも網羅的に残されてはおらず、長期間の収集努力の結果欠けていた号が補なわれたのである。

以上をまとめると、渋沢栄一の活動を伝えるメディアは、過半が事業報告や日誌、団体の機関誌などで、栄一の活動の場となった組織の記録として残った。さらに新聞・雑誌・書籍の類（種別⑥および⑦）と、書翰・日記類（種別①および②）が、それぞれの合計でおよそ二割を超えてそれに続いている。これらのメディアの長期的な保存は、原物しか存在しないものはもとより、複数コピーがあるはずの出版物でも必ずしも達成されるものではない、ということも明らかになった。

『伝記資料』デジタルテキスト化によって、これまでできなかった収録資料の点検が可能になった。「ある資料はここに入っているか」という問いは今まで調査が難しかったが、答えられるようになった。また所蔵に関する記載を分析すれば、このデータは収録資料の原資料の現在の所在確認作業にも利用できる。

四　デジタル化によって広がる『伝記資料』の可能性

前節ではデジタルテキスト化されたデータを利用して収録資料の分析を行い、『伝記資料』に収録された栄一のアーカイブズ像を描くことを試みた。デジタル・データを利用して今後多様な調査や分析が可能になるであろう。

（1）デジタル化された『伝記資料』の活用

実業史研究情報センターにおける全文テキストデータを用いた『伝記資料』の活用例を紹介すると、まず新たなコンテンツ作りが挙げられる。統制記号で抽出できる綱文には日付がついている。そこで綱文の情報を年月日で抽出し、カレンダー式の「今日の栄一」が生み出された。ある日付の綱文を選び、それに関連する解説を記載して一年三六六日分の記事を執筆、ブログに掲載している[29]。二〇〇九年は栄一が団長として三か月にわたって米国各地を訪問した「渡米実業団」の一〇〇周年であった。そこで、この大型ビジネスミッションに関するコンテンツを作成、渡米実業団の日誌をカレンダーにしてインターネット上に公開した。ほかにも「栄一と関東大震災」、「栄一ゆかりの地」などの原稿作成を可能にした。

コンテンツの外にも、先述した目次詳細のようにさまざまな情報源を作成し提供している。二〇一一年一一月には、「事業別年譜」をもとに七五件の事業分野を掲載した「事業一覧」を作成、公開した。そこには各事業分野における会社・団体などの名称へのリンク、さらにこの個別会社・団体の名称に、関連の「目次詳細（綱文）」ページの表示機能を持たせた。これによって、栄一がかかわった会社名等から、活動の概要を知ることが容易になった。渋沢栄一記念財団のホームページはそれ以前からもあったが、二〇〇四年春に正式に発足した。その当時渋沢栄一に関する情報は、簡単な紹介と年譜があるだけだった。二〇一一年一一月現在、財団の渋沢栄一サブサイトには、日本語で八八〇頁、英語では一九頁の情報源が、ブログには八三四件の栄一関連の情報提供エントリーが掲載されている。この充実は、『伝記資料』を用いて信頼性の高い栄一情報を発信することが、以前より格段に容易になったことによるものである。本書の中村論文が触れているインターネット上の栄一情報の増加に一定の影響を与えていることも考えられる。

前述の「エキスパートシステム」を使った文字列検索は、日常のレファレンス回答にも利用されている。たとえば、栄一と宇和島との関係、栄一と賀川豊彦との関係など、四万七〇〇〇頁のどこかに記載されている情報を掘り出すのに威力を発揮している。このシステムは検索結果で語のKWIC（Key Word in Context）索引が作れるので、自然語検索ながら、栄一以外についてもピンポイントで調べることができ、栄一以外を研究対象とする場合にも、情報を引き出しやすい。デジタルテキストを利用して一致する文字列を検索するという単純な作業によっても、さまざまな活用手段が生み出せる。

（2）今後の活用可能性

固有名詞など一定の文字列の出現箇所を特定するのは、テキスト検索のもっとも得意とする機能である。たとえば帝国ホテルについて、冊子体の『伝記資料』の索引では、ホテル業としての帝国ホテルに関する記述箇所を示すだけだが、文字列検索を行うと「場所としての帝国ホテル」が立ち現われる。「帝国ホテル」で検索しヒットした一九〇〇件のうち、ホテル業としての帝国ホテルは第一四巻の一三三件、第五三巻の六九件であり、一割強に過ぎない。他はさまざまな会合場所としての帝国ホテルで、帝国ホテルがどのように利用されていたか、経済人・文化人の間ではどのような「場所」であったのか、分析の材料を得ることができる。

さらにたとえば「会社創立」のような一般的な言葉でも、当時の「会社創立」にはどのような手順があったのか、どのような人々が係わったのか、何を目的に創立されたのか、などを何百社にもわたって横断的に調べることができる。経営史の研究者には、自分たちで分析手段を作り出すから、加工されないテキストデータそのものがあれば十分である、と言われることが多く、このままでも外部に提供できれば研究者による独創的な活用の道は開かれると思われる。

一致する文字列を探す単純な検索から一段進んで、出現する文字列を解析する可能性については、統制記号やある程度の情報処理が必要になる。本章で分析に用いた掲載資料名は、図1で示したようにたまたま丸括弧で囲まれているという形態的特徴を有していたために、丸括弧に統制記号に準ずる役割を持たせて資料名を析出することができた。もしもデータ入力の際、もっと多種類にわたって統制記号を付与できたなら、分析はもっと容易だったであろう。先の丸括弧のような表記上の特徴を見出してそれを分析に利用する可能性も、なおあると考えられる。

さらに文字テキストを単語に区切る形態素解析を行うと、分析の幅が格段に広がり、深化する。名寄せができるようになり、たとえばある人物と栄一が同時に出席した会合、株主や賛同者として一緒に掲載された名簿などを把握することが現実的になる。そうすると計数処理によって栄一と共に参加した頻度から栄一のネットワーク図が描けるようになるかもしれない。他にも、栄一の時代の人物や団体の名称データベース構築などが考えられる。情報処理によって従来とは視点の異なる、この時代の姿を浮かび上がらせることができるかもしれない。使い方次第である。

デジタル化することによってテキストを自由に解析できるようになり、『伝記資料』編纂者の想定を超えた研究も可能になる。『伝記資料』に収録された記録資料を出発点とし、さらにそれ以外の記録と結び付けることがより容易になった。『伝記資料』は六八冊の冊子体という物理的な制約から解き放たれたのである。

依拠する記録がどこにあるか、あったのか、あり続けるのか。資料の散逸・消滅・紛失などの記録の危機に備え、栄一に関する記録は『竜門雑誌』に記載・転載することにより一定程度保持された。さらにそれをまとめて『伝記資料』に収録するという、記録の保存・利用を目指した戦略は、デジタル化時代を迎えても堅固な基盤を提供するのに成功しているといえる。紙から解き放たれた『伝記資料』は、その基盤の上に立ち、栄一の時代の自在な分析の可能性を開いている。

注

(1) 渋沢青淵記念財団竜門社編、渋沢栄一伝記資料刊行会刊。編纂主任は土屋喬雄。第一巻は一九四四年に岩波書店から刊行、戦後一九五五年に渋沢栄一伝記資料刊行会から再刊、以後の巻も同会から刊行。一九六五年に本編刊行終了、続いて別巻が渋沢青淵記念財団竜門社より刊行、一九七一年に完結。

(2) 大規模な全文テキスト化は、国立国会図書館が二〇一〇年度、「OCRを用いたデジタル画像の全文テキスト化」で二万冊を全文テキスト化し、館内で提供している。同時に「全文テキスト化実証実験」も行ったが、その後これがどう展開するのかは不明。また、ウェブ上で著作権保護期間が満了した作品のテキストファイルを提供している青空文庫の例もある。さらに日本学術会議が、二〇一二年から一〇年間で二一〇億円の予算規模の学術研究大型プロジェクトとして「日本語の歴史的典籍のデータベースの構築」を発表しているが、詳しい計画は明らかになっていない。

(3) 扱うデータは校正が完了していないもので誤入力など不備がある。詳細は後述。

(4) たとえば次のようなニュースには事欠かない。「親鸞：直筆の紙片を発見「西方指南抄」袋とじの中に——津・専修寺／三重」『毎日新聞』二〇一一年八月一一日地方版、「終戦の日「力足らず、死に値す」火野葦平のメモ発見」『朝日新聞』二〇一一年八月一二日。

(5) 「明治六年以後については、各方面の重要文献に就て総当り的に渉猟し」『伝記資料』第一巻凡例、一四頁。

(6) 「即ち本集成は『伝記資料』とは云へ、その包容するところのものは、必ずしも一個人として伝記に関する資料に止まらず、実に幕末以来、明治、大正、昭和の三聖世に亙る経済方面の史実を始め、政治、外交、社会、教育、宗教、文化、学芸、等等に関する諸般の状勢を知悉せしむる上に資するところ、恐らく多大なるものあるべき」と序に明石照男が記している。『伝記資料』第一巻、九一一〇頁。

（7）初版二〇〇五年三月三〇日、二〇一一版は http://www.ndl.go.jp/jp/aboutus/pdf/digitalguide2011.pdf に掲載（二〇一一年一二月六日確認）。

（8）たとえば国立歴史民俗博物館の水木コレクションなど。http://www.rekihaku.ac.jp/gallery/mizuki/index_mizuki.html（二〇一一年一一月七日確認）、安達文夫・鈴木卓治「博物館における資料のディジタル化とその活用」『情報処理』第四三巻一〇号、二〇〇二年一〇月、一〇五八―一〇六三頁（一〇六〇頁）。

（9）http://www.pref.saga.lg.jp/kentosyo/kyoudo/shozou/ezu201105.html（二〇一一年一一月七日確認）、多々良友博「佐賀県立図書館――郷土資料デジタル化の取り組み」『丸善ライブラリーニュース』第一三号、二〇一一年。

（10）http://www.hi.u-tokyo.ac.jp/cdps/cdpsindex.html（二〇一一年一一月五日確認）。

（11）内村鑑三全集ＤＶＤ版出版会、二〇〇九年。

（12）http://www.aozora.gr.jp/index.html（二〇一一年一二月六日確認）。

（13）『伝記資料』各巻冒頭の目次では、項目見出しの下に綱文が記載されていて、綱文が目次の主たる役割を担っている。

（14）文字列の種類を示すための記号。たとえば、★★と★に挟まれた文字列は巻ページを表す、というように他と区別できるように決めて付与しておくと、後でその場所を容易に検索でき、その部分を抽出することができる。

（15）デジタル・データを長期にわたって管理・保存して利用可能な状態を維持すること。

（16）分析対象のリストは、著作権調査のために作成されている各種リストのうちこの段階のもので、作業担当者山田仁美の協力を得たことを記しておく。

（17）栄一日記の写し（『伝記資料』第一〇巻、七三頁）。

（18）『伝記資料』別巻第一、「解題」一頁。

（19）一八七三年～一九二九年。「富岡製紙場、三井呉服店を歴勤して明治三一年第一銀行に入り、同三九年渋沢事務所に転じた。明治四五年秘書役となり、渋沢同族取締役、竜門社常務理事を兼務した」（『伝記資料』別巻第四、六二五頁）。

（20）一八七三年～一九二〇年。「穂積男［爵］の勧めにより渋沢家秘書役となった。澁澤倉庫、東京帽子、品川白煉瓦その他重役として関与せる会社多く、竜門社幹事もつとめた」（『伝記資料』別巻第四、六二九頁）。

（21）一八四七年～一九三〇年。「明治二年以後渋沢家に仕え、第一国立銀行に入り、明治三〇年東京貯蓄銀行両国支店長に就任、大正六年辞任」（『伝記資料』別巻第四、六一一頁）。

（22）『伝記資料』別巻第二、「解題」三二一頁。なお一九一三年一二月から一九三一年九月までの全文が三二三―七八八頁にかけて掲載されている。
（23）竜門社刊、一九〇〇年二月。
（24）『竜門雑誌』第五八一号、一九三七年二月二五日、「青淵先生傳記資料編纂所通信（一）」八三頁（この項高田利吉氏談話に拠る、と八五頁にあり）。
（25）注5に同じ。
（26）表4備考欄のように、ほぼ同一とみてよいと考えられる所蔵者をまとめたため、概数で示す。
（27）『竜門雑誌』第五八一号、「青淵先生傳記資料編纂所通信（一）」八五頁。なお、関東大震災で失なわれた渋沢栄一の資料の概要については関根仁がまとめている（『渋沢栄一再発見！――渋沢史料館のあゆみと名品　展示記録・講演集』渋沢史料館、二〇一三年一二月）。
（28）松本脩作「『日印協會々報』と『印度甲谷陀日本商品館館報』の公開利用を開始」『史資料ハブ』第三号、二〇〇四年三月、九六―九八頁。
（29）http://d.hatena.ne.jp/tobira/searchdiary?word=%2A%5B%BA%A3%C6%FC%A4%CE%B1%C9%B0%EC%5D

付記

本章は二〇一一年に書かれた。『伝記資料』デジタル化プロジェクトのその後二〇一三年までの進展について以下に三点を記す。

まず第二節（3）で触れた「エキスパートシステム」の検索対象テキストを、校正前のものから二次校正後のものに入れ替えた。このような作業を経ると、デジタルキューレーションの必要性が切実味を帯びてくる。

また第四節（1）で挙げた活用事例に、「詳細年譜」の作成・公開が加わった。事業ごとにまとめられている『伝記資料』の全綱文七五一一件を時系列に並べ直したもので、これにより栄一が同時期に何をしていたかが容易にわかるようになった。

さらに、一般に向けた全文公開方法の方向性が定まった。著作権処理の問題から、公開の可否が資料ごとに異なること、多様な資料を収載している関係で資料のコンテクストの容易な把握が重要なことなどを勘案し、綱文ごとに資料全文を掲載することに決定、この方向で公開準備が進められている。内部用のエキスパートシステムは、改めて研究者向けのデータベースと位置づけられた。

渋沢史料館というテクノロジー

井上　潤

一　人物・渋沢栄一を伝える手法としての博物館

人物を伝える手法として、口伝えによる「伝承」、文字によってまとめられる伝記・評伝等があげられる。また、記念碑などのモニュメントが設けられたり、さらには、様々な形で執り行われる顕彰を目的とした記念事業といったものもある。これらには一定の評価、特に好評価を与えられることが往々にしてあり、例えば神格化され、「神」として神社などで祀られ、崇め奉られるような形で伝えられる場合もある。

顕彰事業の中には、所縁の地などで挙行される記念事業の他に、組織化された団体によって恒常的に運営される事業もある。その一つに、個人の記念館と位置づけられる博物館があげられる。博物館の機能を持たせることによって、単なる伝承の場としてだけでなく、その人物の事績・思想から考えさせる場を提供する。展示及び様々な教育普及事業等を通じて広がりを持たせることができるのである。

画家や文学者をはじめとして、先哲といわれるような人物の業績を記念・顕彰する人物記念館は増えてきた。なかには、地域の個性・特性を世に知らしめるために、地域の顔ともいうべき人物の業績に焦点を当て、そこから地域の個性・特性を示そうとした館もある。たとえ同じ時代を生きても、その生き方は人それぞれである。故に、そういった人物の記念館も、まさに十人十色で、様々な個性をのぞかせている。

人物記念館は、観光資源として位置づけられるところも少なくないが、収蔵された資料・作品が専門家の研究対象として欠かせないところも多い。生家・旧居を利用して、財産保持のために博物館の形態をとり、遺族などが個人的な力で、地道な運営をしているところが多く、館数などの実態を把握することは困難な状況にある。

画家・文学者の作品、個人で蒐集した美術品を展示する美術館や文学館が主流を占めるが、一人物の生涯を残された資料によって忠実に復元しようとする歴史系に属する館も増加する傾向にある。その一つに、渋沢史料館がある。栄一が残した事績をきちんと紹介しつつ、彼が生きた時代（一八四〇〜一九三一）のなかでの位置づけを明確に示さんとするものである。渋沢史料館には、栄一が愛用していた品々はあまり残っていない。むしろ彼が関わった事業の経営文書等が中心であるところから、企業アーカイブ的な要素を示している。また、関係した事業の社史・団体史、人物の伝記の収集も多く、専門図書館的な要素を持ち得ている。人物記念館のなかにあって、一風変わった館となっているのである。

欧米には、伝記作家が多く、数多くの伝記が残されている。それは、綿密な調査を経て、個人の事績を正確に後世に受け継がんとして執筆されるのである。時代が変わり、環境が変わるなかで、執筆対象となる人物の評価自体も変化するだろう。だからこそ、その人物の生涯を事実に基づいてきちんと示し、その時々で、活動・思想等に触れ、示唆が得られれば得、感じるところがあれば感じてもらうというのが趣旨であろう。そんな役割を人物記念館が担っていると思う。総理大臣から各地域の有名人まで、まずは、その人物の生きざまに触れる場、時を提供しているのである。後は、見学者の生きざま次第で見方や感じ方は様々であろう(1)。

本章では、栄一の事績・思想を受け継ぎ、遺し、広めるための事業として設けられた博物館・渋沢史料館が果たしてきた役割、将来にむけて担うべき役割・機能について述べることとする。

二　渋沢史料館の成り立ち

一九八二年（昭和五七）一一月一五日、渋沢史料館は開館したが、当館の構想は一九三一・三二年（昭和六・七）頃にさかのぼることができる。その元となる一つが「日本実業史博物館」の構想であった。

日本実業史博物館構想とは、以下のようなものである。栄一は一九三一年一一月一一日に亡くなった。遺言により東京・飛鳥山の栄一邸の土地・建物が、栄一の遺徳顕彰を目的とする財団法人竜門社（公益財団法人渋沢栄一記念財団の前身）に遺贈された。「公のために使用してもらいたい」という遺志を受け、利用方法を検討する中で、栄一の継承者である孫・敬三の「一つの提案」として示された「渋沢青淵翁記念実業博物館（近世経済史博物館）」案構想が浮上してくる。鉄筋コンクリート造り地上三階・地下一階延二六四〇平方メートルというもので、内容は以下の通りであった。

・**青淵翁記念室**　栄一の生涯を遺品・写真・著作物を通して展観し、その変化性、多角性、一貫性を明らかにする。

・**近世経済史展観室**　日本経済史上最も変化のあった文化・文政期から明治末期に焦点を当てて、その変遷と発展過程を示す資料を陳列・収集し、実業教育と社会教育上の資料とする。

・**肖像室**　近世における経済文化に貢献した人物の肖像を姓名・略伝とともに分類して掲げ、社会教育資料として供する。実業家・企業家・産業家・工業家・農業家・漁業家・鉱業家・発明家・学者・評論家等、日本の実業発展に貢献した政治家・外国人等があげられる。

この計画が持ち上がってから二年後の一九三九年（昭和一四）五月一三日、栄一生誕百周年祭の一環として、渋沢青淵翁記念実業博物館の地鎮祭が行われ、一九三七年から始まっていた資料収集が、これを機に本格化する。第一銀行本店に設立準備室が設けられ、収集資料はここに保管された。

その後、戦時経済統制によって建築資材の入手が困難となり、博物館の建設は延期を余儀なくされたが、敬三の指導のもと資料収集は継続された。三年にわたる敬三の資料買い付けにより、市場に出回る錦絵・地図・番付は底をつき、買い上げるものがなくなるという程であった。(2) 収集した資料は次のようなものである。

・商業なり産業なりの経営に使用された器具類（例えば、看板、のれん、引札（広告）、帳場格子、千両箱、鍵、矢立など）五一七四点
・商業や産業なりの経営に関する絵画一一〇六点、写真二四五〇点、書籍約六〇〇〇点等
・地図三五〇点、番付二五七点、竹森文庫二四八四点、古紙幣七五七三点、広告三五〇点

戦況の悪化に伴い、博物館の建設はますます不可能となった。一九四二年（昭和一七）、敬三が第一銀行副頭取から日本銀行副総裁へ転出し、翌年、第一銀行と三井銀行の合併によって帝国銀行が創立されると、第一銀行に保管していた資料の移転問題が起きた。そこで敬三は一九四三年（昭和一八）に渋沢家の縁戚にあたる阪谷家の邸宅を購入し、資料保管場所とした。同時にそこを「日本実業史博物館」にする計画を立て、展示ケースの整備など開設にむけた準備を続けたのである。

結局、収集資料は第二次世界大戦による戦災を免れ、無事であったが、財閥解体・旧阪谷邸の占領軍による接収という事態に、博物館計画は挫折した。残された資料については、一九五一年（昭和二六）、渋沢敬三より管理を委ねられていた渋沢青淵記念財団竜門社によって当時の文部省史料館（現国文学研究資料館）に寄託され、一九六二年（昭和三七）には、寄贈の手続きがとられ、その後、同史料館の所蔵に帰し、保存が続けられることとなったのである。

敬三が収集した資料には、以下のような点でその重要性が認められる。

まず第一に、尊敬する祖父・栄一の事績を世に示すにあたり、単に個人の事績を紹介するだけではなく、その人

物が生きた時代の特質を描くことで、より立体的に栄一の姿を捉えることができるという発想がある。

また、敬三が極めて多角的な資料収集を行ったことは特筆に値する。例えば、ある業種について実際に使用した道具類、それを描いた絵画または写真、実際の活動を示す文書や宣伝用の広告、関係する図書等といったように一つの体系性を帯びた収集だった。収集資料から、近代の産業化を担った人々の生活にまで視野を広げて「実業史」というものを体系づけている点が特色である。これは敬三が美術品や骨董品ではなく、日常生活から生まれる民俗資料に早い時期から強い関心を寄せていたことに関係している。一九三〇年代の日本の博物館や美術館では収集対象になっていなかった日常生活用具に焦点を合わせていること、すでにこの時期に写真を対象にしていること、個々の写真だけでなく、グラフィック系の雑誌類までも収集していることに特色が見出される。また、当時の風俗を撮影して残すなど写真の記録性を重視していることは注目に値する。

ビジュアル資料という点では、写真が普及する以前のものとして錦絵に着目して収集を行っている。錦絵というと、美人画や役者絵に注目しがちだが、敬三は、多種多様な錦絵の中から交通、ものづくり、都市の繁栄、日常生活といったテーマの「実業史錦絵」と呼ぶにふさわしいコレクションを形成させていた。

現在、同コレクションを所蔵する国文学研究資料館では、「日本実業史博物館準備室旧蔵資料」として大切に保存管理されている。今後も同コレクションの形成過程及び全体像の解明、全体の整理と公開がはかられ、渋沢史料館ほかの関連機関と共同研究等も進められる。

そして、渋沢史料館の元となるもう一つが、『渋沢栄一伝記資料』という個人の伝記資料では世界的に類を見ない全六八巻にも及ぶ膨大な資料集の編集刊行事業である(3)。

これら二つの元となる事業を経て、一九八二年(昭和五七)、正式に登録博物館として設立することとなったのである。ただ、「日本実業史博物館」の資料は当時の文部省史料館に寄贈され、『渋沢栄一伝記資料』の編纂時に収集された資料が核となったので、大幅に構想が変わり、栄一の事績を中心とし、名称も「渋沢史料館」として設立したのである。

設立当初は、旧渋沢邸に残された大正期の建物・青淵文庫《せいえんぶんこ》、晩香廬《ばんこうろ》をはじめ付属の歴史的建造物を利用しての博物館とあって、色々制約のあるなかでの活動であった。

因みに、青淵文庫、晩香廬は、二〇〇五年暮に国の重要文化財に指定され、現在は、竣工当時の姿に復した建造物資料として多くの人の目を楽しませている。

当館は、博物館として機能するところであり、展示を中心とした教育事業を遂行しているが、博物館にはめずらしく、資料を閲覧に供することも行ってきた。所蔵する資料は、図書、文書、映像・音響資料、美術・工芸資料、建造物他である。栄一の事績に関するもの、孫の敬三の事績に関するもの、さらに渋沢同族に関するもので、栄一が生れた一八四〇年（天保一一）から敬三が亡くなる一九六三年（昭和三八）ぐらいまでの資料で構成されている。

所蔵する栄一関係資料について少し詳しく見てみよう。

栄一については、既述したように『渋沢栄一伝記資料』という膨大な資料集がある。この資料集の編纂時に収集された元資料が渋沢史料館の核となっている。

当館には、所蔵史料の検索ツールとして、開館当初から使用しているものに『旧渋沢事務所　要用書類綴込目録　諸会社・団体事業報告書類目録』がある。これに載録された史料は、『渋沢栄一伝記資料』編纂時の基礎史料の一部であり、渋沢栄一伝記資料刊行会解散後、竜門社渋沢栄一資料室（『渋沢栄一伝記資料』別巻の編纂作業を行っていた部屋）に移管され、収蔵していたものである。その史料を、別巻の編纂事業が終了後、目録化したのである。(4)

この目録は、タイトルが示す通り、「要用書類綴込」と「諸会社・団体事業報告書類」の二つの史料群を五十音順に配列し、書架番号と配列番号が付され、その番号により検索できるようになっている。

この史料群は、各項目（各事業）ごとに数カ年の史料が一括で綴じ込まれている。ただ、史料点数の少ないものは、数項目が一緒に綴じ込まれているし、逆に点数の多いものは、適宜年次を区切り、数冊に分冊されている。さらに細かく、個々の綴じ込みの中にどのような史料が綴じられているかをみると次のようになる。

「会社」においては、株主総会通知もしくは報告、各期ごとの貸借対照表等が中心になり、その他として、人事面における連絡書簡（役員の死亡通知等も含む）などがある。また、「社会事業」においては、同様に事業報告、収支決算報告、理事会等の会合案内などが中心で他に近況報告等を内容とした書簡が続く。このように、大体において各綴じ込みの史料内容の傾向はつかめるのだが、多くは、実際のところ資料項目ごとにその綴じ込み全体をみてみないと、何が含まれているのかは把握できない状態である。現在は、随時綴じ込まれた一件一件の件名索引をも作成している。

この目録所収史料の年代の上限は一八七九年の「東京商業会議所における渋沢栄一演説」（講演筆記）であり、下限は一九四三年（昭和一八）の「青淵先生伝記資料編纂室雑綴」である（これは、栄一の事績を直接示す史料ではないのでここで扱うべき史料からはずすと、一九四二年の「日米関係委員会往復書類」ということになる）。だが、史料の大半は、一九二三年以降一九三一年のものである。これは、もともとこの綴り込み史料が保管されていた渋沢事務所が関東大震災で罹災しているからであり、渋沢栄一が亡くなるのが一九三一年だからである。

栄一は、一九〇九年（明治四二）、一九一六年（大正五）と二期に分けて実業界を引退した。それ以降は諸会社と栄一個人との関係は稀薄で、むしろ、実業界引退後特に力を注いでいた社会公共事業団体との関係が中心となっていた。

諸会社・団体事業報告書については、総項目数は一八八で、上限は磐城炭礦㈱貸借対照表（写本）の一八八五年上期であり、下限は北樺太鉱業㈱営業報告の一九四二年一七期となっている。設立趣意書、会報、年報、沿革大要、株主名簿、日報、貸借対象表などが含まれる。

その他には、栄一宛書簡（来簡）の仮目録が存在する。内容として、「遣外使節一行通信」という岩倉使節一行に随行した福地源一郎他七名が種々報告を兼ねて栄一に宛てた書簡五六点。「初期来簡」として一八六七年から一八六九年にかけて父、母、従兄弟等親族九名が栄一に宛てた書簡五八点。「先賢墨蹟」として二九名の書簡六〇通が巻子三巻に仕立てられている（大半が年未詳）。「名家手簡」として二八名、六八通の書簡が一九二三年（大正一二）から一九三一年（昭和六）にかけてほぼ編年に配列され八巻の巻子に仕立てられている。また、この他に仮目録に含まれないものとして詩歌のやり取りがされた「文事来簡」がある。

印刷された小冊子類を中心に数点を一冊にまとめ一七九冊になるものを「雑纂」として把握している。日米問題、労使問題等ある程度分野ごとにまとめているが、必ずしもすべてではない。

所蔵する図書も充実している。先に示した目録と同じくして作られた『図書目録（伝記・歴史）』に掲載されているものをあげると、伝記類六七〇点、一般史二八五点、会社・団体史一三三点、教育・学校史五九点となっている。

現在は、開館以降受け入れてきた様々な資料が加わり、充実度を増している。将来にむけて着実に史料整理に着手し、史料群ごとに仮目録の形ではあるが、利用の便がはかれるようにしている。さらに、史料の収蔵・管理システムを導入し、随時データ化した情報を流入しているところである。近い将来、より一層史料を利用しやすくなるであろう。

三　博物館のテクノロジー

博物館は、資料・情報の収集、収蔵・保管、展示・教育普及、調査・研究という機能を持つ資料保存機関であり、生涯学習機関である。ここでは、渋沢史料館の学芸業務から運営までを三〇年担ってきた立場から、これら博物館の機能に沿って渋沢史料館のテクノロジーにせまってみたい。なお、とりわけ重きを置いている広報活動も加味して論じることとする。

（1）資料・情報の収集

渋沢史料館は先に示したような資料群を核としてスタートしたが、博物館の機能の一つ、関連の史資料の収集に努めている。ただ、開館してしばらくは積極的な収集ができず、時々ある寄贈・寄託の申し出に応じるばかりであった。徐々に史料館の存在が知られるようになって収集件数が増し、館蔵資料が充実してきたのである。例えば、小規模ながらもテーマ展、特別展を年一回開催していくうちに少しずつ存在が知られるようになり、資料情報が寄せられたり、寄贈の相談を受けるようになった。また、開館当初は、ポスターやリーフレットの類の作成もできなかったし、図書類の発行にもなかなか理解が得られなかった。史料館として独自の刊行物を他機関へ発送できるようになったのは、開館してから二年が過ぎてからであった。他機関との刊行物等の交換も増え、寄せられる情報量も増していった。近年はより、積極的に購入するようになり、より高い目的意識をもって良質の資料を収集するようになっている。

そもそも、史資料というのは、長く残されてきたその土地・場所で将来も受け継ぐというのが本来の姿だが、今日の社会環境下にあって、この理想が維持できなくなっている。このような場合、博物館等の資料保存機関が、可能な限りその役割を担うこととなる。渋沢史料館もその任を十分果たせていないが、一端を担っていることには違いない。信用して譲り、預ける方々から責任をもって受け継ぐ機関という意味を持つのである。

（2）収蔵・保管

次に収蔵・保管に関する機能についてみていこう。いわゆる記憶装置としての位置づけが与えられるものである。先に紹介した収蔵資料のうち、とりわけ栄一が関わった諸事業の経営資料の大半は大正末年から昭和初期にかけてのもので、和紙、墨書ではなく、質の悪い洋紙が用いられ、インク・印刷も質が低く、酸性劣化が進み、印字等も消えかかっているなど、保管にも手を焼くものが多い。

これら資料群をただ単に保管すればよいのではない。後世に受け継ぐという大きな役割を担っているのである。まずは、受け継ぐべき資料自体をできるだけ長く生きながらえさせるため、保存する環境を整えなければならない。博物館の多くには収蔵庫という一定の温湿度が設定され、保存環境が整えられた設備がある。教科書的には、温度二〇度・湿度五〇パーセント前後が理想とされているが、本当に適正か否かはよく観察せねばならないところである。また、環境の整備もさることながら、個々の史資料に対する保存措置が重要である。原資料自体を長く維持させ、経年変化による劣化・物理的な理由による破損などを修復し、さらなる劣化・破損を防ぎ、延命措置を施すのである。さらに史資料に記録されている様々な情報の抽出をしつつ、史資料の代替化、複製資料の作製も手がけなければならない。

そして整理である。これも活用へ結びつく作業であるが、個々の資料情報のみならず、その資料にまつわる周辺情報等も集積することにより、例えば、一片の書付を一点の歴史資料として不変の価値を定着させるのである。

(3) 展示・教育普及

博物館にとってもっとも特徴ある機能とは、発信・普及・宣伝である。ただ単に資料・情報を羅列する「陳列」ではなく、それぞれの館によって独自の歴史観を示しつつ、抽出した史資料をもってストーリーを描き、示す。一般的には、常設展示と一定の資料収集、資料整理、調査・研究の成果をまとめた企画展示・特別展示等がある。渋沢史料館も開館当初から、常設展示とあわせて企画展示等を細々とではあるが継続してきた。

現在の史料館にリニューアルする際に、常設展示のコンセプトをまとめるにあたり、様々な方からご意見を聞いたことがあったが、その時に多かったのが「渋沢栄一の現代的意義」を示してもらいたいとする要望であった。現代社会に栄一を伝えるには重要な視点として受け止めたが、常設展示は最低でも一〇年は大きく変えることができないため、いかに「現代的意義」を表すか悩むこととなった。構想段階から展示公開するまでにある程度時間も要する。それから一〇年展示するとしたら、どの時点での意義として示せばよいのか。しかし、その時々で栄一の事績・思想の意義を考え、感じてもらおうということになり、まずは、史資料を忠実に展示することとした。それが現在の常設展示である。

構想の段階から情報発信を強化したいと考え、ただ展示ケースに資料を並べるだけでなく、栄一に関する多くの情報を得られるように、パソコン端末を何台も設置し、自由に検索できるようにしたり、さらには『渋沢栄一伝記資料』をはじめ様々な参考文献等で詳細を調べることができるようにしようという案もあった。ただ、当時の史料館スタッフだけでは対応がむずかしく費用面でも制約があったため、現状の形となったのである。

展示を見るだけでなく、さらに理解を深めたり、広げたりするために様々なイベントも開催している。資料と人をつなげるだけでなく、集った人と人を結びつけるコミュニケーションの場を提供するのである。渋沢史料館の場合、その触媒となるのが、渋沢栄一なのである。

展示にしろ、教育普及活動にしろ、学校とは違う機能を有している。学校の場合、既成の概念を教える機能をもつが、博物館の場合は、そこで得た情報をもって自ら考え、調べ、気づき、育つことに帰結する機能を有しているのである。

（4） 調査・研究

調査・研究は、博物館すべての事業の基底部分をなす。専門領域の学問研究のみならず、それぞれの事業をより良く推進するための博物館工学的な調査・研究も含む。

渋沢史料館の場合、博物館にはめずらしく、資料を閲覧に供してきたが、史料利用者と提供者が情報の交換をきっかけとして一九八九年に立ち上げた学際的な研究会「渋沢研究会」は今も続いている。現在では、会員が五〇名を超え、年八回の研究例会の開催と研究紀要『渋沢研究』を年一冊、当館より発行している。元々渋沢史料館に事務局を置き、立ち上げ時から研究例会、シンポジウム開催など各種事業を進める調整役を担ってきたが、現在は、財団から資金面等の研究支援を行っている。

これまで、様々な分野の研究者や各種メディアへ対応してきたなかで、渋沢栄一像・評価の変化を実感してきた。それは、新しい研究成果の蓄積によるところが大きい。かつては経済・経営の分野に限られていたが、いまでは、社会福祉事業史、教育事業史、教育思想、外交史、国際政治史等々の分野の研究蓄積もなされ、しかも学際的な分析による客観的で総合的な評価がくだされるようになった。こうした変化は、学校教育の現場にも反映されてきており、同時に、栄一を授業で取り扱う時間も増えてきた。

(5) 広報活動の重視

最後は、当館の積極的な広報事業の展開である。専門的な分析や研究をとおして、渋沢史料館の資料と一般の人々(栄一の考えかたを求めている人々)を結びつけていくためである。民間人として日本のみならず世界を見据えていた栄一の思想、言葉を明確な形で世に広めていくことが大切と考えている。栄一の言葉は、企業倫理など現代にも十分通用する。今のわれわれの生活基盤を作るうえでのよき事例、経済復興を目指している国々からもいい参考事例として注目される。だからこそ、栄一の事績と思想を広めることをめざすのである。

教育普及活動と密接に結びつくようなところもあり、目的によっては、学校、企業団体、地域諸団体といった異業種との高い目的意識をもった交流を生み出すことにもつながる。直接、栄一という人物からだけでなく、例えば、飛鳥山の桜、重要文化財の近代建築、近隣で開催されるイベントなどへの興味関心から史料館の存在を知り、栄一に触れるという人も多く、ここ数年、その効果から、入館者の増加にもつながっている。単独館では地域情報まで紹介できないが、「飛鳥山三つの博物館」という渋沢史料館、北区飛鳥山博物館、紙の博物館の合同ホームページを立ち上げ、地域との一体感も発信している。

この他、地域の活性化を栄一の事績・思想をもとに考えたいとする渋沢財団の支部を担う宇都宮、小諸、栄一ゆかりの地宇和島、長岡の商工会議所での講演会、シンポジウムの開催やいくつかの企業・学校への出前講演会、さらに自館で開催した「サロン・ド・ミュゼ」といったイベントを開いたことなども、入館者が増えた要因の一つと思われる。これまでも館の様々な情報を発信し続けてきたが、うまく受け手に届いていなかったのではということに気づいた。我々が足を運んで館に招き入れるきっかけをつくったことが、利用者の増加に繋がったのだろう。さらに、この関係は継続性が見出せ、個々の繋がりが連鎖することによって、より一層の効果が生まれた。つまり、広報事業とは、「交流」「連携」を生み出す結節行為なのである。

四　未来にむけた展開

現在、未来にむけて「博物館」の変化・進化を考える段階に来ているのではないだろうか。私自身、渋沢史料館が、栄一関連情報の集積・発信基地であるという考えには変わりはない。これまでの博物館からひと皮むけた、「文化資源館」として渋沢史料館を再構築したいと思っている。敬三の構想（日本実業史博物館）にいまいちど立ち返り、現段階における最新技術・知識を集積し具現化させようというのである。

実は、この構想については、史料館がオープンして二〇年が過ぎた二〇〇三年から検討を重ねてきた。

栄一を中心とする様々な情報を資料とあわせて積極的に収集すると同時に、所蔵する資料から多種多様な情報を抽出し、活用できるよう整備したうえで広く発信したいと考えた。そのため日本の博物館にあっては、まだまだ稀有な資料のリソース部門を立ち上げることとしたのである。渋沢財団の中・長期計画に組み込み、後に実業史研究情報センターとして史料館と共に資料・情報の集積・発信を担う部署として確立した。

現在も、伝記資料のデジタル化、各種データベースの構築、企業資料の系譜を探るための社史のデータベース、近代の産業を探る錦絵のデータベースなどを構築し、いわば栄一関連の百科事典ともいうべきものを構想し、これを称して「文化資源館」をめざすというものであった(5)。

「文化資源館」の構想は、栄一の孫・敬三の、資料を整備することによって研究を支援するという方法論を継承するものといえる。例えば『渋沢栄一伝記資料』の編纂は、将来書かれるであろう栄一の伝記のために資料を集成することが目的とされた。また集めた資料を情報化するのも、いくつもの博物資料コレクションを蒐集した敬三の仕事の特徴であった。「文化資源化」は、様々な資料を索引化した敬三の方法論であった。文化機関の役割が「啓蒙」「啓発」から「参加」へと変化した今日において、この重要性はますます高まっている。そして今、渋沢栄一記念財団では、二〇一一年以降の中期計画に取りくんでいるが、その大きな柱が、「文化資源館」をめざすプロジェクトである。そこで、今後の計画がどのようなものかを簡単に紹介したい。

一つは「棚卸し」と称するプロジェクトである。これまで、渋沢栄一記念財団・渋沢史料館で蓄積され、収蔵されてきた資料・情報の内容・形式を詳細に調査し、把握するものである。その情報を資源として残し、有効活用できるようにするのである。

次は、企画展に関連させたプロジェクトである。「棚卸し」の成果を活かした史料館三〇年の歩み展、二〇一三年の没後五〇年を迎えた渋沢敬三の記念展を間に挟むが、「企業の原点を探る」というテーマを掲げ、栄一も創業から深く関わり、日本の各業界において源流をなすいくつかの企業を取り上げる企画展を開催する。澁澤倉庫を皮切りに王子製紙、帝国ホテル、商工会議所、東洋紡、第一銀行、清水建設を予定している。この企画展は、百科事典の機能を持つ新たな渋沢史料館にむけた基礎づくりをねらいとしている。そして、二一世紀の資本主義、栄一の思想が現代社会に有効であることを示し、普及につなげるのである。

企画に際しては、デジタルコンテンツの開発をはかり、できる限り展示に組み込む。栄一、敬三の苦悩・葛藤・迷いなども盛り込む。国際比較の視点を入れる。各企業を取り上げる際には栄一にとってもっとも重要な事業・銀行との関係・関与を考える。このように具体的なテーマを考えながら、「文化資源館」にむけて渋沢史料館を再構築していきたい。

先述の通り、「企業の原点を探る」シリーズの企画展も国際比較の視点を入れたが、渋沢史料館では、国際的な比較研究の試みのもとに開催した海外展示を二〇〇四年以降開催してきた。その事例を紹介し、その有効性について触れる。

最初は、日米での近代化・産業化の比較展示である。二〇〇三年（平成一五）以降の事業の新展開を見せはじめた時、敬三が構想した日本実業史博物館に焦点を当て、「実業史」の追究を核とした。その考えを表明した直後に「セントルイスにも実業史の博物館があるようだ」という話を聞き、早速調査した結果、ミズーリ大学セントルイス校にあるマーカンタイル・ライブラリー（以下、マーカンタイルとする）がそれとわかり、早速、所蔵資料を確認した。資料を見た瞬間、「これは、日本実業史博物館準備室旧蔵資料と比較すると面白いし、日米の実業史を比較する展覧会を企画できないか」と思い浮かんだのであった。

幾度かの交渉を経て、①開拓・開発、②交通、③ものづくり、④都市の繁栄、⑤日常生活、⑥一九〇四年のセントルイス万博からなる構成で二〇〇四年（平成一六）九月九日から一〇月五日まで、マーカンタイルにて展覧会「日米実業史競 Different Lands / Shared Experiences: The Emergence of Modern Industrial Society in Japan and the United States」を開催した。同展は、翌年、少し形を変えて渋沢史料館で開催した。

それを受けて、日本の近代化・産業化をより広く紹介するという意味で海外への展開、海外との交流を大いにはかっていった。

一つは、「渋沢栄一九一年の生涯」（会期：二〇〇五年五月二一日（土）～二三日（月）、会場：文峰飯店（中国・南通市）／主催：渋沢史料館、張謇研究センター）の展示である。渋沢栄一記念財団研究部と張謇研究センターが主催し中国・南通市にて開催した「二〇〇五年渋沢国際儒教研究セミナー」にあわせて、渋沢栄一の九一年の生涯を紹介する写真パネル展示である。日本と中国において同時代に同様の事業展開を図った人物を通しての両国の近代化・産業化の比較が試みられた。渋沢史料館は、張謇研究センターとの姉妹提携が結び、新たなコラボレーションを生んだのである。

次は、「ニッポン開化自慢」"The Birth of Modern Industrial Society in Japan"（会期：二〇〇五年六月一三日（月）～七月二九日（金）、会場：国際交流基金トロント日本文化センター、主催：渋沢史料館、国際交流基金トロント日本文化センター）の展示である。

その後、日米二国間の比較ではなく、アジアを意識して中国を加え、経済、実業家の事績を基軸に、一九世紀末から二〇世紀初頭の日本、中国、米国の近代化・産業化の実態を比較した「日中米の近代化と実業家」展を各国で開催したり、フランスの実業家アルベール・カーンと栄一の経済交流、それぞれの事績から平和をめざす姿を紹介するアルベール・カーン博物館との協同事業等も行った。

以上を通して、栄一の事績をふまえた近代化・産業化の様相を探る視野が広がったことに加え、諸機関とのネットワークが構築でき、より高度な情報を集積し発信できるようになった。

栄一は、近代化を推進した人物にふさわしく未来志向の人であった。彼が未来を志向する際に大切にしたものは、事業の永続であり、その都度確認し得る資料・情報・蓄積と公開・共有化であった。

これは、まさに渋沢史料館が果たすべき大きな役割そのものである。その時々で様々な評価が与えられるにしても、伝えるべき大元の資料・情報には不変の価値を付与し続ける、そして広く活用できるように調整するという役割を担うのである。

渋沢史料館というテクノロジーはこれからも発展し続けるが、それは栄一が貫いた「合本法」の仕法に則り、公益の追求につながる事業なのである。

注

（1）拙稿「十人十色の人物記念館」『歴博』第一〇九号、国立歴史民俗博物館、二〇〇一年参照。

（2）遠藤武「祭魚洞先生と民具」『渋沢敬三　上』追懐記録、渋沢敬三伝記編纂刊行会、一九七九年。

（3）詳細については、本書所収の山田仁美「ブリコルールへの贈り物ができるまで——『渋沢栄一伝記資料』生成の背景」を参照。

（4）目録自体には、奥付がなく、成立に至る情報が乏しかったが、その後の追跡調査により、『渋沢栄一伝記資料』の印刷所であった笹木出版印刷株式会社（仙台市）で一九七二年一一月に印刷・発行されたことが判明した。

（5）井上潤・小出いずみ「めざせ文化資源館！——渋沢栄一記念財団付属渋沢史料館、実業史研究情報センターの新展開」『経営史学』第四一巻第三号、経営史学会、二〇〇六年参照。

渋沢栄一、九一年の生涯

井上　潤

1　渋沢栄一の原点

渋沢栄一は一八四〇年（天保一一）、厳格で経営手腕に長けた、村のまとめ役の父親と、とても慈悲深い母親のＤＮＡを受け継いで、武蔵国榛沢郡血洗島村（現埼玉県深谷市血洗島）に生まれた。

血洗島村では、江戸時代に税を米で納めることが通常であったなか、早くから金銭で納めるシステムが取られていた。また、典型的な農村であったが、安定した耕地が少なく農作のほか商工業活動などをしないと生活が成り立たないこともあり、貨幣経済が早くから浸透している地域であったといえる。

この地域では、藍の葉を買い集め、加工し、藍玉という染料を信州や上州などへ売りに行くことが非常に盛んで、この商売は換金性が高く、軌道にのせた家は富裕層へと成長した。

渋沢家も栄一の父親の代に本格的に藍玉の商売を始めるようになり、これによって村で一、二を競う富農となった。栄一も家業を手伝いながら、経済・経営のノウハウを身に付けていった。栄一の経済観は経済書を読んで理論から得たものではなく、あくまでも実践を通してのものだったのである。

栄一は、漢学者である従兄・尾高惇忠から本格的に読書を授けられ、学問・教養を身につけていく。尾高の読書法は、当時としては一風変わっていて、興味・関心のある書物をできるだけ多く読ませた。後に栄一は、人生の岐路に立った時は、できるだけ多くの情報を集め、咀嚼して、そこから自分の進むべき道を選んだ筋がある。それ故、大きく道がそれることなく、多くの事績を残し生涯を全うすることができた。その原点が、尾高の幅広い読書法にあったと思われる。

学問好きだった栄一は、数多くの書物に触れ、また、江戸に遊学などして思想家たちとの交流を重ねていくうちに、幕末の世に蔓延していた攘夷の思想に傾いていくのであった。ただ、攘夷思想の多くが精神的・政治的であったが、栄一の攘夷思想は、経済的側面からのものであった。

また、栄一は、攘夷の考えだけでなく、士農工商に代表される官尊民卑の弊習を何とか打ち破らなければ、より良い世の中を目指せないと幕政への批判も募らせていく。世の中の不条理を排除するため、近隣や江戸で同志を募り、一つの計画を立てた。一八六三年（文久三）の冬至の日、高崎城を乗っ取り、横浜の外国人居留地を焼き討ちしようというのである。

そのため栄一は、坂下門外の変に参画したとして嫌疑をかけられ、京都に一時期身を隠していた従兄・尾高長七郎を呼び寄せる。その長七郎が、直前の密談の際に、「京都でいくつも攘夷派の実力行使を見てきたが、国が攘夷の意を表すようになったとは思えない。単に行動を起こしただけで「無駄死に」に終わっていないか」という疑問を発した。

血気盛んな若者たちの気持ちが高ぶるなか、栄一はその言葉を冷静に汲み取り、体制内に残って長く生きながらえて、世の中を変化させていこうとみなを説得し、その暴挙を中止にしてしまった。

ここでも、情報をきちんと斟酌し、大事な選択を導き出している。

2　「新世界」をめざす

焼き討ちを中止した栄一は、その後仕えていた一橋家の当主慶喜が将軍職に就くのにあわせて幕臣となり、幕臣時代のほとんどをヨーロッパで過ごす。元来、攘夷を唱えていた者の渡欧は考えられないが、体制に残り、世の中を変えたいと思った栄一は、既に思想を転換し、より積極的に西洋文明に接しようとしていたのであった。ちょうどそのような時、一八六七年（慶応三）のパリ万国博覧会に派遣される幕府使節団に庶務・経理係として参加する機会を得、ヨーロッパという「新世界」に出会うことになったのである。

栄一は、非常に柔軟で積極的な考え方、鋭い洞察力を発揮する。栄一は、公式行事に随行しつつ、地元の銀行家の指導を受け、様々な施設を視察している。例えば銀行や証券取引所、病院や学校、動物園・水族館といった娯楽施設に加え、ガス、水道など近代的なインフラ設備も見学した。そこには、これからの日本にとって必要なものという視点があった。施設・設備だけでなく、運営・維持の仕方にも目を配り、今でいう株式会社的な仕法「合本法」に強い関心を示している。

幕府使節団の経理係は本来、消費を抑えて幕府からあずかった資金をいかに守るかを考えるが、栄一はそれを元手に資産を増やしている。幕府からの送金が途絶えることを想定していたからだけでなく、実際に運用を体験することで、ヨーロッパの仕組みを学ぼうとしたとも思われる。

また、栄一は、ベルギー国王が、これから鉄を必要とするだろうと日本に自国の鉄を売り込む姿に驚いた。日本では、政治を担う武士は商売を蔑視し、携わることはあり得なかったので、国益のために政治家・国王であっても商売する様子を目の当たりにし、官民一体となった世の中を日本でも目指したいと考えた。

栄一は、帰国して数カ月後には、静岡にて、銀行と商社を兼ね合せた「商法会所」を立ち上げ、「合本組織」を具現化させた。実践を通して理解したからこそ、素早く形にできたのではないだろうか。

官尊民卑の打破を標ぼうする栄一であったが、一八六九年（明治二）一一月に民部省租税正として出仕し、一八七三年（明治六）まで民部省、大蔵省に籍を置いた。本人は、役人になるつもりは全くなかったが、新しい国づくりに参画できるところには非常に意義を感じ、挑んだのである。

新しい国づくりのために集った精鋭たちと共に、何をするのかを決め、それについて調査研究し、政策立案する「改正掛」が組織され、栄一はその掛長に就任する。改正掛は近代化を実現するため、省庁を横断して設けられた今でいうシンクタンクのような部局であった。

例えば、貨幣制度の整備、国立銀行条例制定の地ならし、近代的郵便制度の確立、鉄道の敷設、賞勲制度の整備、株式会社の普及、大蔵省等の組織整備など、改正掛が存続した二年足らずの間に、非常に精力的に、近代国家の基盤づくりに着手していったのである。この驚くべき栄一のエネルギーと能力は、政府内部でも認められ、強い信頼を寄せられるようになった。栄一にとって明治政府での役人時代は、その後の活動には欠かすことのできない知識、経験をもたらすと同時に、通常であれば築けないような人脈をもたらしたのであった。

その後、国家予算のあり方について軍備拡張を主張する大久保利通らと考えが対立し、上司の井上馨と共に大蔵省を辞めることになる。それ以降は、自分が本旨とした民間の立場での活動がはじまる。

3 株式会社を設立・育成

官職を辞して最初に手がけたのは、日本初の近代的な銀行・第一国立銀行の設立・経営であった。「国立」とあるが、れっきとした民営の株式会社である。栄一は、まず経済・金融の基盤を作り、その後、あらゆる分野の企業を株式会社として普及させていかなければならないと尽力したのであった。

ただ、新たに株式会社を立ち上げ、その経営を軌道に乗せるのは決して容易な話ではなかった。例えば、第一国立銀行は、発足後一年足らずで経営の核となる出資者・小野組と島田組が破綻したため経営危機をむかえ、日本初の本格的製造業・王子製紙は、商品として売れるような紙ができないという技術上の問題を克服できず、利益が出るまでに数年かかったりしている。その間、渋沢栄一は平身低頭、出資者への説明に奔走した。そしてその結果、株主たちは、栄一の誠実さと信念を信じ、長期の無配に耐え、損失補塡のための増資にも応じたのであった。

また、栄一は、新しく会社を興そうとする人たちに、銀行からの融資の受け方や財務諸表の作り方などを指導したり、発起人として名を連ね、開業資金の一部を自ら投資したりして支援した。このような栄一の誠意ある、ねばり強い努力の結果、株式会社の信用が得られ、一八八〇年代後半から一九〇〇年代初頭にかけて、一気に花開くように株式会社が普及したのであった。

栄一は、金融関係から製造業、陸運、海運、そしてサービス業にいたるまで、あらゆる分野の企業に関わり、古希を迎えた一九〇九年（明治四二）に、ほとんどの企業を辞するが、生涯関係した企業の数は、約五〇〇と言われている。

実業界で栄一は、独占を嫌い、財閥を築かなかった。会社が設立され、経営が順調に進むのを見定めると、多くの場合、自分の持ち株を売却し、その資金を次の新しい企業の支援に充てた。自らの富の蓄積には関心をもたず、日本の近代化・産業化の推進に徹していたように思われる。

栄一とよく対比して紹介される実業家の一人に岩崎弥太郎がいる。栄一が「余は岩崎弥太郎とは昵懇《じっこん》なりしも、それは私交上のみ、主義の上には意見の背馳《はいち》するところ多かりき」というように、それぞれの主義・主張は異なっていた。ともに、企業の発展を想い、お互い認め合ってはいるが、企業活動を進めていく上で、相容れられないものがあった。あくまでも独占を嫌い、合本法を貫こうとした栄一にとっては、岩崎弥太郎と対峙することによって、自らの信念をより強く意識するようになったのではないだろうか。

栄一はまた、道徳的な観念を持った正当な生産殖利こそが産業活動を活発化させるとする考えを貫き、これを実践した。明治末期より「論語・算盤説」「道徳経済合一説」を、世に強く訴えるようになる。

力説する要点は二点であった。一つは、道理の伴う富の追求である。

著書『論語と算盤』に「富をなす根源は何かといえば、仁義道徳。正しい道理の富でなければ、その富は完全に永続することができぬ。ここにおいて論語と算盤という懸け離れたものを一致せしめることが、今日の緊要の務め……」と示し、レコード盤として頒布された肉声で伝える「道徳経済合一説」で「仁義道徳と生産殖利とは、元来ともに進むべきものであります」「孔子は、義に反した利は、これをいましめておりますが、義に合した利は、これを道徳に適うものとしておることは、富貴をいやしむる言葉は、みな不義の場合に限っておるにみても、明らかであります」と伝えた。義を重んじれば、利益追求は良くないことという考えが蔓延していたなかで、利益追求は決して間違ったものでなく、むしろ積極的に行うべきだが、その場合、道理・道徳をともなわなければならないと述べたのだった。

もう一つは、公益を第一に考える点であった。『論語と算盤』の「個人の富は、すなわち国家の富である。個人が富まんと欲するに非ずして、如何でか国家の富を得べき、国家を富まし自己も栄達せんと欲すればこそ、人々が、日夜勉励するのである」という記述などからも理解できるように、一個人が富んでもその国は富まないが、社会全般が富めば、個人も富むという考えから公益の追求を第一とした。

個別企業の設立・育成によって日本の実業界の発展に尽力した栄一であったが、一方で経済団体の組織化も図っている。その一つが、東京商工会議所の原型である東京商法会議所である。政府から年に一〇〇〇円の補助をうけて、一八七八年（明治一一）に設立に至った。

商法会議所を設立したのは、殖産興業の要求とともに、幕末に諸外国と結んだ不平等条約の改正を促進するための世論づくりもあった。条約改正にあたって、日本側が英国公使パークスに「世論が許さないから改正されたい」と言ったところ、「日本には多数の集合協議する仕組がないではないか、個々銘々の違った申し出は世論ではない」と反駁された。そこで、世論を作る場所として、商法会議所を創設したのである。

政府は、民間商工業者の協力なくして産業の発達を為し得るものではなく、商工業者の代表団体を設置すべしという思いから、その設立に至ったと言われる。ただ、商工業者自身もまた、政府や外国と協議したり、商工業の健全なる発達を期するには、代表機関の必要を痛感していた。このように商工業者自身も、商法会議所の設立を望んだのである。

4　社会公共事業を推進

実業界を引退した栄一は、その後は社会公共事業等の方面で、より一層奔走する。

一つは民間外交である。特にアメリカで日本移民の排斥運動が起こり、日米関係が悪化するなか、民間の立場から問題解決に取り組んだ。一九〇九年（明治四二）には、東京、横浜、京都、名古屋、大阪、神戸の商業会議所会頭はじめ五一名からなる渡米実業団の団長として渡米し、三カ月かけて約六〇都市を回って地元の実業家や大統領などと謁見し、関係改善に尽力した。またその後、日米人形交流の日本側の中心を担ったりもしている。その他にも、ヨーロッパやアジアの人たちとさかんに交流し、東京・飛鳥山の自邸を民間外交の拠点として多くの賓客を招いている。渋沢栄一が民間外交で意識したのは、関係改善を図るだけではなく、日本という国を国際社会の中にしっかり位置づけたいということであった。

福祉について栄一は「出会いは偶然であった」と言うが、社会福祉事業への関わりは長く、深い。新しい国づくりを志すなかで、社会福祉事業にも強い思いをもってあたった。日本における医療、福祉の原点として位置づけられる東京養育院に関与し、亡くなるまで院長として職責を全うした。今でいう養護老人ホームをはじめ児童養護施設や児童自立支援施設、虚弱児童等の転地療養施設など事業を拡大させた。また、看護師や保育士を養成した。この養育院を中心に、数多くの福祉・医療機関に支援、協力をしている。

また、病弱・幼少・貧困といった理由から生活できない者を救護する法律としてわが国最初の救貧立法である「救護法」の制定・公布のために、「これは私の義務でもあります」と尽くしている。

教育面では、特に当時、高等教育とは無縁なものとして片隅に追いやられていた商業教育と女子教育の重要性に着目し、民間の教育事業の発展のために尽力した。

明治の世になっても、まだ、江戸時代以来の商業・商人蔑視の風潮が残るなか、日本で最初の文部大臣となる森有礼がアメリカのビジネススクールをまねて始めた私塾「東京商法講習所」を、栄一が会頭を務める東京会議所で引き受け、経営にあたった。その際、実務能力を向上させるだけでなく、グローバルな視点で経営活動を行える人材の養成を求めている。幾度かの経営危機を乗り越え、やがて官立の東京高等商業学校、東京商科大学へ昇格させて、商業教育の向上、高等化への道筋をつけた。現在の一橋大学である。

女子教育では、一九〇一年（明治三四）に日本女子大学校を創設し、亡くなる半年前には、校長にも就任した。それ以前に関係していた女子教育奨励会・東京女学館の運営が困難だったことから、学校経営を不安に思い、躊躇していたが、女子教育の不振について少なからず憂慮していたので、支援を決心するに至った。森村市左衛門といった実業家も次第に協力するようになり、初めは維持費の支出、基盤整備、そして女子大学の総合大学化に努めた。

また、栄一は、新しい文化を発展させていくためには、伝統的な日本文化を守ることも必要だと考えた。例えば、一九一六年（大正五）、東京市電を敷設するために、江戸時代から残っていた一里塚と、二本榎を撤去する案が浮上したとき、「もちろん新しい文明文化を取り入れ、生活のために利便性を高めていくのは良いかもしれないが、やはり長く受け継がれ、残していかなければいけないものについてもきちんと配慮するべきだ」と、地域の人びとと資金を出し合って、その土地を購入する。そして、すぐに東京府へ公園指定地として活用してもらいたいと寄付したのである。しかも、一里塚や二本榎の保存が目的だったことを徳川家達《いえさと》に篆額してもらい、記念碑として残した。現在の文化財保護活動の先駆けとなったのである。

栄一は、幕末に一時期仕えた慶喜に非常に恩義を感じ、『徳川慶喜公伝』という伝記をまとめている。慶喜が大政奉還したその真意を、この近代化に至る過程において、非常に大きな意義ある歴史の一事実として語り継がなければいけないと考えたためであった。残念ながら、その際に集めた資料は、関東大震災の被害に遭い、焼失してしまったが、時代を受け継がなければならないという意識が感じられる。

明治政府は、日本の近代化を進めるときに、外国の文物をとにかく導入しようというところからスタートしたが、栄一は、いつまでも西洋の模倣ではだめで、自分たちが明治以前から持っていたもの、代々受け継いできたものと、新しく西洋から入ってきた技術とを、うまく融合させて自分たちの文化を目指すべきだという考え方を持っていた。

このように、非常に多岐にわたり多くの事績を残した栄一は、一九三一年（昭和六）一一月一一日、満九一歳で惜しまれながらこの世を去った。海外でも彼の死を悼み、「グランドオールドマン」とたたえ、多くの人々の記憶に残ったのであった。

あとがき

本書は、当初の予定より刊行が一年以上遅れた。それは、ひとえに編者の怠慢および未熟さによるものである。ワインの熟成などと同じようなものであるかどうかはさだかでないが、学術的な文章も、しばらく「寝かせる・寝かせられる」ことにより、文章を取り巻いている時代の意識や認識の方が文章に追いつき、あるいは合致し、そこでかえって価値が高まるケースもあるにはあるだろう。その意味では、刊行の遅れという事態もかならずしも悪いことばかりではない。だが一方で、普遍性・客観性を標榜する学術的な文章も「ナマモノ」であることに変わりはなく、その意味では、刻々と進行しつつある時《とき》というものの逃れようのない支配下にある。ジャーナリズムの文章ほどではないにせよ、時事性のようなものをいくばくか帯びるのは避けられないことであって、それは、すでに「動かしがたい」（ものとされている）「過去」を探求・分析の対象として綴られた文章も例外ではない、と思う。

そもそも本書の場合、読者も容易に気づかれるように、歴史書の体裁をとりながらも、〈現在進行形のトピック〉＝〈アクチュアリティ〉に積極的に言及した論考がいくつか含まれている。〈現在〉について書かれたことが、活字になった時点では色褪せた〈過去〉になってしまっている――それは、笑い話程度ですめばよいが、論考としての価値を毀損するほどの致命傷を負ってしまう場合もありえるだろう。編者として今読み返してみて、致命傷と言えるほどの個所は幸いに見あたらないが、ようやくこのタイミングで活字になった自分の文章をあらためて目にしてみて、違和や不本意さを感じている執筆者もいるかもしれない。いずれにせよ、分野を問わず、学術的な文章も活字としてできうるかぎり早くおおやけにするに越したことはない。哲学者・三木清の書『歴史哲学』の言葉を借用して総括すれば、本書は、「ロゴスとしての歴史」としては、クオリティにそれなりの自信をもって送り出しており、今後の時の経過にもそこそこ耐えられそうだが、「事実《アクチュアリティ》としての歴史」としては、右記のような事情により、余計なハンディキャップを背負いこみ、少々価値を損ねてしまった部分もあるのではないか、ということだ。編者がいだくそのような危惧が杞憂に終わることを祈る一方で、とにもかくにも本書のコンセプト、刊行スケジュールに篤実にしたがい、力作の論考を寄せて下さった執筆者の方々の努力に十分には応えきれなかった怠慢、未熟さを深く反省している次第であり、あまり類例のないことではあるが、この場を借りてお詫び申し上げておきたい。

また読者におかれては、刊行へと至るまでのそうした事情について、一応考量された上で、本書に対する厳正な評価を下していただければ幸いである。

巻頭の「序」に少々晦渋な言葉がならびすぎているような気もするが、本書で目指したのは、平たくいえば、「渋沢栄一」という日本近代史上の人物について（私たちにあたりまえのように知られている）「イメージ」の作り方・作られ方の軌跡を過去、現在、そして未来にわたって展望することである。しかし、その目指したところの達成度は、少なくとも本書のコンテンツのレベルではけっして十分ではない。たとえば、郷土史・自治体史のようなローカルなメディア、学校で使用される教科書のようなナショナルかつオフィシャルなメディアなど、「渋沢栄一」の「イメージ」が制作され、たちあらわれてくる〈現場〉は他にも容易に思いつく。グローバリゼーション、ボーダーレス化の現在であれば、外国語で書かれた渋沢についての文献にも目を配るべきであったかもしれない。また読者の側からの「他にもあのメディア、このメディアも取り上げられるべきだった」という批判的指摘も当然ありえよう。さらに、渋沢による他者のイメージの「創造」、すなわち『徳川慶喜公伝』『楽翁公伝』といった彼の「著作」群も、のちの自身のイメージ作りの過程に確実に反射・投影されているという点で、本来看過されるべきではない、重要なメディアであったはずだ（右記については中村論文・鶴見論文で一部言及されているが）。
かように、本書のコンテンツが、網羅的といえるほどの充実を示せていないことは編者としてもよく自覚している。この欠落・不備を穴埋めしていく作業は、本書に集ったわれわれを含む渋沢栄一（さらには渋沢敬三）研究者の今後の重要な課題である。

だが、それでも、あらためて強調しておきたいのは、本書は渋沢栄一研究だけに資するために編まれたものではけっしてない、ということである。読者の方々には、「コンテンツ」とひとしなみに、いやそれ以上に、本書の「方法」に目を向けていただくことをお願いしたい。日本近代史上の――あるいは古今東西を問わず歴史上の――著名人のイメージ＝〈意味〉の解釈の変遷をたどるという試みは、今回の渋沢栄一については、課題を多く残し、それゆえ、十全な成功を収めえたと胸を張って言い切ることもできない。だが、仮に言い切れないとしても、「序」で滔々と述べた趣旨に共感し、本編で実践された「方法」（とりわけ第Ⅱ部を中心とする文化史的なそれ）そのものに確かな有効性や可能性を認めてくれる読者が一定程度おられれば、本書が世に出た意義は大いにあったと思う。そして、（少々僭越な物言いながら）、その読者のうちからわずかでも、「渋沢栄一」を別の素材に置き換えて、自らこの「方法」を試みる方々がのちのち続いてくれれば、それは、新しい研究潮流への多少の呼び水になった書物の編者として、ささやかな喜びに値する。

なお、本書には当初「「偉人」の文化史」というサブタイトルを付す予定であった（特に編者・平井はそれを強く希望していた）が、諸般の事情からとりやめになった。そのため、先行して書かれた「序」において「文化史」「偉人」について触れた個所は、唐突な印象を与え、読者のうちには戸惑いを感じる向きがあるかもしれない。この点も編者の不手際をお詫び申し上げたい。「あとがき」を最初に読む読者は普通いないと思うので、遅きに失しているかもしれない。ただ、書物の制作過程というものもそもそもは一つの「物語」である。ダント、ヘイドン・

ホワイト、リクールらを引き合いに出すまでもなく、「物語」は常に現在・未来の地点から語られ、時間をさかのぼりながら、首尾一貫性をとり繕って構成されるものであるとすれば、この、「あとがき」という「物語」終結部における編者＝語り手都合の、一見強引な辻褄のあわせ方・整合性のとり方も、「語り（騙り?）」のひとつのあり方として、読者の方々にご海容いただけることを切に願うばかりである。

その他、本書の形式にかんして、さらに二点お断りがある。まず、「渋沢栄一／澁澤榮一」、「竜門社／龍門社」などといった字体の使い分け、『渋沢栄一伝記資料』→『伝記資料』などの略記は、個々の執筆者の、個々の文脈にしたがった判断に任せている。これらは、さして煩雑でもないので、特に「凡例」として示さなかった。もう一点、「文献リスト」のたぐいは付さなかった。本書は、渋沢栄一自身の事績を実証的にたどることを主眼としたものではないので、渋沢その人に特化した研究文献——優れたものは数多いが——を列挙してみてもあまり用はなさない、と考えたからである。渋沢以外にかんする文献については索引である程度フォローできるようにしている。以上二点、それぞれ諒とせられたい。

お詫びや釈明はこの程度にして、感謝の辞を述べておかねばならない。

当初、編者の軽い思いつきから始まった企画が、一冊の書物として世に出るまでには数多くの方々にサポートをいただいた。

まず公益財団法人渋沢栄一記念財団には「軽い思いつき」の企画に理解を賜り、出版助成金をご交付いただいた。お世話いただいた渋沢雅英理事長、小松諄悦常務理事、木村昌人研究部長、総務部の加藤晶さんには心より感謝申し上げたい。

同財団・渋沢史料館の井上潤館長、および実業史研究情報センターの山田仁美さんは本書に執筆者として参加しているが、編者も含め他の執筆者に資料閲覧・収集にかんして特別の便宜をはかっていただいた。編者（平井）などは山田さんのおかげで、資料収集に一日かかる労力を丸ごと省くことができたほどである。ここでは、本書への「協力者」として特別に感謝の言葉を捧げたい。

また、同史料館学芸員の桑原功一さんに、写真・図版の提供にかんして特別にご尽力いただいたことも記しておきたい。

編者が会員として名を連ねる渋沢研究会にも、本書をめぐる「早すぎた」シンポジウムの開催（二〇一三年一月一二日、於渋沢史料館）を含めて、直接・間接にご協力をいただいた。代表の島田昌和さん、事務局長の是澤博昭さんには「渋沢本」の先達として出版にかんするアドバイスも親身にいただいた。合わせてお礼申し上げておきたい。

公益財団法人埼玉学生誘掖会には、本書をめぐる執筆者達の討論の場として事務所を何度かお貸しいただいた。お礼申し上げたい。

本書への写真・図版の掲載を快く許諾下さった関係諸機関にも深く謝意を表しておきたい。

成田龍一先生が、本書企画を一般財団法人法政大学出版局へ橋渡しする労をとって下さったことも忘れてはならない。厚くお礼申し上げておきたい。

最後に、厳しい出版事情の折に、本書の企画を受け入れて下さった一般財団法人法政大学出版局には心より感謝の言葉を申し上げたい。残念ながら本書の完成までお付き合いいただくことはできなかったが、前・編集部長の勝康裕さんに大変お世話になったことをよく記憶にとどめておきたいと思う。

二〇一四年七月

編　者

は　行

ま　行

や　行

ら・わ行

人名索引

な　行

は　行

ま　行

や　行

ら・わ行

た　行

事項索引

あ 行

か 行

さ 行

著者紹介（執筆順）

鶴見太郎（つるみ　たろう）
1965年生まれ。早稲田大学文学学術院教授（日本近現代史）。主な業績：『橋浦泰雄伝』晶文社，2000年，『民俗学の熱き日々』中公新書，2004年，『柳田国男入門』角川選書，2008年，『座談の思想』新潮選書，2013年ほか。

佐藤健二（さとう　けんじ）
1957年生まれ。東京大学大学院人文社会系研究科教授（社会学）。主な業績：『読書空間の近代』弘文堂，1987年，『風景の生産・風景の解放』講談社，1994年，『流言蜚語』有信堂高文社，1995年，『歴史社会学の作法』岩波書店，2001年，『社会調査史のリテラシー』新曜社，2011年，『ケータイ化する日本語』大修館書店，2012年ほか。

木下直之（きのした　なおゆき）
1954年生まれ。東京大学大学院人文社会系研究科教授（文化資源学）。主な業績：『美術という見世物』平凡社，1993年，『写真画論』岩波書店，1996年，『世の途中から隠されていること』晶文社，2002年，『わたしの城下町』筑摩書房，2007年，『股間若衆』新潮社，2012年，『戦争という見世物』ミネルヴァ書房，2013年，『銅像時代』岩波書店，2014年ほか。

菊池哲彦（きくち　あきひろ）
1969年生まれ。尚絅学院大学総合人間科学部准教授（社会学）。主な業績：『文化社会学入門——テーマとツール』（共著）ミネルヴァ書房，2010年，『フラット・カルチャー——現代日本の社会学』（共著）せりか書房，2010年，『無印都市の社会学——どこにでもある日常空間をフィールドワークする』（共著）法律文化社，2013年ほか。

中村宗悦（なかむら　むねよし）
1961年生まれ。大東文化大学経済学部教授（日本経済史）。主な業績：『昭和恐慌の研究』（共著）東洋経済新報社，2004年，『経済失政はなぜ繰り返すのか』東洋経済新報社，2005年，『バブル／デフレ期の日本経済と経済政策（歴史編）2』（共著）内閣府経済社会総合研究所，2011年，『テキスト日本経済』（編著）学文社，2013年ほか。

山田仁美（やまだ　ひとみ）
1960年生まれ。渋沢栄一記念財団実業史研究情報センター専門司書。主な業績：“Digital The Travel Bulletin”（電子復刻・制作統括）日本郵船歴史博物館，2005年，『アーカイブのつくりかた』（共著）勉誠出版，2012年ほか。

小出いずみ（こいで　いずみ）
1950年生まれ。公益財団法人渋沢栄一記念財団実業史研究情報センター長。主な業績：『アーカイブへのアクセス——日本の経験，アメリカの経験』（共編著）日外アソシエーツ，2008年，“Locating Primary Source Materials in Japanese Archival Institutions,” *Journal of East Asian Libraries*, No. 151, June 2010,『現代日本の図書館構想——戦後改革とその展開』（共著）勉誠出版，2013年ほか。

井上　潤（いのうえ　じゅん）
1959年生まれ。公益財団法人渋沢栄一記念財団渋沢史料館館長。主な業績：『新時代の創造　公益の追求者・渋沢栄一』（共著）山川出版社，1999年，『地域開発と村落景観の歴史的展開——多摩川中流域を中心に』（共著）思文閣出版，2011年，『渋沢栄一——近代日本社会の創造者』山川出版社，2012年ほか。

編者紹介

平井雄一郎（ひらい　ゆういちろう）
1963年生まれ。東京外国語大学大学院地域文化研究科博士後期課程単位取得満期退学。渋沢研究会会員（日本近現代史，歴史学）。主な業績：「宮川量と桜井方策，二つの「日本癩病史」――「現場」の「当事者」によるハンセン病史叙述を考える」『国立ハンセン病資料館研究紀要』第3号，2012年，「『帝都物語』と二つの「都市史」――劇映画による歴史叙述の転義法」『歴史評論』第753号，2013年ほか。

高田知和（たかだ　ともかず）
1962年生まれ。早稲田大学大学院文学研究科博士後期課程単位取得満期退学。東京国際大学人間社会学部教授（社会学）。主な業績：『牛久市史近現代Ⅱ』（共著）牛久市，2002年，『財団法人埼玉学生誘掖会百年史――ある学生寮と寮生の青春譜』（共著）埼玉学生誘掖会，2004年，『社会学が拓く人間科学の地平――人間を考える学問のかたち』（共著），五絃舎，2005年，『組織と情報の社会学』（共著）文化書房博文社，2007年ほか。

記憶と記録のなかの渋沢栄一

2014年8月18日　初版第1刷発行

編　者　平井雄一郎・高田知和
発行所　一般財団法人 法政大学出版局
〒102-0071 東京都千代田区富士見2-17-1
電話 03(5214)5540／振替 00160-6-95814
印刷：三和印刷，製本：誠製本
装幀：秋田公士

ISBN 978-4-588-32705-6